天然資源をめぐる政治と暴力

京都大学
東南アジア研究所
地域研究叢書
29

現代インドネシアの
地方政治

森下明子 著

京都大学
学術出版会

目　　次

序　章　資源国における天然資源と暴力 ……………………………………… 1
第1章　暴力・天然資源・地方政治 ……………………………………………… 11
　1.1　「紛争」,「民族」,「暴力」　13
　1.2　天然資源と暴力的紛争の結びつき　15
　1.3　インドネシア政治研究にみる政治と暴力 (1) —— スハルト体制　18
　　(1)　アチェ州の分離独立運動　19
　　(2)　スハルト体制下における政治的安定　22
　1.4　インドネシア政治研究にみる政治と暴力 (2) —— 民主化・地方分権化後　26
　　(1)　政治的競争パターンの変化 —— 政治的手段としての暴力の使用　27
　　(2)　地方権力アクターの連続性　29
　　(3)　中央・地方関係の変化 —— 中央政府の影響力の低下　31
　1.5　政治と暴力の結びつきに関するもう一つの視点
　　　　　—— エスニック・ポリティクス　33

第2章　カリマンタンの民族紛争 ………………………………………………… 37
　2.1　カリマンタンの地理・生態・経済・社会　39
　　(1)　カリマンタンの自然的特徴　39
　　(2)　カリマンタンの社会・経済的特徴　42
　2.2　民族紛争とその背景　49
　　(1)　西カリマンタン州の民族紛争　50
　　(2)　中カリマンタン州の民族紛争　54
　2.3　西・中カリマンタン州の民族紛争の特殊性　57

第3章　スハルト時代における権力と資源の分配 …………………………… 61
　3.1　地方首長ポストの分配　63
　　(1)　スハルト時代の地方行政制度　63
　　(2)　東カリマンタン州における地方首長の変遷　65
　　(3)　中カリマンタン州における地方首長の変遷　69
　　(4)　西カリマンタン州における地方首長の変遷　72
　3.2　天然資源開発をめぐる利権の分配　77
　　(1)　石油・天然ガス　78
　　(2)　石油・天然ガス以外の鉱物資源　79
　　(3)　森林資源　79

第 4 章　民主化・地方分権化後の地方首長の変化 ………………………… 83
　4.1　スハルト体制崩壊から民主化・地方分権化へ　85
　　（1）　地方政府の新たな行政権限と経済的利権　87
　　（2）　民主的地方首長選挙の導入　91
　4.2　カリマンタンの地方権力アクターたちとその特徴　92
　　（1）　東カリマンタン州の地方首長たち　93
　　（2）　中カリマンタン州の地方首長と地方ボス　94
　　（3）　西カリマンタン州の地方首長たち　104
　4.3　地方分権化後の地方政治構造と地方経済構造の関係　109

第 5 章　東カリマンタン州の地方政治・経済構造 ……………………………… 113
　　　　── 中央政治に翻弄される州政治エリートたち
　5.1　東カリマンタン州の社会的特徴とスハルト時代の政治構造　115
　　（1）　民族・宗教的多様性　115
　　（2）　地方分権化以前の政治構造　116
　5.2　東カリマンタン州の経済構造　117
　5.3　2003 年州知事選挙　120
　5.4　スワルナ州知事による政財界人脈の構築　122
　　（1）　スハルト時代のスワルナ　122
　　（2）　スワルナ州知事第一期目（1998 〜 2003）　123
　5.5　2003 年州知事選挙におけるスワルナの協力者たち　127
　5.6　ダヤック人政治エリートたちの台頭過程　130
　5.7　中央政界の再編と地方権力エリートの盛衰　132
　　（1）　スワルナの政治的衰退とシャウカニの台頭　133
　　（2）　シャウカニの政治的衰退　135
　　（3）　アワン・ファルク・イシャの政治的台頭と 2008 年知事選挙　135
　5.8　2013 年州知事選挙と今後の見通し　139

第 6 章　中カリマンタン州の地方政治・経済構造 ……………………………… 143
　　　　── 地元実業家の政治的台頭
　6.1　中カリマンタン州の社会的特徴とスハルト時代の政治構造　145
　　（1）　ダヤック人の多様性　145
　　（2）　地方分権化以前の政治構造　146
　6.2　中カリマンタン州の経済構造　147
　6.3　2000 年州知事選挙　149
　6.4　ハスヌル・グループ会長スライマン　151
　　（1）　小売業者から企業グループ会長へ　153

（2）　地方政界への進出　154
　（3）　地方首長の擁立　154
　（4）　さらなる政治・経済的利権を求めて
　　　　　── 自治体新設運動の推進　156
6.5　タンジュン・リンガ・グループ会長アブドゥル・ラシッド　157
　（1）　コタワリンギン地方の木材マフィア　157
　（2）　ラシッド・ファミリーの政界進出　159
　（3）　地方首長の擁立　160
　（4）　違法木材ビジネスの保護政策　160
6.6　キリスト教徒のダヤック人政治エリート　163
　（1）　ウソップの社会的台頭　163
　（2）　LMMDD-KT の政治的限界　164
6.7　直接選挙制導入後の政治的展開　166
　（1）　2005 年州知事選挙におけるキリスト教徒のダヤック人州知事の誕生　166
　（2）　テラス・ナランの支持基盤の拡大と 2010 年州知事選挙　169
　（3）　キリスト教徒のダヤック人政治エリートの政治的限界　172

第7章　西カリマンタン州の地方政治・経済構造 …………………………………… 175
　　　　── 群雄割拠する中小規模の地方有力者たち

7.1　西カリマンタン州の社会的特徴とスハルト時代の政治構造　177
　（1）　ダヤック人の民族的流動性　177
　（2）　地方分権化以前の政治構造　178
7.2　西カリマンタン州の経済構造　180
　（1）　木材産業を担う華人業者たち　180
　（2）　新たな産業の発展とその担い手　181
　（3）　跋扈する労働者ボスたち　182
7.3　2008 年州知事選挙　183
7.4　カリスマ的民族指導者の不在　187
　（1）　ダヤック人指導者ウファーン・ウライの死　187
　（2）　ダヤック人組織の設立　188
　（3）　マレー人組織の設立　189
7.5　コーネリスの台頭過程　189
　（1）　スハルト時代のコーネリス　190
　（2）　県議会議事堂焼き討ち事件　191
　（3）　ランダック県知事選挙での当選　192
　（4）　県知事から州知事へ　195
　（5）　経済的影響力の拡大　196
7.6　2012 年州知事選挙 ── 県政治エリートたちの権力争い　197

7.7　西カリマンタン州の政治的特徴　　199
　　（1）　暴力の使用　　199
　　（2）　県知事の地方ボス化　　200
終　章　資源産出地域における政治と暴力 ……………………………………203

表紙写真
　インドネシア・中カリマンタン州で木材の伐採・搬送を行う地元住民たち（写真提供：山田勇名誉教授京都大学）。2000年代初めに起きた中カリマンタン州の民族紛争では，彼らのような若者たちも数多く紛争に参加した。

序章

資源国における天然資源と暴力

扉写真

　インドネシア・アチェ州の分離独立派武装組織「自由アチェ運動」のメンバーたち。天然ガスを産出するアチェ州では，1976年から2005年にかけて自由アチェ運動とインドネシア国軍の間で激しい戦闘が繰り返された。（写真：ロイター/Aflo）

世界の資源産出国において，天然資源に関連した利権争いが起きた時，そうした争いが暴力的な紛争に発展する場合と，そうならない場合がある。たとえば西アフリカのシエラレオネでは，1991年から2002年まで内戦が続き，政府と反政府勢力との間でダイヤモンド産地の奪い合いが繰り返された（Pugh et. al. 2004，篠田 2005）。また，コンゴ民主共和国では，1996年から2003年にかけて2度の内戦が起こり，内戦終結後もダイヤモンドや金，スズ，レアメタルなどの鉱山を実効支配する武装勢力が政府軍との戦闘を続けている[1]。その一方で，天然資源が豊富にあり，かつ，権力争いや資源をめぐる利権争いがあるところでも，それが暴力的な紛争に発展しない地域がある。たとえば，東南アジアのマレーシアでは石油・天然ガスが産出され，連邦政府と石油産出州の間でしばしば石油ロイヤリティの問題が政治の争点となっている[2]。しかしそれが暴力的な紛争に結びついたことはこれまでにない。このように地域によって天然資源をめぐる政治的競争と暴力の関係性に違いが生じるのは，一体なぜだろうか。

　本書では，世界有数の資源産出国であるインドネシアに注目し，この問いに迫ってみたい。インドネシアでは，1990年代末に民主化・地方分権化が進み，これまで中央政府が持っていた行政権限の多くが地方政府に移譲された。それに伴い，地方政府が持つ権限とそれに付随する経済的利権をめぐって，様々な民族・宗教的背景を持つ地方エリートたちが熾烈な権力闘争を繰り広げるようになった。そうした中で，旧体制下から続く汚職や癒着，縁故主義の問題は解決するどころか，むしろ深刻化したといわれる。こうしたインドネシアの地方政治状況をみて，地方分権体制の礎を築いたリアス・ラシッド元地方自治担当国務相は，民主化後10年を振り返って，「地方分権化に向けた法案を作成していた時には，もっと頭のいい人たちが地方首長になると思っていた」と自らの

---

[1]　内戦時には，鉱山の多くがウガンダやルワンダといった周辺諸国の軍隊に掌握されていた。2000年代に入ると外国軍は撤退したが，そうした周辺諸国は，鉱山を実効支配する武装勢力の後ろ盾となって，鉱物資源の闇取引の見返りに武器の供与や民兵への報酬を引き受けるようになった（Gettleman 2013）。

[2]　野党が州政権を握るクランタン州では，州政府と国営石油企業ペトロナスの間に石油ロイヤリティの未払い問題があり，2010年には州政府がペトロナスを相手取り訴訟を起こしている（*The Edge*, 30 August 2010）。また，サラワク州では，2014年に州議会が石油ロイヤリティを現行の5％から20％に引き上げるよう連邦政府に要求する方針を全会一致で決議した（*The Star*, 24 June, 2014）。

地方分権改革を辛辣に評価するほどであった[3]。

　そうした地方エリート間の権力闘争において，暴力もまた政治的手段の一つとなり，一部の自治体では，多数の犠牲者を出す民族紛争や宗教暴動にまで発展した。他方で，地方権力争いに暴力的手段がほぼ用いられていない自治体もある。本書では，インドネシアの中でも天然資源が豊かなカリマンタン（インドネシア領ボルネオ島）に焦点を当て，民主化・地方分権化によって地方の政治的競争パターンがいかに変化したのかを分析し，地方ごとの政治的競争パターンの違いとその違いを生み出す要因を明らかにする。これにより，天然資源をめぐる政治的競争が暴力的な紛争に結びつく場合とそうでない場合がある理由を探ることができると考える。

　天然資源をめぐる政治的競争と暴力的な紛争の結びつきは，とりわけ冷戦終結後に起きた国家内の暴力的紛争の分析（一般に内戦研究と称される）において指摘されてきた[4]。天然資源が暴力的紛争を誘発した事例には，本章の冒頭で挙げたシエラレオネ内戦のほか，インドネシア最北端に位置するアチェ州の分離独立運動も挙げられる。アチェ州では，1976年から2005年にかけて，分離独立派武装勢力「自由アチェ運動（Gerakan Aceh Merdeka, GAM）」とインドネシア国軍との間で激しい武力衝突が繰り返された。アチェ州の分離独立運動の背景には，自治権をめぐる中央政府との歴史的軋轢や，国内移民政策（トランスミグラシ）による新住民との土地係争・雇用問題など，さまざまな要因が挙げられるものの，主要な要因の一つには中央政府がアチェ州で産出される石油・天然ガス収益を独占していたことに対するアチェの人々の不満があった[5]。

　また，天然資源を巡る政治的競争と暴力的な紛争の結びつきは，単に，天然資源をめぐる争いが紛争を引き起こす可能性がある，ということだけでなく，天然資源の存在が紛争を長期化させる原因の一つであるとも指摘されている（Baleentine and Nitzchke 2005: 2）。特に冷戦後は，超大国から紛争当事者（政府，反政府勢力ともに含む）への支援が著しく減ったため，紛争当事者たちは紛争を継続するために独自の資金源を確保しなければならなくなった。その資金

---

[3]　リアス・ラシッド元国務相への筆者インタビュー（2009年10月22日，ジャカルタ）。
[4]　天然資源と暴力的紛争の結びつきについては，松尾（2005）と篠田（2005: 153-158）による関連議論の整理が参考になる。
[5]　アチェ州の分離独立運動については，Kell（1995），Aspinall（2002），Schulze（2007），Missbach（2011），井上（2001），西（2002）などに詳しい。

源として，地元にある収奪可能な天然資源が利用されるようになったのである（篠田 2005: 156）。たとえば本書の冒頭で挙げたシエラレオネやコンゴ民主共和国の紛争では，反政府勢力がダイヤモンドやレアメタルといった鉱物資源の裏取引ネットワークを通じて，周辺国から資金や武器調達の支援を受けていた（Pugh et.al. 2004, 篠田 2005）。また，東南アジアのミャンマーでも，天然資源が暴力的紛争を長期化させる一要因であることが指摘されている。ミャンマーでは 1948 年の独立直後から少数民族武装勢力と国軍の間で戦闘が続いているが，ここでは中国への翡翠や木材，アヘンをはじめとした麻薬の密輸が武装勢力の資金源の一つになっているという[6]。

このように資源産出地域の暴力的紛争の一因として，天然資源の重要性が指摘される一方，本章の冒頭で述べたように資源産出地域でも天然資源を原因とした紛争が発生しないところもある。しかし両者の違いがどのように生じるのかについては，これまで十分に説明されてこなかったように思われる。たとえば本書が分析対象とするインドネシアのカリマンタンの場合，東カリマンタン州ではアチェ州と同じく石油・天然ガスが産出されており，しかも石油・天然ガス収益を独占する中央政府に対して不満を抱く人が少なくない。それにもかかわらず，東カリマンタン州ではこれまでに暴力的な紛争が起こっていないばかりか，そもそも地方エリート間の政治的競争において，露骨に暴力が行使されることがきわめて稀である。他方，西カリマンタン州と中カリマンタン州では，1990 年代後半から 2000 年代初めにかけて民族間の暴力的紛争がみられ，500 〜 1000 人規模の犠牲者と数万人規模の避難民が生じた。しかしながら，この紛争は数か月で収束し，長期化することはなかった。もちろん，西カリマンタン州と中カリマンタン州にも，石炭やボーキサイトなどの鉱物資源と森林資源が豊富にある。

このように，東・中・西カリマンタン州では，いずれも天然資源が豊富にありながら，地方権力と利権をめぐる政治的競争が一方では暴力的な紛争を生み，他方では短期的とはいえ紛争が生じるという，異なる様相を示した。この違いはなぜ生じたのか。また，西・中カリマンタン州で発生した民族紛争はな

---

6) *National Geographic News*, 22 May 2014. ミャンマー政府は，2011 年から少数民族武装組織 17 組織と停戦・和平交渉を進めているが，一部の武装組織はいまも武力闘争を続けている。また，停戦に合意した武装組織のなかには，タイへのアヘン密輸を資金源にしていた組織もあった（Chin 2009）。

ぜ長期化しなかったのか。本書では，この問いに答えるため，東カリマンタン州，中カリマンタン州，西カリマンタン州の地方政治構造と地方経済構造を比較し，インドネシアにおける天然資源と政治と暴力の関係性を明らかにしたい。

なお，ここで言う「地方政治構造」とは，地方自治体レベル（州・県・市）で政治権力を握る人々（以下，地方権力アクターと称す）が誰であるかということに加え，地方権力アクターどうしの関係や地方権力アクターと中央政財界との関係，さらには地方権力をめぐる政治的競争のパターンを含むものである。また，地方権力闘争に敗北した勢力（地方権力アクターの対抗勢力）にも着目し，彼らがどのようにして権力と利権の分配に与ろうとしたのか，あるいは，将来の権力交代を目指そうとしたのか，にも注目する。地方政治構造の分析では，特に民主的選挙制度が導入された1999年以降の地方首長選挙とその当選者（州知事・県知事・市長）に焦点を当て，地方首長当選者たちがどのような経歴や人脈を持ち，地方首長選挙では最多票を得るにあたって何が最も重要な要素であったのかを分析する。これにより，各州の地方権力アクターの特徴や政治的競争のパターンを抽出する。

「地方経済構造」については，その地方の天然資源産業が何であり，その産業の担い手が誰であるか，誰がどのようにして天然資源やその開発利権にアクセスしているのかといった天然資源開発の実態に注目する。ここから天然資源の種類によってその資源をめぐる利権構造が異なり，さらには利権の分配をめぐる社会・経済的なパトロン・クライアント・ネットワークにも違いがあることを明らかにする。そしてそうした違いが，民主化・地方分権化後の地方政治構造の形成に大きな影響を与えていることを示したい。

以上に述べた地方政治・経済構造の比較分析を通して，天然資源が豊富にあり，かつ，民主化と地方分権化によって政治的競争が急速に活発化した地域であっても，権力をめぐる争いが暴力と結びつかない理由，また，権力をめぐって暴力的な紛争が起きたとしても，それが長期化しない理由を探りたい。

本書の構成は以下のとおりである。第1章では，まず「紛争」や「民族」，「暴力」といった用語について，本書で使用する際の意味を定義する。その次に，先行研究に対する本書の位置付けを示す。本書に関連する先行研究は二つあり，一つは天然資源と暴力的紛争に関する研究，もう一つはインドネシア政治研究である。前者については，天然資源が暴力的紛争と深く関わるというこ

れまでの見方に対して本書の見方を提示する。要点を述べると，本書では天然資源が暴力的紛争の誘因や長期化の原因にならない場合があることを示し，その理由を明らかにすることで，天然資源が暴力的紛争と結びつくにはいくつかの条件があることを示す。また，非紛争地域では天然資源の性格が現地の政治構造を規定する要因の一つになっていることを明らかにする。

インドネシア政治研究については，スハルト大統領による長期独裁政権が続いた1960年代半ばから1990年代末までのインドネシア政治と，民主化・地方分権化時代を迎えた1990年代末以降のインドネシア政治に分けて先行研究を整理する。スハルト時代の政治研究については，なぜアチェ州とイリアンジャヤ州（現パプア州及び西パプア州）では分離独立運動が起き，他の州では地方反乱が起きなかったのかという観点から，これまでのインドネシア政治研究を整理し，この問いに対して説明が不十分な点について本書がどのように貢献し得るかを述べる。民主化・地方分権化後のインドネシア政治研究については，これまで多くの先行研究が地方政治構造の「全般的」特徴を探ってきたのに対し，本書では，「全般的」特徴が当てはまる州とそうでない州があるという「違い」に着目し，民主化・地方分権化後の変化を「地方によって地方政治構造の特徴に違いがみられるようになった」と捉え直す。その違いを生む要因を探る中で，天然資源が各地方の政治と暴力の関係性にどのように結びついているかを示す。

第2章では，カリマンタンの地理的・生態的・社会経済的特徴を概観し，本書の着想のきっかけとなった西カリマンタン州と中カリマンタン州の民族紛争を取り上げる。これら2州では，1990年代末から2000年代初めにかけて地元住民のダヤック人とマドゥラ人移民の間で凄惨な民族紛争が起きたが，その地理的規模や紛争期間，要因，対立構造などの特徴をみていくと，アチェ州やイリアンジャヤ州の分離独立運動や各国の天然資源が絡んだ暴力的紛争とは異なる点が多いことがみえてくる。たとえばそれは，西・中カリマンタン州の民族紛争が短期間で収束したことや，紛争の背景には中央の資源収奪に対するダヤック人の不満があったにも関わらず，それが中央に対する武力闘争というかたちをとらなかったことなどである。こうした西・中カリマンタン州の民族紛争の特殊性の背景を探っていくと，この紛争の核心には天然資源をめぐる問題ではなく権力の分配をめぐる問題があったことがみえてくる。

第3章では，スハルト時代における地方行政ポストの分配と資源開発利権の

分配について，その実態と地方政治構造への影響を明らかにする。1960年代末から1990年代末まで続いたスハルト政権は，地方の政治と資源をどのようにコントロールしていたのか。その中で，石油・天然ガスを産出する東カリマンタン州と，森林資源や石油・天然ガス以外の鉱物資源を有する中・西カリマンタン州では，地方行政ポストと天然資源の開発利権をめぐってどのようなパトロン・クライアント・ネットワークが構築され，誰がそのネットワークに組み入れられ，誰が疎外されていたのか，を明らかにする。また，それらが地方政治・経済構造の形成にどのような影響を与えていたのか。本章では，そうしたスハルト時代に形成された地方政治・経済構造が，第2章で取り上げた民族紛争の下地になっているだけでなく，第5章以下で取り上げる民主化・地方分権化後の地方政治構造の基部にもなっていることを示したい。

　第4章では，民主化・地方分権化によって地方政府に新たに与えられた行政権限と経済的利権を整理し，そうした権限と利権をめぐる闘争の中で，東カリマンタン州，中カリマンタン州，西カリマンタン州ではそれぞれどういった人々が地方権力を握ったのかを分析する。注目するのは，各州の州知事・県知事・市長の経歴である。本章での分析を通して，カリマンタンの3州で熾烈な権力闘争を勝ち抜いた人々が，スハルト時代から地元の天然資源にアクセスできた人々か，あるいは，天然資源にアクセスできる人々と最も親しい者であったことがみえてくる。また西カリマンタン州の事例からは，地元の人々にも資源アクセスの機会がありながら，その利用から生じる利益が地元にほとんど還元されない経済構造がみられる場合，どういった人々が政治的権力を獲得しているのかもみえてくる。

　第5章から第7章にかけては，第4章で明らかにした東・中・西カリマンタン州の地方権力アクターについて彼らの台頭過程を具体的にみていくとともに，地方権力闘争に敗北した人々の対抗手段にも注目する。これにより，各州の経済構造と民主化・地方分権化後の地方政治構造がどのように関連しているかを示す。以下，第5, 6, 7章の要点を述べる。

　第5章では東カリマンタン州を取り上げる。石油・天然ガスを産出する東カリマンタン州では，スハルト時代から外資系企業が石油・天然ガス開発の主な担い手となり，地方経済界には資源開発の利権が分配されなかった。そのため，東カリマンタン州では地方政財界に広く影響力を持つような大物実業家が育たず，民主化・地方分権化後の権力闘争では，スハルト時代の州レベルの政

治エリート（州政府高官や州政治家など）が中央政財界との太いパイプを活かして地方首長選挙を有利に進めるようになった。しかし，地方権力アクターにとって中央政界との強い結びつきは諸刃の剣であり，一度中央で権力交代や権力闘争が起きると，その余波を受けて地方でも権力交代が起こりうる。そのため，東カリマンタン州では地方権力アクターの対抗勢力がわざわざ暴力による権力奪取という強硬手段に訴えなくても，政権交代を期待できるのである。

　第6章では，中カリマンタン州を取り上げる。中カリマンタン州には森林資源や石炭などの鉱物資源があり，それらの資源開発には石油・天然ガスほどの大規模な資本を必要としない。また，スハルト時代の森林開発は林業公社や国内大手企業が担っていたが，現地での木材伐採・運搬や地元住民との交渉などには土地勘や地縁のある地元業者が下請けとして雇われていた。そうした地元業者たちは合法・違法な木材ビジネスで富を蓄え，石炭事業やアブラヤシ・プランテーション事業にも進出するようになり，州の広範囲でビジネスを展開する大物実業家に成長した。彼らは複数の県にまたがって幅広い政治・経済・社会的人脈を形成し，民主化・地方分権化後は地方首長のパトロンとなって地方ボス化した。中カリマンタン州では，こうした地方ボスの政治・経済・社会的影響力が強いため，地方権力と利権の分配に与ることができない周縁化されたグループは，資金力を持たず，暴力的手段に訴えて権力と利権の「おこぼれ」に与ろうとするようになった。中カリマンタン州で起きた民族紛争もこの文脈において捉えることができる。

　第7章では，西カリマンタン州を取り上げる。西カリマンタン州は，中カリマンタン州と同じく森林資源や石炭，ボーキサイトなどの鉱物資源に恵まれている。スハルト時代は木材産業が主要産業であった。また，国境を接するマレーシア・サラワク州への木材密輸も盛んであった。しかし，地元業者に大きな利益をもたらすはずの木材密輸ビジネスの旨みは，資金力やビジネス・ネットワークにおいて西カリマンタン州の木材業者を凌駕するサラワク州の木材業者に吸い取られた。そのため，西カリマンタン州の木材業者は，中カリマンタン州の地元実業家のように資本を蓄積できず，広範な政治・経済・社会的影響力を持つことができなかった。こうして西カリマンタン州では，資金力や住民動員力において拮抗する中小規模の地方有力者が群雄割拠するようになり，彼らの間で行われる権力闘争では金と暴力が政治的手段として利用されるようになった。そうした中で，地方首長選挙では，わずかな資金力の差で当選を逃し

た敗北候補者が，暴力を用いた抗議行動を展開する状況がみられるようになった。

　以上に述べた東・中・西カリマンタン州の地方政治・経済構造の比較から，終章では，天然資源の性格が現地の政治構造に及ぼす影響を整理し，それを基に，天然資源が暴力的紛争に結びつく場合と結びつかない場合の条件の違いがどこにあるのかを考察する。本書を通して，資源産出地域でみられる暴力的紛争を予防する手立てが一つでもみえてくれば幸いである。

第1章

暴力・天然資源・地方政治

扉写真
　フェリーからみた東カリマンタン州沿岸部の風景（2004 年 7 月 26 日，東クタイ県南部沖。筆者撮影）。世界各地で天然資源に絡んだ暴力的紛争が起きる一方，森林資源や石油・天然ガス，石炭を産出するインドネシアの東カリマンタン州では，これまでに天然資源をめぐる暴力的紛争は起きていない。

本章では，まず「紛争」，「民族」，「暴力」という本書で使用する用語の定義を述べ，その後，天然資源をめぐる政治的競争と暴力の関係について，暴力的紛争に関する研究とインドネシア政治研究の双方から先行研究を整理し，本書の位置付けを示す。

1.1 「紛争」，「民族」，「暴力」

　本書は，非紛争地域における天然資源をめぐる政治的競争と暴力の関係性を探るものであり，「紛争」，「民族」，「暴力」という用語が頻繁に登場する。そのため，本書におけるそれぞれの用語の意味を，以下にあらかじめ述べておきたい。

　まず「紛争」であるが，一般に，紛争を広義に捉えると「利害が対立する個人あるいは集団間で起きた行動や緊張状態」といえるだろう。ここには非暴力的な紛争も含まれる。しかし，本書では，暴力を伴った紛争に焦点を当てるため，紛争とのみ述べる場合であっても暴力的紛争のことを指すものとする。また，紛争は誰と誰が対立しているか，何をめぐって対立しているか等によって様々な呼び方がある。たとえば，異なる民族や宗教に属する集団が対立する民族紛争や宗教紛争，国家からの独立や分離を目指す分離独立運動，自然資源をめぐる資源紛争などである。また，紛争地域の範囲に注目した場合，複数の国家間の紛争は国家間紛争や国際紛争，国家の領域内で起きた紛争は国内武力紛争や内戦などとも呼ばれる。さらには地域紛争という言い方もある。こうした種々の紛争の呼び名は，厳密に定義され区別されているわけではなく，一部重複するものもある。

　こうしたことから，用語の混乱を避けるため，本書では国家内部の暴力的紛争に焦点を当てているが，武力紛争や内戦，地域紛争という用語は使用しない。また，インドネシアの暴力的紛争について述べる際には，これまでのインドネシア政治研究の文脈に合わせ，アチェ州とイリアンジャヤ州の紛争は分離独立運動，西・中カリマンタン州で起きたダヤック人とマドゥラ人による紛争は民族紛争と呼ぶ。また，マルク諸島や中スラウェシ州で起きたキリスト教徒とイスラム教徒の間の暴力的紛争は，宗教暴動とも称されるが（山本2005），

第1章　暴力・天然資源・地方政治 | 13

本書では便宜上，宗教紛争と呼ぶ。

次に「民族」である。さきほど西・中カリマンタン州で起きた暴力的紛争を民族紛争と呼ぶと述べたが，「民族」という用語と，これに関連して「エスニシティ」という用語についても本書で使用する際の定義を述べておきたい。一般に，民族とエスニシティは同義と捉えられることもあるが，本書では「民族」という用語を用いる際には，基本的にインドネシアの人口センサスに基づく民族（suku）区分を指すものとする。インドネシアでは，国家が定義する民族区分と現地社会における集団区分の単位が一致しない場合があり，そうした場合は現地社会における集団区分をエスニック・グループと呼ぶことにする。たとえば，中カリマンタン州では，先住民の総称である「ダヤック人」という単位が統計上の民族区分として認識されているが，地元では，ダヤック人の下位区分である部族（バクンパイ族，マアニャン族など）や部族のさらに下位区分の単位が社会・政治的に意味を持つことが多い（第6章参照）。こうした無用な混乱を防ぐため，本書における民族はセンサス上のそれとする。

「エスニシティ」については様々な議論があり，これまでに多くの研究者が，エスニシティが文化・伝統・慣習の同一性といった実体を伴う固定的な集団概念なのか，それとも流動的・状況的な範疇なのかについて議論を行ってきた（Horowitz 1985; Smith 1986; Fenton 1999; ゲルナー 2000; Brubaker 2002; Chandra 2006 など）。本書においては，エスニシティを実体的・固定的な集団概念と捉えるのではなく，その集団がおかれた政治・経済・社会的文脈によって流動的に変わる範疇と捉える。特に本書では，政治的な利益集団の範疇としてのエスニック・グループに注目する。インドネシアのエスニック・ポリティクスの文脈において，東カリマンタン州と西カリマンタン州ではダヤック人が政治的利益集団の範疇として重要性を持つ一方，中カリマンタン州では民族紛争の時のみダヤック人という単位が政治的意味を持ち，日々の地方権力闘争においては，ダヤック人の下位グループが政治的な利益集団の単位として意味を持つからである。したがって，本書では東・西カリマンタン州の地方権力アクターの顔ぶれや地方権力アクター間の関係を述べる際には「ダヤック人」や「ジャワ人」，「ブギス人」といった民族名称を使用し，中カリマンタン州のダヤック人の地方権力アクターについては，「バクンパイ族」，「ナジュ族」といったエスニック・グループの名称を用いる。

最後に「暴力」の定義である。本書で述べる暴力とは，身体的・物理的な破

壊行動だけでなく、そうした暴力が起きる可能性を示威する行為を含むものとする。西・中カリマンタン州の民族紛争でみられた暴力は、前者の意味の暴力であり、武器等を用いた集団間の物理的な破壊・傷害・殺害行動であった。他方で、民主化・地方分権化後の地方首長選挙においてみられる暴力は、選挙会場の破壊や焼き打ちのほか、屈強な「支持者」集団による選挙会場のとり囲みや、そうした集団を従えての選挙結果の不服申し立てなども含む。また、地方首長選挙における暴力には、決してナイフや銃などの武器が用いられるわけではなく、（ポケットに潜ませている可能性はあるが）基本的には身体的な力の行使や威嚇行為が行われる。その意味では、きわめて小規模な暴力であるが、そのために数百人規模の屈強な「住民」が動員され、時には政治的に有効な手段となることから、今日のインドネシア政治を見る上で決して無視できないものである。こうした小規模な暴力も含むことで、本書では紛争地域における天然資源と暴力の関係性だけを論じるのではなく、非紛争地域も含めて天然資源をめぐる政治的競争と暴力の関係性を探ることができると考える。

1.2　天然資源と暴力的紛争の結びつき

　序章でも述べたように、天然資源と暴力的紛争の結びつきは、特に冷戦後の紛争研究において指摘されるようになった。冷戦終結によって、超大国から紛争当事者への資金の流れが止まり、紛争当事者たちが紛争の開始・継続のために天然資源を利用して資金調達を行うようになったためである（Ballentine and Sherman 2003）。紛争指導者たちは、兵士への給与の支払いや武器弾薬の購入のために天然資源を採取あるいは略奪し、フォーマル・インフォーマルな国際市場で取引きしたり、天然資源の採取・流通・販売に関わる人々から保護料を徴収したり、周辺国や企業などに将来の採掘権を販売するなどして資金を調達している。また、そうした資金の一部は、紛争指導者の私的利益となる場合もある（Keen 1998; Kaldor 1999; Ross 2003）。

　こうしたことから、天然資源は何らかのかたちで暴力的紛争に強く関連していると考えられるようになった。しかし、具体的に天然資源と暴力的紛争がどのように結びついているかについては、いまだに決定的な見解は出されていな

い。これまでの議論としては，天然資源の枯渇が直接あるいは間接に紛争を生み出すという説（Homer-Dixon 1994）や，それとは逆に，天然資源の豊かさが反政府勢力に紛争を実行・継続させる動機と機会を与えるという説（Collier and Hoeffler 2001, 2004），天然資源の豊かさ（特に石油）が国家の弱体化と市民の不満の原因となり，暴力的紛争を引き起こすという説（Fearon and Laitin 2003; Fearon 2005; Humphreys 2005）などがある。また，天然資源の種類や地理的特徴によって紛争の種類が異なるという議論もある（Le Billon 2001, 2005; Ross 2003; de Soysa and Newmayer 2007; Lujala 2010など）。

しかし，これらの仮説はいずれも検証上の大きな問題を抱えている。これらの仮説を検証するには事例分析か計量分析のいずれかが用いられることになるが，事例分析ではほとんどの場合，暴力的紛争の事例にのみ焦点が当てられるため，紛争が起きない場合との比較ができず，厳密に仮説を検証することができていない（Glenditsch 2001）。他方で，計量分析では統計モデルや変数の操作化等で分析の結果に大きな違いがでるため，仮説を裏付ける有力な検証結果を提示することができない（Le Billon 2008; 大村 2010）。

こうした中，スナイダー（Snyder 2006）は事例分析の問題を克服するため，1990年代以降に政府軍と反政府勢力の戦闘が深刻化したシエラレオネと，1990年代に入って反政府勢力の攻勢が弱まったミャンマーを比較した。シエラレオネとミャンマーの事例は，厳密には紛争が起きた場合と起きない場合の比較ではないが，スナイダーはこの二国の事例から，国家の資源開発体制（誰が資源を管理するか）が暴力的紛争の有無を規定すると論じている。スナイダーは天然資源の開発体制を四つに分類し（① 政府が天然資源を管理する場合，②私的な個人あるいは集団（以下，私的アクターと称す）が管理する場合，③政府と私的アクターのいずれもが管理する場合，④開発体制がない場合），政府と私的アクターのいずれもが天然資源を管理する体制が最も暴力的紛争に結びつきにくいと指摘した。天然資源から生まれる利益が国家運営の財源となると同時に，私的アクターにも開発利益がもたらされることから，私的アクターの持つ政府への不満が緩和されるからである。このスナイダーの議論は，国内紛争の有無を規定する要因として，現時点で有力な説の一つと考えられている（大村 2010: 192）。

また大村（2010）によると，上記のスナイダーの議論に加えて，天然資源の地理的特徴が暴力的紛争の発生確率や被害の拡大に影響を与えるという説（Buhaug and Rød 2006; Lujala 2009）も現時点での有力な説明要因であるという。天然資源の地理的特徴とは，紛争発生地域と天然資源の距離であり，反政府勢力が奪取しやすい天然資源（鉱物資源，麻薬類，陸上の化石燃料など）が近くにあるほど，その土地をめぐる暴力的紛争の発生確率が上がり，紛争の被害も拡大する傾向にあるという議論である。

　しかし，暴力的紛争の有無を規定する要因として天然資源の開発体制のタイプや天然資源の地理的特徴に注目した見方は，本書で取り上げるインドネシアの事例を説明するには不十分である。インドネシアでは 2001 年まで石油ガス公社が一元的に石油・天然ガスを管理する中，アチェ州では分離独立運動がみられたが，他方でアチェ州と同じく石油を産出する東カリマンタン州では，これまでに分離独立運動が起きていないからである。すなわち，天然資源の開発体制が同じでも，暴力的紛争が起きる場合と起きない場合がある。また，民族紛争が起きた中カリマンタン州では，中央政府から森林事業権の交付を受けた国内大手企業が森林開発を行っていたが，そうした大企業の下請けとして地元業者にも利益が分配されていた。そのため，スナイダーの説に従えば，私的アクターの不満は緩和されていたはずであり，暴力的紛争は発生しにくいはずである。それでも，民族紛争は起きた。また，中カリマンタン州の民族紛争は金鉱近くのクルン・パンギという町を起点に始まったが，紛争はわずか数か月で収束した。天然資源の地理的特徴からみると，天然資源の近くで生じた暴力的紛争は拡大する傾向を持つはずである。しかし，実際の紛争は数か月で収束し，長期化・拡大しなかった。このようにカリマンタンでみられた暴力的紛争には，これまでの天然資源と暴力的紛争に関する議論では説明できないことが多い。では，カリマンタンの事例はどのように説明することができるのだろうか。

　カリマンタンの事例を詳細にみていくと，天然資源が暴力的紛争と結びつくには，これまでの議論で示された条件に加えて，さらにいくつかの条件があることが浮かび上がる。本書では，そうした条件の一つとして，スナイダーが指摘するような天然資源の開発利益の分配だけでなく，政治行政ポストの分配も重要であることを示したい。スハルト時代の東カリマンタン州では，石油・天然ガスの開発利益は地元に還元されなかったものの，地方行政ポストについては地元の有力な社会・経済勢力にも分配されていた。そのため，中央政府の資源収奪に対する地方の不満は，地方政治エリートを体制側に取り込むことで，

ある程度緩和されたと考えられる。また，西・中カリマンタン州の事例をみると，紛争地域において天然資源の開発利権や地方行政ポストの分配に与ってきた者とそうでない者がいることがみえてくる。こうしたことから，暴力的紛争の長期化や被害の拡大に影響を与えているのは，天然資源の地理的特徴だけでなく，中央政府から分配された政治・経済的利権に地方ではどういった人々が与っているのかということも重要であると考えられる。なぜなら，西・中カリマンタン州の民族紛争は，そうした「上からの」政治・経済的利権の分配に与ることができなかった人々が起こしたものであり，すでに天然資源の開発利益に与っていた人々は紛争に関与していなかったからである。すなわち，西・中カリマンタン州の紛争当事者たちは天然資源にアクセスできない人々が起こしたものであり，天然資源を資金源にすることができなかったために，紛争が長期化・拡大しなかったと考えられる。

1.3 インドネシア政治研究にみる政治と暴力(1) —— スハルト体制

インドネシア政治研究の文脈からは，暴力的紛争の有無を規定する要因としてどのようなことが挙げられるだろうか。以下では，まずインドネシアの暴力的紛争の事例として1976年から2005年までの長期に及んだアチェ州の分離独立運動を取り上げ，この紛争の要因として指摘されている点を整理する。インドネシアにおいて冷戦後も続いた中央政府に対する暴力的紛争には，アチェ州のほかに，1960年代から現在まで続くイリアンジャヤ州（現パプア州及び西パプア州）の自由パプア運動（Organisasi Papua Merdeka）があるが，イリアンジャヤ州の場合は小規模なゲリラ活動の域を越えず，国軍の勢力が圧倒的に強い。また民主化・地方分権化後は地方エリートたちによる非暴力的な交渉も試みられるようになったことから，本節ではアチェ州の分離独立運動に焦点を絞って先行研究を整理したい。

また本節ではアチェ州とイリアンジャヤ州以外の州において中央政府に対する暴力的紛争が起きていない理由を探るため，1967年から1998年まで続いたスハルト大統領による権威主義的中央集権体制（一般にスハルト体制と称される）

に関する先行研究から,インドネシアに長期の政治的安定をもたらした要因として指摘されている点を整理する。その上で,本書がインドネシアの紛争研究においてどのような知見を新たに提示できるかを示す。

(1) アチェ州の分離独立運動

アチェ州の分離独立運動は,1976年に地元実業家ハッサン・ディ・ティロが自由アチェ運動(Gerakan Aceh Merdeka, GAM)を結成し,アチェ・スマトラ国の独立を宣言したことに始まる[1]。ロス(Ross 2005)によると,自由アチェ運動による武装抵抗は三度の盛衰を重ね,一度目はハッサンら初期メンバーによる小規模な襲撃行為がみられた時期(1976-1979年),二度目は,リビアとイランから資金援助と軍事訓練を受けてゲリラ部隊の組織化と兵力増強に成功した時期(1989-1991年),三度目はアチェ州内で十分な資金調達と兵士リクルートが可能になった時期(1999-2002年)である。しかし,いずれの時期の活動もインドネシア国軍による激しい鎮圧作戦によって終息した。

アチェ州で分離独立運動が開始された背景には,大きく二つの要因が挙げられている。一つはアチェの主権をめぐる中央政府との歴史的軋轢であり,その起源は19世紀末から20世紀初頭のアチェ戦争(オランダとアチェ王国の戦い)に遡る。オランダに降伏したアチェ王国の主権が,オランダ領東インドに移譲されなかったのである。しかしインドネシア独立時にアチェ王国の主権がオランダ領東インドの主権とともにインドネシアに移譲されたため,自由アチェ運動では,アチェ王国の主権はアチェ人の手に戻されるべきだという主張が行われた(西2002)。また,アチェ州では1953年にも中央政府に対する反乱が起き,中央政府は反乱鎮圧後にアチェを特別州とし,イスラムに基づく慣習法や教育における大幅な自治権を認めた[2]。しかし,1974年にはスハルト体制下で制定された地方行政基本法により,アチェ州は他の州と同等であることが確認され,「自治権」は空文化した(西2002)。

---

1) 自由アチェ運動の正式名称は,アチェ/スマトラ民族解放戦線(Acheh/Sumatera National Liberation Front, ASNLF)であるが,本書では,インドネシア語による自称名である自由アチェ運動を用いる。インドネシアではこの名称がより一般的である(西2002)。
2) 1953年のアチェの地方反乱は,中央政府が1949年にアチェ州設置を約束したにもかかわらず,実際にはアチェを北スマトラ州に編入したことが背景にあった。

こうした歴史的経緯を踏まえ，井上（2001）はアチェ州での分離独立運動の特殊性として，独立支持者たちがアチェの歴史や文化の特異性を強く意識したアチェ・ナショナリズムを有していることを指摘し，そのためにアチェ州では他の州では起きていない分離独立運動が発生したと分析している[3]。しかし，分離独立運動の核心がアチェ・ナショナリズムにあるのならば，後述する2005年の和平協定以降，いともあっさりと武装解除が達成されたのはいささか奇妙である。

　アチェ州での分離独立運動のもう一つの誘因として指摘されている点は天然ガスである。天然ガスは1971年にアメリカ系石油大手モービル・オイル（現エクソン・モービル）が所有するアルン鉱区で発見された。ガス田の発見によりアチェ州の経済的重要性が高まり，ビジネス・チャンスを求める地元実業家たちがその開発利権に与ろうとした。もともと建設業を営んでいたハッサン・ディ・ティロもそうした地元実業家の一人であり，ハッサンはガスパイプラインの建設契約をとりつけようと奔走した。しかし，天然ガス開発に絡んだ売買契約の終結や精製プラントの建設，周辺インフラの整備などに関する開発の主導権は中央政府に握られ，ガスパイプラインの建設はアメリカ系建設大手ベクテル社が石油公社プルタミナと契約を結んだ。このことが中央政府に対するハッサンの不満を増長し，自由アチェ運動の結成とアチェ・スマトラ国の独立宣言につながった（西 2001; Isa Sulaiman 2007）。

　しかし自由アチェ運動による初期のゲリラ活動は小規模であり，国軍によってすぐに鎮圧され，自由アチェ運動の幹部たちは国外に逃亡した。そして1980年代末以降，自由アチェ運動は再び盛り上がりを見せた。スウェーデンに亡命していたハッサンら自由アチェ運動の幹部たちが海外で支援獲得に奔走し，イラン・イラク戦争（1980–1988）の渦中にあったイランとリビアから資金や武器の供与，兵士の軍事教練への支援をとりつけたからである[4]。冷戦構造の中

---

[3]　また井上（2001）は，イリアンジャヤ州の分離独立運動でもアチェ州と同じような特殊性がみられると分析している。すなわち，パプア・ナショナリズムの醸成であり，その拠り所となっているのは1961年に「西パプア」の独立が国旗掲揚によって行われたことである。西イリアン（当時のインドネシア側からの地域名）がインドネシアに併合されたのは，それから2年後の1963年である。また，イリアンジャヤ州では国軍による人権侵害も横行し，アチェ州と同じように国軍に対する住民の不信感や憎悪がある。

[4]　イランとリビアが自由アチェ運動を支援したのは，自由アチェ運動がイスラム法に基づく国家建設を掲げていたためである（Gunn 2000: 101）。

で，当時の自由アチェ運動は世界の紛争地域と同じように大国からの支援を受けていたのである。

冷戦後の自由アチェ運動はどのような展開を見せたのか。1980年代末以降，インドネシア国軍は激しい鎮圧作戦を展開し，ゲリラやその家族だけでなく，自由アチェ運動には無関係の民間人にも著しい人権侵害を行った（Roabinson 1998; Ross 2005; Aspinall 2008）。国軍は民間人を含め，多くの死傷者を出しながらゲリラ勢力の一掃に成功し，中央政府は1996年にゲリラ勢力を破壊したとして自由アチェ運動の終結を宣言した。

しかし，民主化・地方分権化が導入された1998年以降，自由アチェ運動の活動は再び活発化する。その理由は，その頃になると自由アチェ運動がアチェ州内で十分な資金を調達できるようになり，また，国軍からの度重なる人権侵害を受けて一般のアチェ人の間でも自由アチェ運動への参加や支持を志向する傾向が高まったためである（Ross 2005）。冷戦後の自由アチェ運動の資金調達先は，紛争地域に住む地元のアチェ人や州外移民，企業などへの強制的な「徴税」，在外アチェ人への強制的な献金要求，マリファナの密輸や誘拐ビジネスなどであった。また武器は国軍・警察からの略奪や購入のほか，タイ経由で主にカンボジアから流れてきた銃器類を仕入れていた（Ross 2005; schulze 2007）。こうしたことから，アチェ州での分離独立運動ではアフリカやミャンマーの紛争地域とは違い，紛争継続のために地元の天然資源が資金調達源として利用されたのではなく，天然資源へのアクセスがなくても冷戦時代に蓄えた武力と紛争地内外の組織ネットワークを利用して資金調達が行われていたことが分かる。

以上を整理すると，アチェ州での分離独立運動は，紛争が開始された誘因として歴史的な主権問題と天然ガスが挙げられ，長期化の背景としては，冷戦期は大国の支援，冷戦後は武力を資本とした資金調達と国軍の人権侵害に対するアチェ人の憎悪があったといえる。しかし，こうした歴史的・経済的・社会的問題が解決しないままに，2005年にアチェの分離独立運動は終結した。それは一体なぜか。

紛争終結の契機となったのは，2004年のスマトラ島沖地震である。このときアチェ州は甚大な被害を受け，自由アチェ運動は紛争地域への支援物資の提供のために停戦を宣言した。さらに2005年8月には中央政府との間で平和合意を終結した。このとき，自由アチェ運動は中央政府に対して政治参加を認めるよう要求し，中央政府は最終的にこの条件をのんでアチェ州における地方政

党の結党を認めた。2005年12月，自由アチェ運動は軍事部門の解散を宣言し，これにより，約30年続いた分離独立運動は事実上終結した（Enia 2008）。

ここに見るように，停戦の決め手となったのは未曾有の自然災害に見舞われたアチェ州の地域復興が優先されたことも重要であるが，和平交渉において中央政府が紛争当事者への政治・経済的利権の分配を認めたことも一つの鍵であった。すなわち，自由アチェ運動の政治参加が認められたことである。天然ガスは相変わらず中央政府の管理下にあるが，自由アチェ運動の面々は地方政治権力の一端を担うことで，公共事業の発注など小規模な経済的利権を獲得するようになった[5]。このことは，前節で紹介した「政府と私的アクターのいずれもが天然資源を管理する体制が最も暴力的紛争に結びつきにくい」というスナイダー（Snyder 2006）の議論に新たな視点を加えるものであり，天然資源の開発利権でなくても，政治行政への参加によって何がしかの経済的利権が私的アクターにある程度分配されれば，中央政府への不満は緩和されるかもしれないことを示唆している。本書では，この仮説について，石油・天然ガスの産出州でありながら分離独立運動が起きていない東カリマンタン州の地方首長ポストの分配状況をみることで検証したい。

(2) スハルト体制下における政治的安定

前節ではアチェ州での分離独立運動に関するこれまでの研究から，インドネシアの文脈における暴力的紛争の要因を探った。本節では，アチェ州とイリアンジャヤ州以外の州において中央政府に対する暴力的紛争が起きていない要因を探るため，約30年に渡って政治的安定を誇ったスハルト体制に関する研究から，これまでに指摘されているインドネシアの政治的安定の要因を抽出する。

1968年に第2代インドネシア大統領に就任したスハルトは，村レベルにまで配置された国軍と内務行政機構を統治の二本柱とし，大統領を頂点とする権威主義的中央集権体制を築いた。スハルト体制あるいは「新秩序（Orde Baru）」体制といわれるこの政治体制の下で，インドネシアは長期の政治的安

---

[5] 2006年以降，自由アチェ運動の多くのメンバーが地方議員や地方首長ポストを獲得するようになり，地方政治行政に影響力を持つようになった。また，地方公共事業をめぐる利権にも与るようになった（Klinken and Aspinall 2010）。

定を手に入れた。その理由をこれまでのインドネシア政治研究から抽出すると，以下の5点が挙げられるだろう。すなわち，①国家（国軍）による反体制派の暴力的弾圧，②中央から地方レベルに至る国軍の政治参加，③「民主的」手続きによる大統領の正当性の確保，④家族主義的な資源再分配による集権的なパトロン・クライアント・ネットワーク，⑤国家主導の開発による経済成長である。それぞれの概要を以下に述べる。

　一つ目の国家による反体制派の暴力的弾圧は，スハルトが政権を掌握する初期の過程から始まった。スハルトが国家権力を掌握したきっかけは1965年に起きた軍事クーデター未遂（9月30日事件）であった。この時スカルノ大統領（当時）から治安秩序回復のための権限を移譲されたスハルト陸軍戦略予備軍司令官（当時）は，事件鎮圧後に，事件の背後にインドネシア共産党の関与があったとして徹底的な弾圧を行った。この弾圧によりインドネシア共産党の党員・支持者のほか，インドネシア共産党との関係を疑われた市民も共産党粛清の巻き添えとなった。犠牲者は少なくとも推定20万，最大で推定100万人といわれている[6]。また粛清によってインドネシア共産党が一掃された後には，体制批判者や民主化運動の活動家にも厳しい弾圧が行われた。さらにスハルト体制下では集会・結社の自由や言論・報道の自由も制限された。

　二つ目は国軍の政治参加である。1982年に制定された国防治安基本法において，国軍は治安維持機能とともに政治社会機能を持つことが明記された。これを法的根拠に，スハルト体制下では現職・退役を含め多くの軍人が中央から地方まであらゆるレベルの政治行政ポストに就いていた。例を挙げると，中央レベルでは閣僚や各省庁の要職，国営企業の重役，大政翼賛組織ゴルカルの幹部，国民協議会議員など，地方レベルでは州知事，県知事，市長，郡長，ゴルカル地方幹部，地方議会議員などである。さらには末端の村落行政ポストにまで国軍が入り込み，各地方に配置された軍管区と並行して，村レベルにまで国軍の社会・政治的影響力が浸透していた[7]。

　しかしスハルト大統領は，国軍の暴力を用いた恐怖政治や村レベルまで配置された国軍の政治参加によってのみ，政治的安定を手に入れたわけではない。

---

6)　9月30日事件とその後の共産党弾圧については，Anderson and McVey（1971），Crouch（1978），白石（1997），Cribb（2002），Haryanto（2006）に詳しい。

7)　スハルト時代の国軍の二重機能と政治参加については，Crouch（1978），安中・三平編（1995），白石（1996），川村・柳原（1998）などを参照。

スハルト大統領は権力の正当性を確保するために，5年に一度の総選挙と大統領選挙を実施し，「民主的に」選ばれた大統領であることを国内外に示した。しかし，そこにはからくりがあった。選挙参加資格を与えられたのは3政党・組織だけであり，そのうちの一つは，スカルノ時代に組織された大政翼賛会ゴルカルであった。公務員にはゴルカルへの参加が義務付けられ，投票日には国軍と行政機構が総出でゴルカル勝利のために尽力した。残りの2政党は，スカルノ時代の政党勢力を再編・統合したインドネシア民主党（Partai Demokrasi Indonesia, PDI）と開発統一党（Partai Persatuan Pembangunan, PPP）であり，前者は以前の世俗系諸政党，後者は以前のイスラム系諸政党の集合体であった。これら2党では党内で主導権争いが続き，党の基盤が弱体化していた。そのため総選挙ではゴルカルが圧倒的強さを誇り，毎回60％以上の得票率を獲得して国会（Dewan Perwakilan Rakyat, DPR）と地方議会で多数派を形成した。そして総選挙後に行われる大統領選挙では，国会議員に任命議員を加えた国民協議会（Majelis Permusyawaratan Rakyat, MPR）において投票が行われ，毎回スハルトが「民主的」に大統領に再選された（安中・三平編 1995：白石 1996）。

　また，スハルト政権には権威主義体制を正当化するもう一つの原理があった。それが四つ目の家族主義的な資源再分配によるパトロン・クライアント・ネットワークである[8]。白石（2007：7）によると，家族主義とは「インドネシアは一つの大家族である，われわれは，親子，兄弟姉妹のように助け合わなければならない」という考え方を基本とする。スハルト時代の家族主義は，この精神を土台につくられた資源再分配システムであり，スハルト大統領を頂点に，上は中央政府の各省庁や軍司令部，下は市役所や地方警察署，税務署，軍管区司令部まで，それぞれの軍・国家機関が「大家族」として財団を設立し，懇意の実業家と合弁事業を行い，その事業活動によって上司（＝親父）が部下（＝子分）の給与補填や教育費，医療費，住宅費などの面倒をみた（白石 1996, 2007）。言い換えれば，スハルト時代の家族主義システムは「パトロン・クライアント関係による大統領からエリートへの利益分配」（津守 1995：2）であ

---

[8]　「家族主義（kekeluargaan）」は，もともとジャワの農村社会から生まれた概念であり，水田耕作のための共同作業や伝統的な助け合いの慣行が，独立闘争期に「ゴトン・ロヨン（gotong royong）」や「家族主義」として観念化され，インドネシア独立後の政治原理に取り入れられた。スカルノ時代には国民の一体感を醸成する政治スローガンとして「ゴトン・ロヨン」が強調されたが，スハルト時代には「家族主義」がインドネシア国家を支える重要な政治原理となった。ゴトン・ロヨンの概念の起源とその変容については椛沢（2004）を参照。

り，このシステムの上層部にはジャワ人が多数を占めていたが，理念的には社会・文化・民族・宗教的な亀裂を超えた（あるいは封じ込めた）政治エリート間の集権的なパトロン・クライアント・ネットワークであった[9]。スハルト時代の権威主義体制は，この家族主義の原理によっても正当化され，大統領はインドネシア国家の「親父」として社会の構成員である「子どもたち」を手厚く保護する存在とされた。

最後に，国家主導の開発による経済成長である。スハルト大統領は政治的安定を目指すとともに経済不況からの脱却を目指して国家主導の経済開発にも力を注いだ。スハルト体制下では，経済的価値の高い石油・天然ガスや石炭などの鉱物資源，森林資源などが全て中央政府の管轄下におかれ，国家主導で大規模な開発が進められた。その結果，1960年代末から1980年はじめにかけて，石油収入の増加や林業部門の成長がみられ，これに牽引されてインドネシア経済は年平均7.5％の経済成長率を達成した。また1980年代以降も工業化や民間部門の成長に支えられ，インドネシアの経済成長率は1980年代では年平均5.7％，1990年からアジア通貨危機が起きる1997年までは年平均7.0％を記録した[10]。こうした経済発展によって国民生活が向上し，それがさらなる政治の安定につながった（白石1996）。

以上の5点が，これまでのインドネシア政治研究から抽出できるスハルト時代における政治的安定の要因である。しかし，これらのスハルト体制の特徴は，四つ目の資源再分配ネットワークを除き，分離独立運動が起きたアチェ州やイリアンジャヤ州でも共通してみられた特徴である。特に国軍の暴力や社会・政治的影響力の浸透については，アチェ州とイリアンジャヤ州の方が分離独立運動の鎮圧のために他の州よりも強かったと考えられる。

そこで本書が注目したいのが，地方行政ポストの分配と資源再分配における地方レベルのパトロン・クライアント・ネットワークの実態である。自由アチェ運動のメンバーがスハルト大統領を頂点とする資源再分配ネットワークに組み込まれていなかったことは，前述の自由アチェ運動の資金源をみれば明らかである。では，中央政府に対する暴力的紛争が起きていない州では，政治・

---

9) スハルト時代の軍・内務行政機構にはジャワ人の優位がみられた。とりわけ1960年代半ばから1980年代半ばまではジャワ人将校が国軍高級将校の60％以上を占め，さらには彼らが州知事，県知事，市長として天下り，内務行政を掌握した（白石2007：6）。
10) International Monetary Fund（2011）から筆者算出。

経済的利権の分配・再分配においてどのようなパトロン・クライアント・ネットワークが構築されていたのだろうか。筆者は，ここに分離独立運動が起きた州と起きていない州の違いが浮かび上がってくると考える。すなわち，スハルト時代に政治的安定をもたらした要因の全てが暴力的紛争の回避に結びついているわけではなく，政治・経済的利権の分配・再分配ネットワークが暴力的紛争の有無に最も影響を与えていると考える。これを裏付けるために，本書の第3章では，カリマンタンを事例にインドネシアの非紛争地方における地方行政ポストと資源開発利権の分配ネットワークの実態を明らかにしたい。

1.4 インドネシア政治研究にみる政治と暴力(2) —— 民主化・地方分権化後

次に1998年の民主化・地方分権化以降，インドネシア政治研究において議論されるようになった地方権力闘争と暴力の関係性についても見ておきたい。スハルト時代には，アチェ州とイリアンジャヤ州でのみ分離独立運動というかたちで暴力的紛争が起きたが，1998年にスハルトが大統領を辞任し，インドネシアで民主化・地方分権化が推進されるようになると，今度はスハルト体制下では暴力的紛争が起きなかった州でも，暴力を伴った地方権力争いがみられるようになった。こうした中で，一部の地方では民族・宗教紛争も発生した。その一方で，スハルト時代と変わらず権力や利権をめぐる争いに暴力が用いられていない州もある。こうした地方ごとの政治と暴力の関係性の違いについては，これまでのインドネシア政治研究において注目されてこなかった。しかし，インドネシアにおける政治と暴力の結びつきを考える上で，スハルト時代の暴力的紛争だけを分析対象とするのは不十分であり，民主化・地方分権化後の地方権力闘争における暴力の問題もあわせて検討することがいま必要である。

これまでの研究において，民主化・地方分権化後のインドネシアの地方政治状況はどのように理解されてきたのだろうか。これまでの研究の多くは「民主化・地方分権化は地方政治の何を変えたのか。地方の政治構造は変化したのか」という問いを起点に地方政治の分析を行っている。そもそも，インドネシアが民主化とともに地方分権化を推進した背景には，国内からの強い要求に加

え，世界銀行や国際通貨基金（International Monetary Fund, IMF）を中心とする新自由主義勢力からの強い働きかけがあった（Schulte Nordholt 2004）。新自由主義的な考え方によると，地方分権化と民主的選挙の導入は，行政の透明性と効率性，そしてグッド・ガバナンスの促進を図るものであり，これらは民主主義と市場経済を円滑に機能させるために必要な要素である（Malley 2003; Hadiz 2010）。しかし，こうした新自由主義の考え方に対し，多くのインドネシア政治研究者は，地方分権化がインドネシア政治にもたらした変化は，新自由主義が主張するような地方行政サービスの質的向上ではなく，地方に移譲された権力とそれに付随する経済的利権をめぐる熾烈な権力争いであったと認識している（Hadiz 2003; Robison and Hadiz 2004）。

　こうした地方における権力闘争の激化は，地方分権化改革がインドネシアにもたらした最も大きな政治的変化であった。そして，そうした地方権力闘争の中でみられるようになった地方政治の特徴として，これまでに大きく3つの点が指摘されている。一つ目は，政治的競争パターンの変化であり，スハルト体制下であれば大統領や内務大臣，国軍幹部といった中央政界の有力者や州知事との結びつきが地方首長ポストの獲得につながったのに対して，民主化・地方分権化後は，民主的選挙制度の下で地方首長ポストの獲得競争が自由化し，その中で暴力も政治的手段の一つとして使用されるようになった。二つ目は，地方権力アクターの連続性であり，地方分権化後も結局のところ，スハルト時代の地方政治・経済エリート（地方の高級官僚，地方政治家，地元実業家など）が地方権力の担い手となった。そして三つ目は，中央・地方関係の変化であり，地方に対する中央政府の政治的影響力が低下した。以下では，これら3点について先行研究を整理し，それを踏まえた上で本書の特徴を示したい。

（1）　政治的競争パターンの変化 ── 政治的手段としての暴力の使用

　インドネシアの地方権力闘争における暴力の行使については，多くの事例研究があり，インドネシア各地で政党が準軍事組織を育成したり，政党や個人が暴力集団を動員ブローカーとして利用したりする状況がみられるようになったことが報告されている（Hadiz 2003; Robison and Hadiz 2004; Sidel 2004; Okamoto and Rozaki. eds. 2006）。スハルト時代であれば政党は3党しかなく，国軍と内務行政機構を集票マシーンにもつ与党組織ゴルカルが，圧倒的な集票力を誇って

いた。しかし，民主化後は政党結成が自由化されて政党が多党化し，スハルト時代のように国家機構や国軍が組織的に特定の政党や候補者を支持することはなくなった。そのため，総選挙や地方首長選挙ではローカル・マフィア（通称プレマン）の幹部や地方名士の家系，社会文化的慣習長，宗教指導者といった組織的な動員力を持つ人々が，政党や候補者から集票ブローカーとして重宝されるようになった（本名 2005：48）。

　地方エリートたちの熾烈な権力争いは，特に地方首長選挙において顕在化した。地方政府のトップである地方首長は，地方分権化改革の恩恵を受けて各種の行政権限を持つようになり，行政権限に付随する経済的利権も増大した。また，スハルト時代の地方首長人事は実質的には任命制であったが[11]，民主化後は民主的選挙制度に基づく地方首長選挙が導入された。そのため，地方権力を掌握するためには，何よりもまず地方首長ポストの獲得が重要となり，地方首長選挙では各候補者たちがあらゆる手段を講じるようになった。選挙キャンペーンでは票買収が横行し，一部の地域では地元住民を動員した暴力的行為も見られるようになった。本書が取り上げる中カリマンタン州や西カリマンタン州では，選挙結果を不服とする候補者が住民を動員して地方議事堂を破壊したり，破壊行動には至らずとも，そうした暴力行為を示唆する抗議集会を行ったりした。

　しかしこれらの先行研究は，地方権力闘争において暴力が使用されるようになったことを指摘するにとどまり，民主化・地方分権化による政治的競争パターンの変化の中で，なぜ暴力が政治的手段となったのかについては論じていない。権力闘争の激化によって暴力的手段が用いられるのは自明の理としているようである。しかし，それでは暴力が権力闘争の手段として利用されていない地方もあることを説明できない。本書で取り上げる東カリマンタン州では，地方首長選挙において暴力の使用がほぼ見られないが，だからといって東カリマンタン州の権力争いが比較的穏やかに行われているというわけではない。東カリマンタン州には石油・天然ガス基地があり，石炭も豊富に採れる。資源開発に絡む利権がきわめて大きいため，東カリマンタン州の地方首長選挙では，

---

11) スハルト時代における地方首長の選出は，表向きは大統領の選出過程と同じように「民主的」な間接選挙制（地方議会による投票）が採用されていたが，実際には候補者選定の段階で内務大臣の承認が必要であり，さらに州知事については内務大臣，県知事・市長については州知事が最終任命権を持っていた。

各候補者が多額の選挙資金を投入し，選挙戦を戦っている。しかし，地方首長選挙で暴力的行為がみられたことはないのである。これをどう説明するのか。

そこで本書では，暴力が政治的手段として使用される中・西カリマンタン州とそうでない東カリマンタン州を比較し，暴力的手段の行使の有無を規定する要因を探る。これにより，民主化・地方分権化後のインドネシア地方政治の全般的特徴の分析からは見えてこなかった，地方ごとの有効な政治的手段の違いとその理由を明らかにすることができると考える。

(2) 地方権力アクターの連続性

先行研究が指摘する地方分権化後のインドネシア地方政治の二つ目の特徴は，地方権力アクターの連続性である。地方分権化改革によってスハルト時代の地方政治・経済エリートは地方エリート間の熾烈な権力争いの中で影響力を失うどころか，むしろ，これまでに築いた資金力や社会経済的パトロン・クライアント・ネットワーク，地方官僚ネットワークなどを活かして，有利に選挙戦を展開し，政治的影響力を維持・拡大しているという指摘である（本名 2005；岡本 2005；Hadiz 2010；Mietzner 2010）。地方分権化後の地方行政においては，そうした旧来の地方政治・経済エリートたちが影響力を振るい，スハルト時代から続く汚職や癒着，縁故主義の問題は解決せず，むしろ深刻化したといわれる（Antlov 2003；Hadiz 2003；Malley 2003；Robison and Hadiz 2004；Erb and Sulistiyanto eds. 2009）。

2005 年に導入された地方首長直接選挙は，こうした旧来の地方政治勢力を住民の直接投票によって淘汰するものとして期待された。それまでの地方首長選挙は地方議会による間接選挙制で行われていたため，すでに資金力や政治的影響力を持つ地方実業家や地方官僚が候補者となり，議員買収等によって地方首長に当選する場合が多かった。そのため民主化推進派は直接選挙制が導入されることで，草の根の指導者や市民社会団体の活動家，学者などが地方首長に選ばれるようになり，より住民の声を反映した地方行政が行われるようになると期待した（Mietzner 2010）。また世界銀行や IMF も，地方行政サービスの強化・改善には直接選挙制の導入が必要不可欠であるとして，1999 年の地方分権化直後からインドネシア政府に地方首長直接選挙の導入を要請していた（Choi 2011: 26）。

しかし，蓋を開けてみれば，地方首長直接選挙に出馬した候補者のほとんどが，旧来の地方政治・経済エリートたちであった[12]。ミツナー（Mietzner 2010）は，その原因として以下の三つを挙げている。第一に，候補者の選出主体が政党支部であったため，選挙資金に事欠く政党支部ではすでに十分な資金力を持つ実業家や，官僚ネットワークなどの集票ネットワークを持つ地方の高級官僚が候補者として好まれた。第二に，政党支部は，地方首長候補には行政経験者が一般有権者から好まれるという認識を持っていた。そして最後に，実際に多くの有権者が行政経験のない草の根指導者や学者よりも，すでに行政の仕組みをよく知るスハルト時代からの地方政治エリートを地方首長として好む傾向があった（Mietzner 2010）。

しかし，民主化・地方分権化が地方権力アクターの顔ぶれそのものに変化をもたらさなかったとするならば，自治体によっては新たなタイプの地方首長が登場したことをどう説明すればいいのか。たとえば，2001年に南スマトラ州から分立したバンカ・ブリトゥン州では，2004年のブリトゥン県知事選挙において元大学教員が県知事に当選した。また，2005年の東ブリトゥン県知事選挙では，インドネシア初の華人県知事が誕生した。彼らはスハルト時代であれば到底県知事にはなれなかった人々である。彼らの政治的台頭はどのように説明すればいいのだろうか。

また，本書で取り上げる西カリマンタン州では，どうしてスハルト時代の一介の郡長が地方分権化後に県知事となり，さらには州知事にまで上り詰めることができたのか。その一方で，東カリマンタン州ではスハルト時代の州政府高官や州政治家が地方分権化後に県知事や市長となり，県・市レベルにまで政治的影響力を拡大した。西カリマンタン州の元郡長も東カリマンタン州の州政府高官も，一括りにすれば「スハルト時代からの地方政治エリート」であるが，地方政治エリートといってもその範囲は広く，元郡役人と元州政府高官では動員力として利用できる政治・社会・経済的パトロン・クライアント・ネット

---

12) Mietzner（2005）は2005年に地方首長直接選挙が行われた50自治体の選挙過程を分析し，首長候補者の36％が地方高級官僚（現職正副首長，元正副首長，地方政府官房長，地方政府局長），次いで28％が実業家，22％が政党政治家，8％が軍人・警察官（退役軍人・警察官を含む）であったことを明らかにした。他方，新たなタイプの候補者（学者，草の根活動家，宗教指導者，メディア関係者など）は候補者全体の6％に過ぎなかった。また直接首長選挙では地方官僚と地方実業家が正副首長候補者のペアを組むことが多く，Rinakit（2005）によると，2005年の地方首長選挙に出馬した全正副首長候補者ペアのうち，官僚と実業家のペアは全体の87％に上った。

ワークや地方官僚ネットワークに大きな差がある。こうした自治体ごとの地方権力アクターの違いはどう説明すればよいのか。

　そこで本書が注目するのは，地方の経済構造である。ここでいう経済構造とは，スハルト時代から今日にかけて，それぞれの自治体の主要産業が何であり，産業利権へのアクセスを誰がどのようなかたちでどの程度もっているのか，ということである。本書が取り上げるカリマンタンは，天然資源が豊富な地方であり，天然資源の種類によって誰がどのように資源開発の利権にアクセスできるかが異なる。そしてこの違いが，天然資源開発をめぐる経済的利権の分配ネットワークの違いにつながり，そのことが自治体ごとの政治的競争パターンの違いや，地方権力アクターの顔ぶれ，権力アクター間の関係などに影響を与えていることを示したい。

(3)　中央・地方関係の変化 ── 中央政府の影響力の低下

　地方分権化後のインドネシア地方政治研究にみられる三つ目の特徴は，地方に対する中央政府の政治的影響力の低下である。中央政府の持つ権限が地方に大幅に移譲されたため，地方政府はいまや公共事業，保健，教育・文化，農業，運輸・通信，通商・産業，投資，環境，土地，協同組合，労働など，様々な行政分野について義務を持つようになった。また，地方首長は民主的選挙によって中央政府の意向に関係なく選ばれるようになった。こうしたことから，中央政府は法の制定によって地方行政に関する基本的枠組みを決めるだけで，地方への実質的な政治的影響力は大幅に失ったと考えられるようになった。インドネシア地方政治研究の多くは，これを前提として，地方にのみ焦点を当てて地方政治アクターの分析や地方の社会・文化的文脈における地方政治の理解などを試みてきた。

　おそらく中央政府の影響力の低下を最もよく実感していたのは，中央政府の権力アクターたちである。2000年代初め頃から，メガワティ大統領（当時）やハリ・サバルノ内務大臣（当時）は，「地方分権の行き過ぎにより自治体が国家開発計画を全く無視したり，中央政府の意向を尊重しなかったりと，あたかも自治体がインドネシア統一共和国という統一国家の枠組みの中で自治権限を与えられていることを忘れたかのようにふるまっている」と非難した（岡本 2004: 59）。そのため，2000年代初め頃から地方分権制度の見直しが主張される

ようになり，2004 年には地方行政基本法が改定されて，県・市自治体に対する中央政府と州政府の指導・監督体制が強まった（岡本 2012）[13]。

このように，地方分権化直後は中央政府から地方政府への働きかけが弱まったと指摘される一方，地方政府から中央政府への働きかけは強まったといわれる。それは，地方政府が新州設立運動や国営企業の民営化，外資系企業の買収にあたって，中央政府や中央政財界からの支援を必要とする場合によくみられた[14]。では，中央政府は地方政府からの働きかけがない限り，あるいは地方の政策が国家の利益に反しない限り，地方の政治・経済的問題には介入しなくなったのだろうか。

本書が取り上げる東カリマンタン州の事例からは，地方分権化後の中央政府は地方の「やりたい放題」を手をこまねいて見ていたわけではなく，実際には地方の資源と政治を戦略的にコントロールしていたことがうかがえる。戦略的とは，石油・天然ガスなど国家にとって経済的に重要な資源を産出する自治体については，地方分権化後も中央の権力者たちが地方首長人事に積極的に関与していたことである。そうした地方では結果として中央政財界に太いパイプを持つ地方政治エリートが地方首長となり，地方分権化後も中央政府と協力的な関係を維持している（Morishita 2008）。

しかし，そうした地方首長たちは中央政財界とのパトロン・クライアント関係に権力基盤を置くがゆえに，中央政界の再編や権力関係の変化に影響を受けやすい。総選挙や大統領選挙によってひとたび中央の政治的庇護者が影響力を失うと，彼らもまた地方での政治的影響力を弱める傾向にある。詳しくは第 5 章で述べるが，こうした地方首長たちの政治的脆弱性は，中央政府が石油・天然ガスの開発利権を欲する限り，今後も避けられないものと考える。また，それゆえに，地方首長たちの対抗勢力は中央政財界の一勢力とつながっている限

---

[13] また 2004 年の地方行政基本法改正に先立って，2003 年には第 9 号政令によって州官房長官人事にあたっては内務大臣との書面協議，県・市官房長官や局長人事にあたっては州知事との書面協議が義務付けられた（岡本 2004）。

[14] 新州設立運動においては中央政府の支援や国会による新州設立法案の可決が必要なことから，中央政界との人脈が重要であることが指摘されている。詳しくは，深尾（2003），岡本（2007），プラスティヤワン（2007），Kimura（2012）を参照。また，地方分権時代においても中央権力アクターとの繋がりの重要性を指摘する事例として，西スマトラ州のセメント公社の民営化問題（Sakai 2003; Prasetyawan 2006），東カリマンタン州の多国籍企業の買収問題（Prasetywan 2005），リアウ州の油田事業をめぐる中央・地方対立（プラスティヤワン 2007）が挙げられる。

り，自ら動かなくとも中央の権力再編によって地方における権力交代を期待できるともいえる。

1.5　政治と暴力の結びつきに関するもう一つの視点 ── エスニック・ポリティクス

　最後に，民主化・地方分権化後の政治と暴力の関係性を説明する答え方の一つとして，エスニシティに着目する議論があるが，これに対する本書の考えも述べておきたい。エスニシティを切り口とする見方とは，多民族国家では民主化がエスニック・グループ間の対立を深め，暴力的紛争の可能性を高めるという議論である[15]。エスニック・ポリティクスから見た民主化と暴力の関係性に関する議論を端的にまとめれば，多民族国家において，もともとエスニシティや宗教に基づく社会文化的亀裂がある場合，民主主義的な国家運営に必要な制度的基盤がないままに民主化を導入し，自由選挙を実施すれば，異なる集団に属するエリート間の政治的競合の中で社会文化的亀裂が政治化し，集団間の緊張関係が高まり，ついには暴力的対立が生じる，とまとめることができるだろう。この分析視角を用いてインドネシア各地の政治的競争パターンの違いを説明しようとすれば，多様なエスニック・グループで構成される自治体では，エスニック・グループ間の政治的競合の中で暴力的対立が生じ，他方で，ほぼ単一のエスニック・グループから成る自治体では暴力的な政治的対立は生じない，という仮説が成り立つだろう。

　しかし，この仮説は事実に反している。たとえば，東カリマンタン州では民族・宗教的に多様な人々が暮らし，異なるエスニック・グループに属する地方政治エリートたちが地方首長ポストをめぐって競い合っている。しかし，暴力が政治的手段として使用されることはほぼない。また，白石（2007）とアスピナル（Aspinall 2011）は，インドネシアでは民主化後に各地でエスニック・グループ間の政治的競合がみられるようになったものの，紛争発生地域を除け

---

15)　エスニシティと暴力的紛争の関係性をめぐる議論としては，Rabushka and Shepsle（1972），De Nevers（1993），Huntington（1996），Snyder（2000），Mansfield and Snyder（2005）などがある。これらの議論を日本語で整理したものに三竹（2014）がある。

ば，エスニシティそのものが争点化することはなかったと指摘している。アスピナル（Aspinall 2011）によると，インドネシアのエスニック・ポリティクスは，敵対的・排他的・暴力的なエスニック・グループ間の権力闘争（「ハード」なエスニック・ポリティクス）にはならず，選挙キャンペーンなどにおいてエスニック・シンボル（衣装，儀礼，言語など）が形式的・表面的に利用される「ソフト」なエスニック・ポリティクスに過ぎない，という。

なぜインドネシアでは，エスニシティが争点化しなかったのか。この点については，民主化と民族紛争の関係に関する議論（De Nevevs 1993）が参考になる。それによると，民主化後に民族間の緊張関係を助長／緩和させる要因として，民主化推進者が国内の民族的多様性を認識しているか，または，民主化後に各エスニック・グループが公平な資源分配を受けていると感じられる体制がつくられているかが重要である。白石（2007）によると，インドネシアでは，まさに地方分権化という新たな政治制度が「エスニシティの政治の枠組みを提供し，地方自治体を単位としつつエスニック・グループの勢力バランスに応じて政治的ポストと利権の分配が行われる」状態を作り出した（白石 2007: 9）[16]。たとえば，民族的に多様な自治体では，それぞれのエスニック・グループが新たな自治体を設立して中央からの資源分配に与り，地方政治・行政ポストも獲得するようになった（Schulte Nordholt and van Klinken 2007; 岡本 2008; 白石 2009; Kimura 2012）[17]。また，自治体新設に至らない場合でも，多様なエスニック・グループが小政党も含め多くの政党に代表されるようになり，そうした政党が

[16] また Aspinall（2011）は，エスニシティが政治の争点にならなかった要因として，①地方政党の禁止によりエスニシティを単位とした政党が誕生しなかった，②州よりも県・市を主体とした地方自治と新自治体の増設により，政治的利益集団としてエスニシティの単位が細分化された，③エスニック・アイデンティティを超えてインドネシア国民意識が浸透している，④地方政治エリートたちがエスニック・グループを横断する政治・経済・社会的なパトロン・ネットワークを持っている，などが考えられるとしている。

[17] 1999 年の地方行政基本法において，新州設立については 3 つ以上の県・市自治体から構成されること，母体州及び構成県・市議会の同意を得ることが条件とされた。また新県・市については三つ以上の郡から構成され，州と県・市議会の同意を得ることが条件とされた。これにより，1996 年には 27 州 294 県・市であった自治体数が 2004 年には 33 州 440 県・市に増加した。しかし 2004 年の地方行政基本法改正により，自治体新設の要件は若干厳しくなった。新州設立には五つ以上の県・市から構成され，母体州及び県・市の首長と議会の同意，さらには内務大臣の推薦が必要となった。また新県については 5 郡以上，新市については 4 郡以上から構成され，州および母体県・市の首長と議会の同意，内務大臣の推薦が必要となった。それでも新設される自治体が相次ぎ，2009 年には 33 州 497 県・市にまで増加した（白石 2009，東方 2011）。

地方議会の与党連合を結成するようになった。紛争が発生した地域においても，紛争が収束した2000年代半ば以降は，ほかの地域と同じようにエスニック・グループ間で政治・行政ポストの分有や利権の分配が行われている[18]。こうしたなかで，多民族国家インドネシアの国民的課題の一つであるエスニシティの問題は，ある程度県・市レベルの問題として地方化され中和された（白石 2009）。

　このことから，筆者は民主化・地方分権化後の政治と暴力の関係性をめぐる自治体ごとの違いは，別の切り口から分析した方がいいと判断した。別の切り口とは，スハルト体制末期から民主化・地方分権化に移行する中で形成された地方経済構造とその政治への影響である。すなわち，体制移行期に地方の経済的パトロン・クライアント関係が何を軸に形成され，どのように政治権力と結びついたのかが重要であると考える。天然資源が豊富なカリマンタンでは，産出される天然資源の種類によって資源へのアクセスの仕方が異なり，資源開発事業をめぐる政治・経済・社会的パトロン・クライアント・ネットワークも異なる。本書では，そうした各地方の天然資源をめぐる利権構造の違いが，地方分権化後の地方政治構造に違いをもたらしていることを示したい。これにより，暴力が政治的手段として使用される自治体とそうでない自治体がある理由を示すだけでなく，非紛争地域であっても天然資源が地方政治構造の形成に影響を与えていることを示すことができると考える。

---

18) 紛争発生地域でも自治体新設のほか，主要なエスニック・グループ間で地方政府の要職（正副地方首長，地方官房長，地方政府局長など）が分有されるようになった（Aspinall 2011）。

第2章

カリマンタンの民族紛争

扉写真
　西カリマンタン州の民族紛争に参加するダヤック人たち。アチェ州の分離独立運動では，独立派ゲリラ部隊が自動小銃や携帯式ロケット砲を使用していたが，カリマンタン州の民族紛争で使用された武器は，住民が普段狩猟で使う猟銃やパランと呼ばれる刃物ぐらいであった。(写真：ロイター/Aflo)

本章では，まずカリマンタンの地理や天然資源の分布といった自然的特徴と，民族構成や住民の暮らしといった社会・経済的特徴を概観する。その後，1990年代後半から2000年代初めにかけて西カリマンタン州と中カリマンタン州で起きた民族紛争について述べる。これら2州の暴力的紛争は，紛争期間の短期性や対立構造などにおいて，アチェ州やイリアンジャヤ州の分離独立運動とは違った特徴を持っている。また，それらの特徴は前章で述べたように，これまでの天然資源と暴力的紛争に関する議論では説明できないものでもある。本章では，西・中カリマンタン州の民族紛争が持つそうした特殊性を明らかにし，その特殊性をもたらした要因を分析したい。

2.1　カリマンタンの地理・生態・経済・社会

　カリマンタンはボルネオ島のインドネシア領を指し，赤道直下に位置する。ボルネオ島はグリーンランドとニューギニアに次いで世界で3番目に大きい島であり，総面積は約75万7000平方キロメートルである。そのうちの約7割をカリマンタンが占めている。島北部にはマレーシア領サバ・サラワク州とブルネイ王国があり，また，カリマンタンの西側にはカリマタ海峡を挟んでスマトラ島，南側にはジャワ海を挟んでジャワ島，東側にはマカッサル海峡を挟んでスラウェシ島がある（地図1参照）。カリマンタンには，現在五つの州（西カリマンタン州，中カリマンタン州，東カリマンタン州，南カリマンタン州，北カリマンタン州）があり，西カリマンタン州はマレーシア領サラワク州，北カリマンタン州はマレーシア領サバ州と国境を接している。また，北カリマンタン州は2012年に新設された州であり，もともとは東カリマンタン州の一部であった。

(1)　カリマンタンの自然的特徴

　ボルネオ島は中央部にある背梁山脈が北東から南西にかけて縦断し，カリマンタンとマレーシア領サバ・サラワク州の分水嶺をなしている。この背梁山脈から大河川が放射状に広がり，カリマンタン各州の主要河川を形成している。主要河川には西カリマンタン州のカプアス川，東カリマンタン州のマハカム

川，中カリマンタン州のカハヤン川，中カリマンタン州と南カリマンタン州の州境を越えて縦断するバリト川などが挙げられる。これらの大河川からはいくつもの支流が網の目のように広がり，カリマンタンの内陸部と沿岸部にある都市部を結ぶ主要な交通・流通網となっている。

　熱帯雨林気候に属するカリマンタンは，上述のように豊かな水資源に恵まれ，森林資源が豊富にある。内陸部の熱帯林には，商業的価値の高いフタバガキ科の樹種などが広がり，森林被覆面積は1968年時点で推定4147万ヘクタールであった。これはカリマンタンの土地面積全体の77％に相当する（MacKinnon et. al. 1996: 395）。また，木材資源のほかにツバメの巣や樹脂，ラタン，沈香（香木），樟脳，野生ゴムといった林産資源も採れ，植民地時代以前から海上交易品として重宝された。しかし，1960年代末から国家主導で大規模な商業伐採が進み，それに伴い森林減少が進んだ。1990年には森林被覆面積が推定3474万ヘクタール（カリマンタン全体の63％）にまで減少したといわれる

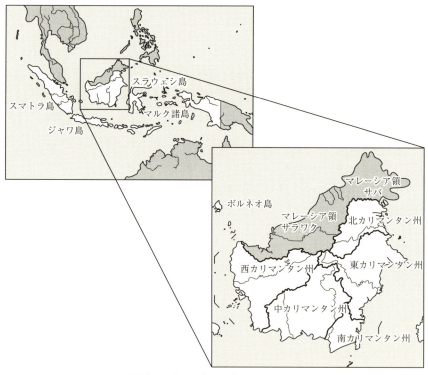

地図1　インドネシアとカリマンタン

（MacKinnon et. al. 1996: 395）。

　また，カリマンタンには森林資源だけでなく鉱物資源も豊富にある。東カリマンタン州の沖合には油田と天然ガス田があり，植民地時代から外国の大手企業が探鉱を行ってきた。1897年にはバリクパパン（現在の東カリマンタン州バリクパパン市），1905年にはタラカン（現在の北カリマンタン州タラカン市）の沖合で油田が発見され，欧米の石油企業が開発・生産を担った（Gin 2013）。またインドネシア独立後は，石油公社プルタミナが石油・天然ガス産業の管理主体となり，外国企業と生産分与契約を結ぶようになった（佐藤 2008: 123）。

　カリマンタンでは石油・天然ガスのほかにも石炭やダイヤモンド，金，ボーキサイトといった鉱物資源も産出される。特に石炭の埋蔵量が豊富であり，インドネシアの石炭埋蔵量（推定389億トン）の5割強（推定212億トン）がカリマンタンに埋蔵されているという（Belkin and Tewalt 2007 : 2）。石炭の分布は，東カリマンタン州の北部沿岸とマハカム川流域，南カリマンタン州全域，中カリマンタン州のバリト川流域などにみられ，1980年代からは国家主導で大規模な鉱山開発が行われるようになった。また，ダイヤモンドは西カリマンタン州と南カリマンタン州で小規模な採掘が行われ，金は各州に小規模な金山がある。また，ボーキサイトと銅は西カリマンタン州で開発・生産が行われている

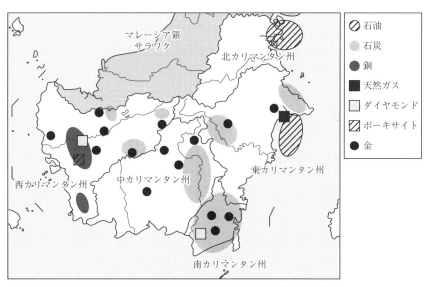

地図2　カリマンタンにおける主な鉱物資源の分布

(地図2参照)。こうした鉱物資源についても，大規模な開発は石油・天然ガスや石炭と同じく国内外の大手企業が担ってきた。

(2) カリマンタンの社会・経済的特徴

カリマンタンは民族・宗教的多様性という社会的特徴を持つ。歴史的にカリマンタンは，周辺の島々や大陸から多くの移民を受け入れてきた。先住民はダヤック人と総称され[1]，現在のカリマンタン人口の約3割を占めている。その一方で，植民地時代以前にスマトラ島などから移住してきたマレー系諸民族の子孫たち（マレー人，バンジャル人，クタイ人など）や，植民地時代以降に政治・経済的理由で移住してきた華人，ジャワ人，ブギス人なども多い。こうした移民とその子孫が今日のカリマンタン人口の6～7割を占めている。2010年人口センサスによると，カリマンタンの民族構成は，バンジャル人がカリマンタン人口全体の26.2％，ダヤック人が約25％，ジャワ人が18.1％，ブギス人が6.9％，マレー人が6.6％，華人が3.0％を占めている（Badan Pusat Statistik 2010: 36-41）[2]。

バンジャル人は特に南カリマンタン州に多く，州人口の74.1％を占めてい

---

1) 「ダヤック」という用語の起源には諸説あるが，先住民あるいはマレー系の言語で「内陸の人々」，「河川上流の人々」といった意味を持つ。これが，植民地時代に西洋人やマレー系王国の支配者によって，イスラム教徒（ムスリム）やマレー系民族と差異化するために用いられたと考えられている（King 1993: 29-31）。

2) インドネシア政府の人口センサスでは，先住民の分類として「ダヤック人」と「その他のカリマンタン先住民」の二つがあるが，分類の基準やその根拠は明らかにされていない。また人口センサスが実施される年によって「ダヤック人」と「その他」に分類される部族の構成が変わる。本書ではこうした統計分類上の混乱を避けるために，ダヤック人の人口規模を示す際には，統計上の「ダヤック人」と「その他のカリマンタン先住民」を合わせた人口やその割合を表記している。ただし，「その他のカリマンタン先住民」には，マレー系のクタイ人が含まれているため，本書のダヤック人の人口割合はクタイ人の人口（2000年人口センサスから推定）を差し引いて算出している。なお，「ダヤック人」は基本的にイスラム教徒（ムスリム）やマレー人を含まないとされるが（King 1993: 29），先住民のなかには個人や部族単位でイスラム教に帰依した人々もいる。西カリマンタン州では，そうしたムスリムの先住民を社会的にも統計的にも「マレー人」とみなしてきたが，一方で，中カリマンタン州ではイスラム教に入信しても引き続きダヤック人を名乗る先住民がいる。また，第7章で述べるように，西カリマンタン州では1990年代半ば以降にダヤック人の政治・社会的影響力が増大し，それに合わせて，それまでマレー人と名乗っていた「元」ダヤック人たちが再び自らをダヤック人と名乗るようになった。こうしたことから，本書ではダヤック人の範疇をイスラム教徒も含めた先住民全体とする。

表2.1　カリマンタン各州の民族構成（2010年人口センサス）

州名（州人口）	主要民族の割合
西カリマンタン州 （人口：439万5983人）	ダヤック人50.1％，マレー人18.5％，ジャワ人9.7％，華人8.2％，マドゥラ人6.2％，ブギス人3.1％
中カリマンタン州 （人口：221万2089人）	ダヤック人47.0％，ジャワ人21.6％，バンジャル人21.0％，マドゥラ人1.9％
東カリマンタン州 （人口：355万3143人） ※北カリマンタン州を含む	ジャワ人30.1％，ブギス人20.7％，バンジャル人12.4％，クタイ人約10％，ダヤック人約10％
南カリマンタン州 （人口：362万6616人）	バンジャル人74.1％，ジャワ人14.5％，ダヤック人3.2％，ブギス人1.9％

出所：Badan Pusat Statistik（2010: 36-41）

る。またダヤック人は西カリマンタン州（州人口の50.1％）と中カリマンタン州（同47.0％）に集中し，ジャワ人は東カリマンタン州（同30.1％）と中カリマンタン州（同21.6％），ブギス人は東カリマンタン州（同20.7％）で人口割合が高い。また，マレー人と華人は西カリマンタン州に特に多く，それぞれ州人口の18.5％，8.2％を占めている（表2.1参照）。以下では，こうした今日のカリマンタン社会を構成する主要民族について，その歴史・社会・経済・政治的特徴を概観しておく。

ダヤック人

　ダヤック人は，中国南部に起源を持つといわれ，紀元前2500年頃から南下を始め，東南アジア島嶼部に広がったといわれる（井上 2004: 61-62）。ダヤック人は，特に西カリマンタン州と中カリマンタン州に多く，東カリマンタン州では内陸部に集中している。「ダヤック人」という民族範疇は，先住民の総称に過ぎず，実際には言語や慣習の異なる様々な集団が含まれている。その数は400以上ともいわれる（Ukur 1992）。もともと先住民にはダヤック人であるという集団意識はなく，慣習や文化，言語などを同じくする集団ごとにまとまり意識を持っている。しかし，植民地時代以降は，先住民の間でも近代教育を受けた子弟たちが近代エリートとして成長し，彼らを中心にダヤック人という民族意識が芽生えるようになった。詳細については，第3章で述べる。

　ダヤック人は主に内陸部の河川沿いに集落を形成し，焼畑耕作や漁猟，果樹や林産資源の採集などによって生計を立ててきた。ダヤック人が焼畑を行うの

は，カリマンタンの土壌が泥炭地であり，水田耕作に適さないためである[3]。カリマンタンでは，ジャワ島の水田耕作のように大規模な人口を養える集約的農業が行えず，そのために，これまでダヤック人人口が爆発的に増えることはなかった。焼畑耕作は熱帯林を切り開いて行われ，樹木や草原を刈り払い，倒れた樹木や草などを燃やしてその灰を作物の肥料とし，陸稲やイモ類，雑穀類などを栽培する。畑は一回ないし数回の作付け後に放棄され，植生が回復するまで別の場所で焼畑が行われる。そして休閑地の植生が回復すれば，再び伐採，火入れ，種まき，除草，収穫という作業が繰り返される（井上 2004: 20-21）。こうした伝統的な焼畑耕作システムではカリマンタンの熱帯林が急速に減少することはなかった。また先住民の中には少数ながらプナン族のように焼畑耕作を行わず，狩猟採集を中心に移動しながら生活をする部族もいる（King 1993: 29-53, 166-186）。狩猟採集では鹿やイノシシ，サル，鳥，川魚などが捕獲され，林産物としてはゴムやラタンなどが採取される。

　ダヤック人の社会構造は部族によって異なるが[4]，大方の共通点として，慣習法を取り仕切る慣習長（kepala adat）が社会的影響力を持っている。宗教的には伝統的なアニミズム信仰であるが，植民地時代以降はカリマンタンに入植してきたキリスト教宣教団の影響で，キリスト教に改宗するダヤック人が増加した。そうしたダヤック人の子弟たちはキリスト教式西洋教育を受けて近代エリートに成長し，内陸部を離れて都市部で就学・就労するようになった。

　植民地時代，都市部のダヤック人たちは下級官吏や教師，新聞記者，オランダ系企業の事務員，牧師などの職に就いたが，そうしたダヤック人はほんの一握りであった。多くのダヤック人は内陸部での焼畑・狩猟採集を生業としていた。しかし，インドネシア独立後は学校教育の浸透によって近代教育を身に付けたダヤック人がさらに増え，都市部において地方役人や政治家，大学教員，

---

3) 火山が多いジャワ島では火山灰をもとに肥沃な土壌が形成されたが，カリマンタンの内陸部は熱帯林に覆われ，また沿岸部は泥炭湿地のため長期間の保水力を持たない。一部の沿岸部低湿地帯では，潮汐灌漑によって水田耕作が可能であるが，適地は限定されている。潮汐灌漑とは，満潮時の河川の高水位を利用し，河川に隣接して作られた水田に水を引き込む灌漑技術である（田中 1987: 132-134）。

4) たとえば，身分制度のない平等主義的な部族もあれば，ケニャ族のように世襲の階層社会を形成する部族もある（King 1993; 井上 2004: 61-62）。階層制を持つ部族においては，慣習長の上位に大慣習長（kepala adat besar）がおり，さらにその上位に部族長（kepala suku）がいる（Maunati 2004: 87-88）。

新聞記者，教師などの職に就くようになった。また，内陸部では1960年代末から1970年代初めにかけて木材ブームが起き，さらには1990年代半ば以降にはアブラヤシ・プランテーション開発が本格化したことから，伝統的な焼畑耕作や狩猟採取だけでなく，伐採キャンプやアブラヤシ・プランテーションでの賃労働に就くダヤック人も現れるようになった。

マレー系諸民族（マレー人，バンジャル人，クタイ人など）

　マレー系民族のカリマンタンへの移住の歴史は古く，すでに4〜5世紀頃にはマレー系商人がカリマンタンに流入するようになったといわれる。彼らは，沿岸部や大河川の中・下流域を拠点とし，内陸部のダヤック人から樹脂や野生ゴムなどの林産物を買い付けた。4世紀末頃には，マハカム川下流域（現在の東カリマンタン州クタイ地方）に最古のマレー系王国クタイ・マルタディプラ王国が建国され，当時インドと中国を結ぶ海上交易ルートの中継港として栄えたといわれる（Magenda 2010: 11-13）。また，13世紀末以降はカリマンタン各地にマレー系諸王国が勃興し，河川交通を支配して内陸部の林産物流通を独占した。なかでもカリマンタン東部のクタイ・カルタヌガラ王国（13世紀末〜1949年）と南部のバンジャル王国（1526〜1886年）が強大な覇権を持ち，近隣のダヤック人集落にも徴税と賦役を課すなど，内陸部にも影響力を持った（Cribb 2000, 100-101）。ほかにも，カリマンタン西部にはポンティアナック王国やサンバス王国，シンタン王国，南部にはコタワリンギン王国やパシル王国，北東部にはブルンガン王国などが勃興した（Riwut 1958）。これらの王国の王たちは，15世紀以降にこぞってイスラム教に改宗した。当時東南アジア海域の商業的覇権を握っていたマレー半島のマラッカ王国（1402〜1511年）の影響によるものである。

　19世紀に入ると，カリマンタンでもジャワ島のようにオランダによる植民地化が進み，西部のポンティアナック王国やサンバス王国，東部のクタイ・カルタヌガラ王国などがオランダの間接統治下に置かれた。他方，南部のバンジャル王国などオランダに抵抗した王国は，近代的装備を誇るオランダ軍によって徹底的に破壊された。バンジャル王国の崩壊は大量のバンジャル人避難民を生み出し，バンジャル王国周辺のバリト川中流域（現在の中カリマンタン州バリト地方）やマハカム川流域（現在の東カリマンタン州南部）には，避難してきたバンジャル人が住み着くようになった。一般に，当時のバンジャル人の

多くは小売業を生業としており，特にマハカム川流域に移住したバンジャル人商人たちは河川の流通網や小売業を支配するようになった（Magenda 2010: 13-14）。

日本軍政期に入ると，オランダの間接統治下で存続していたポンティアナック王国やサンバス王国が日本軍への協力を拒み，日本軍によって王侯貴族たちが虐殺された（Syafaruddin Usman Mhd and Isnawita Din 2009）。そのため日本軍政期以降のカリマンタン西部では，王侯貴族に代わって植民地時代に近代教育を受けたマレー人商人の子弟たちが台頭し，地方役人や地方政治家となってマレー人政治勢力の中核を形成するようになった。

他方，東部のクタイ・カルタヌガラ王国やブルンガン王国などでは，植民地勢力に恭順を示した王侯貴族がインドネシア独立後も政治的に生き残った。しかしインドネシア独立闘争期になると，ジャワ島の政党勢力と結びついた都市部のバンジャル人やジャワ人などの移民勢力が政治的影響力を拡大し，伝統的エリートである王侯貴族たちは地方政府や地方議会の要職から疎外されるようになった[5]。カリマンタン東部の王侯貴族たちの中で独立闘争期以降も政治的に生き残ったのは，オランダの庇護に安住せず近代教育の習得に励んだ元クタイ・カルタヌガラ王国の中・下級貴族の子弟たちであった（Magenda 1991）。

植民地期以降の政治・経済的移民（ブギス人，華人，ジャワ人など）

植民地時代に入ると，さまざまな政治・経済的理由により，さらに多様な地域から人々がカリマンタンに流入した。そうした移民の筆頭は，スラウェシ島南部から移住してきたブギス人，中国系移民，ジャワ島から移住してきたジャワ人であった。

ブギス人の流入は，17世紀後半頃から20世紀後半にかけて3度の波があった。第1波は，スラウェシ島南部のゴア王国（14世紀頃～1669年）がオランダ軍によって破壊されたときであり，多くのブギス人貴族やブギス人商人たちが

---

[5] また，ブルンガン王国の王侯貴族たちは，1960年代半ばにスカルノ大統領（当時）がマレーシア対決政策（コンフロンタシ）を打ち立てるとマレーシア支持派であるという理由から国軍に悉く粛清された（Magenda 1989: 268）。コンフロンタシとは，1961年にマラヤ連邦首相アブドル・ラーマンがボルネオ島のサバ，サラワク，ブルネイ及びシンガポールを併合する「マレーシア連邦」構想を発表し，これを1963年に成立させたことから，マレーシア連邦に反対するスカルノ大統領が，マレーシアとの徹底抗戦を打ち立てたものである（奥島 2004：18）。

カリマンタン東部のクタイ・カルタヌガラ王国や，カリマンタンとスラウェシの海上距離が最も近いカリマンタン北東部のヌヌカン地方（現在の北カリマンタン州ヌヌカン県）に逃げ込んだ。彼らは商業活動に従事するほか，クタイ・カルタヌガラ王国の下級官吏や傭兵にも雇われた（Magenda 2010: 13）。

ブギス人移民の第2波と第3波はインドネシア独立後である。第2波は1951年から1965年にかけて，スラウェシ島南部で中央政府に対する地方反乱が起きた時であり，スラウェシ南部の荒廃した故郷を後にしてカリマンタン東部に移住するブギス人が増加した。第3の波は1960年代末から1970年代初めにかけて，カリマンタンで木材ブームが起きた時であり，ビジネス・チャンスを求める人々がスラウェシ島からも殺到した。第2・3波のブギス人移民の主な移住先は，すでに17世紀からブギス人コミュニティが形成されていたヌヌカン地方などカリマンタン北東部沿岸であり，彼らはそこで伐採キャンプの労働者や木材会社のスタッフに就くほか，現地の流通業や農業にも入り込んだ（Magenda 1989: 204-205）。

中国系移民は，マレー系王国が興隆する遥か以前から商人としてカリマンタンに到来していた。しかし，中国からの移民が大量に流入したのは18世紀半ばに入ってからである。当時，カリマンタン西部で金鉱が発見され，ゴールド・ラッシュが起きたためである。中国系の鉱山労働者たちは公司（Kongsi）と呼ばれる自治組織をつくり，19世紀前半には近隣のマレー系諸王国に匹敵するまでに強大化した。その規模と政体はまるで独立国のようであったといわれる（Heidhues 2003: 54-61）。しかし19世紀に入ると，オランダによる植民地化の過程で公司はオランダ軍に抵抗したために徹底的に破壊された。中国系移民たちは内陸部や北西部の国境地帯（現在の西カリマンタン州サンバス県及びブンカヤン県）に逃れ，そこで農業や商業活動に従事するようになった（Heidhues 2003: 85-125; Magenda 2010: 13-14）。

インドネシア独立後，スハルトが政権を握ると，国境地帯の中国系住民（華人）たちは，スカルノ前政権下で結成された反マレーシア連邦派のゲリラ組織の支持者とみなされ，国境地帯から暴力的に排斥された[6]。このとき，華人排斥運動の中心となったのは地元のダヤック人たちであった（Feith 1968）。ダヤック人たちは，インドネシア国軍や国軍に協力したダヤック人政治指導者によって反華人感情を扇動され，国境地帯に住む華人の大量虐殺や商店・家屋の焼き討ち，略奪などを行った。住処を追われた華人たちは西カリマンタン州の

州都ポンティアナックや西部沿岸の町シンカワン（現在の西カリマンタン州シンカワン市）に避難し，そこで商業活動を行うなど新たな生活を始めるようになった（松村 2012）。

ジャワ人は，20世紀初頭，カリマンタン東部沿岸で油田開発が始まったことから，オランダ石油会社（Bataafsche Petroleum Maatschappij: BPM）の契約労働者としてジャワ島から大量に移住してきた。ジャワ人労働者は石油基地のあるバリクパパンとタラカンを拠点とし，石油労働者組合（Persatuan Buruh Minyak: PERBUM）を組織して独立闘争期にはインドネシア共産党とともに反オランダ闘争の旗手となった（Magenda 1989: 180）。またインドネシア独立後は，共産党や左派将校と結びついて東カリマンタン州の政治勢力の一翼となった。しかしスハルト政権下では，国軍による共産党弾圧を受けてジャワ人労働者たちの政治的影響力は減少した。

スハルト時代になると，1960年代末に始まる木材ブームの影響で新たなジャワ人移民がカリマンタンに流入した。また，人口稠密なジャワ島の貧困問題を解決するための国家プロジェクトとして，ジャワ島からカリマンタンなどの外島（インドネシアのジャワ島以外の地域）へ移民を送り込む国内移民政策（トランスミグラシ）が本格化し，カリマンタンに大量の政策移民が送り込まれるようになった[7]。こうした政策移民は，政府主導の地方開発プログラムの労働力となり，農地開墾や造林，プランテーション開発などに従事した（永田・井

---

6) 1960年代半ばにスカルノ大統領がコンフロンタシを打ち立てた際，インドネシア政府はマレーシア・サラワク州において，マレーシア連邦に反対するゲリラ部隊の結成を支援した。このとき，サラワクにすでにあった華人主体の共産主義ゲリラが組織化され，1964年にはサラワク人民ゲリラ部隊（Pasukan Gerilyawan Rakyat Sarawak, PGRS），1965年には北カリマンタン人民軍（Pasukan Rakyat Kalimantan Utara, PARAKU）が結成された。これら二つの武装組織は，国境地帯でマレーシア軍に対するゲリラ活動を行い，形勢が危うくなるとカリマンタン側に逃げ込んで反撃を繰り返した。このとき，西カリマンタン州からも，共産党活動家やジャワ島からの志願兵がインドネシア政府の支援を受けてゲリラ活動に加勢した。しかし，1966年にスハルトが政治的実権を掌握すると，反共路線のスハルトはコンフロンタシを撤回し，マレーシア軍と協力して国境付近のゲリラ勢力の掃討に乗り出した（Hui 2011: 150-15; 松村 2012: 97）。

7) トランスミグラシ政策は，すでに19世紀末から植民地政府によって実施されていたが，本格化したのは世界銀行による支援が始まった1970年代以降である。トランスミグラシ政策の目的は，人口稠密なジャワ島における土地なし層の貧困問題の解消と，開発が遅れる外島の経済開発であり，中央政府は徴募した政策移民に移住地での家屋，土地2ヘクタール（家庭菜園0.25ヘクタール，政府開墾農地1ヘクタール，自己開墾農地0.75ヘクタール），米などの食料1年分，教育や医療などの諸サービスを供与した（Tjondronegoro 2001）。

上・岡 1994)。

　最後に，人口規模は少ないがマドゥラ人移民についても述べておきたい。マドゥラ人は西・中カリマンタン州の民族紛争においてダヤック人の攻撃対象になった人々である。マドゥラ人はジャワ島の南東にある土地の痩せた小さな島，マドゥラ島を出自とし，20世紀初め頃からビジネス・チャンスなどを求めてカリマンタンに移住するようになった。特にスハルト時代には，上述のトランスミグラシ政策や自発的移民として西カリマンタン州や中カリマンタン州に多くのマドゥラ人移民が流入した。1990年代末には西カリマンタン州で約9万人（州人口の約2～3％），中カリマンタン州で約5万人（同3％）のマドゥラ人が住んでいたとされる（Petebang and Sutrisno 2000: 165-166）。

　カリマンタンのマドゥラ人移民は下層労働に就く者が多く，都市部では小売業や日雇い労働，港湾での労働，ベチャ引き，渡船業，ミニバス運転手などに就き，内陸部ではプランテーション労働や木材伐採，道路建設などで生計を立てた[8]。これらの職種は，内陸部から出稼ぎに来たダヤック人労働者と取り合いになることも多く，地方都市や移民村の周辺などでは若者を中心にダヤック人とマドゥラ人が反目することが多々あった。たとえば，西カリマンタン州サンバス県では，1979年にダヤック人とマドゥラ人が小競り合いを起こし，20人の死者を出している（Human Rights Watch 1997）。しかし，1990年代後半から2000年代初めにかけて起きた民族紛争は，それまでの小規模な住民衝突とは異なり，数か月にわたる暴力的対立の末，マドゥラ人を中心に1000～2000人規模の犠牲者が出た。では，この民族紛争はどのように始まり，どのような様相を呈していたのだろうか。

2.2　民族紛争とその背景

　本章の冒頭でも述べたように，西・中カリマンタン州の民族紛争は，これま

---

[8]　しかし，マドゥラ人のなかにも地方政財界で成功した者もおり，木材会社やガソリンスタンド，ホテル，問屋，水陸輸送業，造船業などを経営する地方実業家やゴルカルの地方議会議員になったマドゥラ人移民もいた（Petebang and Sutrisno 2000: 165; Sudagung 2001: 96-97; International Crisis Group 2001: 15）。

での天然資源と暴力的紛争をめぐる議論や，アチェ州やイリアンジャヤ州の分離独立運動の文脈からは説明できない特徴を持っていた。その特徴とは，カリマンタンの自然的特徴や社会・経済・歴史的特徴をほとんど反映していないことである。すなわち，この民族紛争は天然資源が誘因となった暴力的紛争ではなく，また，天然資源が豊富にある地域で起きたにも関わらず，長期化することもなかった。また，この紛争はアチェ州やイリアンジャヤ州のように地方の武装組織による中央政府への暴力的抵抗ではなく，住民間の暴力的対立であった。また，その対立構造は「先住民」対「移民」であったが，カリマンタンの主要な移民勢力であるジャワ人やブギス人，華人はこの紛争には関与していなかった。ダヤック人と対立したのは人口規模では少数派のマドゥラ人移民であった。

以下では，こうした特徴を持つ西・中カリマンタン州の民族紛争の経過と要因をそれぞれ整理し，これらの民族紛争の特殊性とその特殊性のもつ意味を考察したい。

(1) 西カリマンタン州の民族紛争

西カリマンタン州の民族紛争は，1996年12月から1997年3月まで約4か月間続いた。この紛争の経緯と原因を詳細に分析したヒューマン・ライツ・ウォッチ（Human Rights Watch 1997）によると，紛争のきっかけは西カリマンタン州サンバス県にあるサンガウ・レドの町で起きた，ダヤック人青年とマドゥラ人青年の諍いであった（地図3参照）。このときダヤック人青年がマドゥラ人青年に切り付けられ，病院に運ばれた。ダヤック人青年は後に退院するが，病院に運ばれた時点で「マドゥラ人青年がダヤック人青年を殺した」という噂が町中に広まった。そして事件の翌朝には，サンガウ・レドの交番に400人以上のダヤック人が慣習的に集結し，正午までに犯人を逮捕するよう訴えた。このとき，ダヤック人たちは戦闘の開始を示す赤い鉢巻きをしていた。

警察は，官製のダヤック人組織であるダヤック慣習評議会（Dewan Adat Dayak, DAD）サンガウ・レド支部の臨時会議を招集し，地元のダヤック人慣習長やマドゥラ人の顔役，地方軍管区の代表とともに事態の打開策を検討した。ダヤック慣習評議会は，戦争開始の儀礼を行なう群集に儀礼の中止を呼びかけ，警察に対してはダヤック人群集への警告とマドゥラ人の避難を勧告した。しかし群

集の怒りを静めることはできず，その日の夜にはダヤック人の集団が数軒のマドゥラ人家屋を焼き討ち，翌日には約2000人のダヤック人が「マドゥラ人は出ていけ！」と叫びながら，マドゥラ人家屋の焼き討ちを行った。また，サンガウ・レドの南に位置するブンカヤンでは，「マドゥラ人を乗せたトラック25台が集結し，ダヤック人を攻撃する準備を始めている」という噂が広がり，ダヤック人たちはマドゥラ人避難民を乗せた国軍トラックを襲撃したり，6つの村でマドゥラ人家屋の焼き討ちを行った（Human Rights Watch 1997）。

　年が明けると，今度はマドゥラ人による報復も始まり，紛争はサンバス県だけでなく隣のサンガウ県や州都ポンティアナックにも拡大した（地図3参照）。1997年3月に紛争はようやく沈静化したが，それまでに推定で少なくとも500人，最大2000人が犠牲になったといわれ，3000軒以上の家屋が破壊された。犠牲者のほとんどはマドゥラ人であり，少なくとも1万5000人のマドゥラ人避難民がポンティアナックなどの都市部に避難した（Human Rights Watch 1997）。

　サンバス県では過去にもダヤック人とマドゥラ人の小競り合いが何度か起きているが，1996～1997年の民族紛争のように暴力が周辺地域にも拡大し，多くの犠牲者を出すことはなかった。では一体なぜ，1996～1997年の紛争は大規模なものに発展したのか。

地図3　西カリマンタン州の民族紛争における主な紛争地

おそらくこの紛争の背景には，スハルト体制下で社会・経済・政治的に周縁化されていたダヤック人の不満があった。当時の西カリマンタン州では，内陸部では森林開発の進展によってダヤック人の生活空間が侵食され，都市部や開発地域では移民との競争でダヤック人の就業機会が減っていた。また，スハルト時代には地方政府人事においてダヤック人役人よりもマレー人役人が優遇され，ダヤック人役人は地方政府の閑職や郡長ポストにばかり配置されていた（第3章参照）。1990年代半ばになると，当時の州知事がダヤック人政治エリートたちの政治的不満を解消するため，ダヤック人にも地方政府の要職を分配するようになったが，1996年時点ではまだダヤック人県知事は1人しかいなかった。そのため，ダヤック人政治エリートたちはさらなる地方行政ポストの分配を希求するようになった（森下2009）。1990年代半ばという時期は，こうしたダヤック人の社会・経済・政治的不満が，都市部でも内陸部でも飽和寸前の状態だったと考えられる。

また，当時はダヤック人知識人たちが結成したパンチュル・カシ財団が，ダヤック人の社会・経済・政治的地位の向上を目指して盛んに活動を行い，セミナーや出版物等を通してダヤック人の社会・経済・政治的窮状を訴えていた（第7章参照）。そのため西カリマンタン州のダヤック人たちは，これまで各々が感じていた社会・経済・政治的不満を共有するようになり，ダヤック人全体の地位向上に向けて意識を高めていった（Davidson 2008: 108-117）。そうしたダヤック人の地位向上の手段として暴力が利用された結果，民族紛争が発生したと考えられる。

ではマドゥラ人移民がダヤック人の標的にされたのはなぜだろうか。考えられる要因としてはマドゥラ人移民が人口規模において少数派であったこと，日頃からダヤック人との小競り合いがあったこと，粗野で排他的なイメージがあったことなどが挙げられ，マドゥラ人移民がダヤック人の社会・経済・政治的不満のはけ口として，またダヤック人の暴力的動員力を顕示するためのスケープゴートとして，打ってつけであったからではないかと考えられる（森下2009）。

本来ダヤック人を社会・経済・政治的窮状に追い込んでいたのは，大規模な森林開発を行う国内大手企業や，そうした大手企業にのみ森林事業権を分配する中央政府，人口規模が多いジャワ人移民，地方行政人事を握る州知事と内務大臣，政治的ライバルであるマレー人などであった。しかし，ダヤック人がこ

うした諸勢力に直接対峙することはリスクが高すぎる。アチェ州やイリアンジャヤ州の分離独立派のように国軍によって徹底的に弾圧されるかもしれない。他方で，マドゥラ人移民が攻撃対象であれば，国家権力に対する暴力的抵抗ではないことから，州知事も国軍も大目に見てくれるかもしれない。紛争に参加したダヤック人政治エリートの中には，単なる「自衛」としての参加ではなく，こうした考えを持って参加した者がいたのかもしれない。また，この紛争を契機にダヤック人の政治的発言力が増し，地方政府の要職に就く機会が増えることを期待した者もいたのかもしれない。

実際に，紛争終結後はダヤック人政治エリートに分配される地方首長ポストが増え，1998年にはミカエル・アンジュ陸軍下士官候補生学校校長がサンガウ県知事に任命された。また地方分権化が導入された1999年には，サンバス県とポンティアナック県からダヤック人人口の多い地区がそれぞれブンカヤン県，ランダック県として分立し，いずれの県知事にもダヤック人が就任した（第7章参照）。こうして1996～1997年に起きた民族紛争は，西カリマンタン州において暴力が政治的手段として有効であることを示すものとなった。

民族紛争を契機に加速したダヤック人政治エリートの政治的躍進は，マレー人政治エリートたちの脅威となった。そして今度は，1999年2月にマレー人によるマドゥラ人移民の暴力的排斥が起きた。この第2の紛争はサンバス県を中心に起き，先の紛争で都市部に避難していたマドゥラ人がサンバス県に戻ってきたところを，今度は地元のマレー人がダヤック人の協力を得て暴力的に排斥した[9]。犠牲者は数百人とも数千人ともいわれ，州都ポンティアナックの避難民キャンプには約2万5000人のマドゥラ人が避難した。この紛争の主な担い手は，マレー人の元地方役人が結成したマレー人青年組織であるマレー人青年コミュニケーション・フォーラム（Forum Komunikasi Pemuda Melayu, FKPM）であった（Davidson 2008: 133）。おそらくこの1999年の民族紛争は，マレー人政治エリートたちがダヤック人政治エリートたちの政治的躍進をけん制するために，自分たちにも暴力的動員力があることを誇示しようとして起こしたものと考えられる。

---

9) 1999年のマレー人によるマドゥラ人移民の暴力的排斥についてはTanasaldy（2012），Davidson（2008）を参照。

(2)　中カリマンタン州の民族紛争

　西カリマンタン州で起きた1996～1997年の民族紛争とその後のダヤック人政治エリートの躍進に触発され，今度は中カリマンタン州でも暴力を用いて社会・政治的影響力を強めようとする動きがみられた（Davidson 2008）。それが2000年12月から2001年4月にかけて起きた中カリマンタン州の民族紛争である。紛争の担い手となったのは，中カリマンタン州のダヤック人組織である中カリマンタン州ダヤック住民評議会連合（Lembaga Musyawarah Masyarakat Dayak dan Daerah Kalimantan Tengah: LMMDD-KT）であった。

　LMMDD-KTは，中カリマンタン州におけるダヤック人の社会・経済・政治的地位の向上を目指すNGOであり，1993年にダヤック人の地元大学教員であるウソップが設立した。スハルト時代の中カリマンタン州では，西カリマンタン州と同じようにダヤック人の社会・経済・政治的周縁化が進み，内陸部では森林開発や移民村建設によるダヤック人の生活空間の破壊，都市部では移民労働者の流入によるダヤック人の就業機会の減少などが起きていた。また地方行政においては，1980年代半ば以降，それまで地方政界に影響力を持っていたキリスト教徒のダヤック人政治エリートたちが地方政府の要職から疎外されるようになった（第3章参照）[10]。

　こうしたなか，ウソップはLMMDD-KTの活動を通してダヤック人の社会・経済・政治的窮状を訴え，中カリマンタン州のダヤック人社会指導者として頭角を現した。詳細は第6章で述べるが，ウソップは民主化・地方分権化が導入されると政治的野心も持つようになり，2000年の中カリマンタン州知事選挙に立候補した。しかし，結果は僅差での敗北であった。この2000年の州知事選挙以降，LMMDD-KTはダヤック人の支持を強化するために民族的排他性を強めるようになった。とりわけマドゥラ人移民に対するネガティブ・キャン

10）　中カリマンタン州のダヤック人は，イスラム教に改宗しても「マレー人化」せずにダヤック人と名乗る場合が多いため，ここでは「キリスト教徒のダヤック人」という呼び方をする。キリスト教徒のダヤック人政治エリートたちは，1980年代までティリック・リウ元州知事の政治的庇護下にあったが，1987年にティリック・リウが他界すると地方行政人事への中央政府の影響力が強まり，州知事には中央政府出向のジャワ人役人，県知事には国軍将校や地元のムスリム役人が任命されるようになった。詳細は第3章で述べる。

ペーンを展開し，ダヤック人のマドゥラ人に対する敵愾心を煽るようになった（Klinken 2007）。

　中カリマンタン州でもマドゥラ人移民が攻撃の対象となったのは，西カリマンタン州の民族紛争の影響を受けたためと言われている（Davidson 2008）。中カリマンタン州のマドゥラ人移民も西カリマンタン州と同じ特徴（人口的少数派，暴力的・排他的イメージなど）を持ち，ダヤック人の攻撃対象として好都合であったと考えられる。マドゥラ人の人口規模は 2000 年時点で州人口のわずか 6～7 ％を占めるに過ぎなかった（International Crisis Group 2001: 1）。また，中カリマンタン州のマドゥラ人移民の職業は，内陸部ではアブラヤシ・プランテーションや木材伐採キャンプ，鉱山などでの労働者，都市部では小売業やベチャ引き，ミニバス運転手，渡船業，港湾労働者，道路建設作業員などであった。ここでも西カリマンタン州と同じように，これらの職業をめぐってダヤック人と競争になることがあった（Smith and Bouvier 2006: 233）。そのためダヤック人にとってマドゥラ人労働者は自分たちの生活を脅かす最も身近な「侵入者」であったと考えられる。

　では中カリマンタン州の民族紛争はどのように始まったのだろうか。紛争のきっかけは，西カリマンタン州の場合と同じく，ダヤック人青年とマドゥラ人青年の諍いであった。諍いが起きたのは，東コタワリンギン県の金鉱近くの町クルン・パンギにある売春街のカラオケ・バーであった（地図 4 参照）。労働者の集まる町では青年同士の諍いはよくあることだった。このときダヤック人青年がマドゥラ人青年に刺殺されたことから，ダヤック人青年の仲間やクルン・パンギ周辺のダヤック人たちが，報復のために 3 人のマドゥラ人を殺害し，38 軒のマドゥラ人家屋を破壊した。しかしこの事件はわずか数日で収まった。それで終わりのはずであった。

　しかし，このクルン・パンギの事件について LMMDD-KT は声明を出し，警察がダヤック人青年の死に無関心であったと非難した。警察という国家機関が，ほかの民族よりもダヤック人の人命をぞんざいに扱っているとして，単なる青年同士の小競り合いを国家機関によるダヤック人全体への不公平な扱いという問題にすり替え，日ごろのダヤック人の社会・経済・政治的不満に結び付けようとしたのである。さらに 2001 年 1 月には，LMMDD-KT が「マドゥラ人の武装集団がダヤック人を襲撃する準備をしている」と主張する出版物を発行し，ダヤック人の自衛意識を煽り立てた（Klinken 2007: 133）。そして，クル

ン・パンギの暴動から2か月後の2001年2月，東コタワリンギン県の県都サンピットにおいて，突如ダヤック人の集団が一軒のマドゥラ人家屋を襲撃し，5人の住人を殺害した。サンピットのマドゥラ人たちはダヤック人犯人に報復するため，犯人が潜むと思われる家屋を襲撃した。この日を境に，中カリマンタン州でダヤック人とマドゥラ人による暴力的紛争が始まった。

　紛争当初はマドゥラ人が優勢であったが，紛争のニュースがサンピット周辺に広がると，周辺地域からサンピットの紛争に加勢するダヤック人が増加した。警察はサンピットに続く主要幹線道路の取り締まりを強化したが，激高したダヤック人たちは河川とジャングルの小道を抜けて続々とサンピットの町に集まり，マドゥラ人住民に暴行を加え，殺害し，家屋に火を付けた（International Crisis Group 2001）。マドゥラ人に対する暴力的排斥は州都パランカラヤや東部のカプアス県，西部の西コタワリンギン県にも広がり（地図4参照），紛争が収束する2001年4月までに約10万人のマドゥラ人が州外に避難した。警察の発表によると，2001年3月までに約500人のマドゥラ人が死亡し，2000軒以上の家屋が破壊されたという（*Jakarta Post*, 8 March 2001）。

　警察はサンピットで最初に起きたマドゥラ人家屋襲撃の容疑者として，LMMDD-KT幹部のフェドリック・アッセルとその義兄ルウィスを逮捕した。容疑の内容は，ダヤック人の集団を雇ってマドゥラ人家屋を襲撃させたという

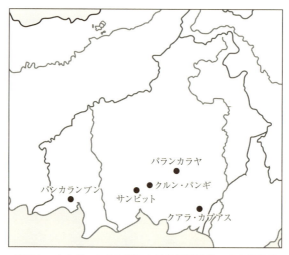

地図4　中カリマンタン州における民族紛争の主な紛争地

56

ものであった。そして，彼らの取り調べからLMMDD-KT代表のウソップの名が浮上し，ウソップは2001年5月に紛争扇動罪で逮捕され，ジャカルタの国家警察本部に身柄を移送された。しかし，ウソップはダヤック人政治エリートたちの強力なロビー活動によってすぐに拘束を解かれ，中カリマンタン州に戻ってきた際には地元のダヤック人たちから英雄として熱狂的に迎え入れられた（International Crisis Group 2001: 6; Klinken 2007: 134）。

　紛争終結後，LMMDD-KT幹部たちは県知事ポストを獲得するようになり，2003年にはLMMDD-KT支部幹部のドゥエル・ラウィンとウィリー・ヨセフが，それぞれカティンガン県知事とムルン・ラヤ県知事に当選した（第6章参照）。また，紛争への関与で逮捕されたフェドリック・アッセルも釈放後にスルヤン県国民統一局長に任命された。彼らはいずれもキリスト教徒のダヤック人であった。LMMDD-KTは様々な宗教に属するダヤック人を糾合していたものの，キリスト教徒のダヤック人も主流メンバーに入っていたことがうかがえる。LMMDD-KTの組織的ネットワークが彼らの政治的影響力の拡大に利用されたともいえるだろう。

2.3　西・中カリマンタン州の民族紛争の特殊性

　以上にみるように，西・中カリマンタン州の民族紛争では，紛争当事者たちがアチェ州やイリアンジャヤ州の分離独立運動とは異なる目的で暴力を使用していたことが分かる。その目的とは，主権や自治権めぐる中央政府との争いでも，天然資源をめぐる争いでも，はたまた地方権力の掌握でもなく，あくまでも既存の政治体制の下での地方行政ポストの取り分の拡大であった。

　そのため西・中カリマンタン州の民族紛争では，とりわけ以下の2点において，アチェ州やイリアンジャヤ州の分離独立運動とは異なる特徴がみられた。一つは不満の矛先の転化である。本来，ダヤック人の不満は，内陸部でダヤック人の生活空間を無視して森林開発を行う中央政府や国内の大手林業企業，トランスミグラシ政策を続ける中央政府，ダヤック人政治エリートを人事的に冷遇する州知事や内務大臣に向かっていたはずである。しかし実際の紛争では，そうした不満が直接噴出するのではなく，マドゥラ人への憎悪に転化するかた

ちで噴出した。特に中カリマンタン州では，LMMDD-KT が意図的にマドゥラ人移民への憎悪を掻き立てることで，ダヤック人の不満の矛先を転化させていた。

不満の矛先が転化された理由は，ダヤック人たちが本来不満を持つ相手と直接対峙しても効果がないことを経験として知っていたからだと考えられる。西カリマンタン州では，1990 年頃からダヤック人慣習長たちが森林開発によってダヤック人の土地が奪われたと郡長や県知事，県議会などに陳情するようになった。しかし，そうした陳情は悉く無視され，一部のダヤック人住民は実力行使に及ぶようになった。1992 年にはサンガウ県で林業公社インフタニの事業地の伐採キャンプが焼き討ちされ，1994 年にはクタパン県，1995 年にはサンバス県でも伐採キャンプの焼き討ちが起きた (Lembaga Bela Banua Talino 1995)。しかし，ダヤック人が所有地として主張する土地が返還されることはなかった。

また，中カリマンタン州では1993 年の州知事選挙において，当時のヨギ内務大臣が候補者選定過程にあからさまに介入し，地元出身者ではなく自分の元部下であるジャワ人官僚を州知事に立てようとした。これに対して，ウソップや地元のゴルカル政治家たちはパランカラヤで 1000 人規模の抗議運動を展開し，首都ジャカルタでもロビー活動を行った[11]。その結果，中央政府は州知事選挙のやり直しを決定したが，やり直し選挙では中央政府と国軍の全面的支援を受けた内務省出向のジャワ人官僚が当選した。ウソップらはこの決定に従うほかなかった（深尾 1999: 111-113）。こうした，これまでの抗議活動とその結果を通して，西・中カリマンタン州のダヤック人たちは社会・経済・政治的不満を直接政府や大手林業企業にぶつけても，また，たとえ動員力や暴力を使用しても，何ら状況は変わらないことを知っていたとみられる。

西・中カリマンタン州の民族紛争にみられるもう一つの特徴は，紛争期間の

---

11) 1993 年の中カリマンタン州知事選挙では，州議会が候補者として 5 人の地元出身役人（ニヒン北バリト県知事，ルカス・ティンカス州官房長補佐官，アスマウィ・アガニ南バリト県知事，イマム・ムハルディヨ州官房長補佐官，アブドゥラ・ザイニ国会議員）を選定した。これに対し，ヨギ内務大臣は候補者リストに西ジャワ州知事時代の部下であるカルナ・スワンダ西ジャワ副州知事を加えるよう要請した。州議会がこれを承諾したことから，ウソップと地元政治家たちは住民を動員し，パランカラヤで 1000 人規模の抗議運動を展開した。ウソップたちは，ジャカルタでムルディオノ国家官房長官や国会議長に面会し，ゴルカル本部でも陳情を行い，中央政府に州知事選挙のやり直しを決定させた。しかし，やり直し選挙では，当時臨時州知事を務めていた内務省出向のワルシトが中央政府と国軍の全面的支援を得て当選し，ウソップらはゴルカル中央執行部の決定に従った（深尾 1999: 111-113）。

短さである。いずれの民族紛争も4カ月程度で収束している。さらに言えば，紛争が再燃する可能性が低いことも特徴的である。ダヤック人とマドゥラ人による小競り合いは2001年以降もみられたが，それが再び民族紛争に発展することはなかった。2004年に筆者が西カリマンタン州シンカワン市に滞在した際にもダヤック人とマドゥラ人の小競り合いが起きたが，このニュースを受けてダヤック慣習評議会の各支部幹部は即座に連絡を取り合い，紛争の再燃につながらないよう当事者間での和解を進めていた[12]。また，2008年のポンティアナック市長選と2012年のシンカワン市長選挙ではマドゥラ人が副市長に選ばれたが，このときもダヤック人が選挙結果に対して抗議運動を起こすことはなかった。

　では，なぜ西・中カリマンタン州の民族紛争は短期間で収束したのか。その理由はおそらく二つある。一つは，紛争当事者たちが紛争の開始・継続に必要な資金源を持っていなかったことである。西・中カリマンタン州には森林資源や鉱物資源などが豊富にあるが，そうした天然資源は紛争の資金源にはならなかった。内陸部のダヤック人は森林資源を利用して生計を立てていたが，大規模な森林開発にはアクセスできないでいた。それどころか，国家主導の森林開発によって慣習地や畑を奪われることもあった。また，アチェ州の分離独立派は海外からの資金援助や武力を盾にした地元の住民・企業への強制的徴税によって資金を調達していたが，西・中カリマンタン州のダヤック人はそうした海外支援ネットワークも十分な武器も持っていなかった。民族紛争のときに利用されたのは猟銃やパランと呼ばれる刃物ぐらいであった（本章扉写真参照）。

　このように十分な資金も武器もない中，ダヤック人の紛争当事者たちが住民動員のために利用できたのは，ダヤック人の一部が感じていたマドゥラ人への嫌悪感やマドゥラ人からの攻撃に対する自衛意識ぐらいであった。民族紛争では，これらの感情を煽ることで排他的なダヤック人集団意識が一時的に高揚した。しかし，こうしたダヤック人意識は民族紛争が終わるとともに薄まった。特に中カリマンタン州では，地方首長ポストをめぐってダヤック人同士が争うようになったため，日々の政治においてはダヤック人の下位グループである部

---

[12] 当時，筆者はダヤック慣習評議会ブンカヤン県支部の幹部宅におり，その幹部の携帯電話メールにダヤック人とマドゥラ人の喧嘩が発生したという情報が入ってきたところに居合わせた。その幹部は，すぐさま喧嘩が起きた地区のダヤック慣習評議会の支部幹部に連絡を取り，今後の段取りを話し合っていた（2004年6月，西カリマンタン州シンカワン市）。

族の単位が政治的利益集団として重要になった（第6章参照）。

　西・中カリマンタン州の民族紛争が短期間で収束したもう一つの要因は，紛争当事者が権力へのアクセスを持っていたことである。権力へのアクセスとは，ダヤック人政治エリートたちが地方行政ポストの分配に与る位置にいたということである。ただし，その取り分はきわめて少なく，分配されるポストは大抵の場合，地方政府機関の閑職や郡長ポストであった。それゆえに，ダヤック人政治エリートたちはさらなる要職ポストの分配を求めた。言い換えれば，西・中カリマンタン州の民族紛争では，天然資源や開発利権をめぐる問題よりも権力の分配をめぐる問題が重要であったと考えられる。すなわち，西・中カリマンタン州の民族紛争は，地方行政ポストの取り分が極端に少ない地方政治エリートの集団が，暴力を政治的手段として利用した事例といえる。仮にダヤック人政治エリートにもそれなりの地方行政ポストが分配されていれば，暴力的紛争は起こらなかったのかもしれない。また，紛争が長期化しなかったのは資金源がなかったことに加え，紛争当事者たちが既存の政治体制の中で権力へのアクセスを持っていたため，政治体制ごと破壊する気はなかったからだと考えられる。彼らの目的は，あくまでも既存の体制内での政治的影響力の拡大であり，その目的は比較的容易に達成できた。

　以上のことから，西・中カリマンタン州の民族紛争の特殊性を一言でいうならば，天然資源が（誘因としても長期化の要因としても）関係していない暴力的紛争であったといえるだろう。では，一体なぜ，西・中カリマンタン州では天然資源が暴力的紛争に結びつかなかったのか。その要因として考えられるのが，西・中カリマンタン州の天然資源をめぐる利権構造である。具体的に言うと，地元で天然資源から商業的利益を得ていた人々が，スハルト大統領を頂点とする資源開発利権の分配ネットワークに取り込まれていたということである。彼らは国家主導の大規模な天然資源開発からある程度の利益を得ていたため，資源開発にアクセスを持たないダヤック人が起こした民族紛争に対して資金的援助を行うことはなかった。もし，地元で天然資源開発にアクセスしていた人々が，開発利益の取り分をほんの少ししかもらっていなかったならば，彼らもまた，さらなる利益の分配を求めて紛争当事者を支援したかもしれない。しかし，そうではなかった。では具体的に，地元で天然資源開発に携わっていた人々とはどのような人々であり，彼らは資源開発利権の分配ネットワークにどのように取り込まれていたのか。次章で詳しく述べたい。

第3章

スハルト時代における権力と資源の分配

扉写真

　　1971年撮影のスハルト大統領のプライベート・ショット。1967年から1998年まで続いたスハルト体制下では，このスハルト大統領を頂点に中央と地方を結ぶ集権的なパトロン・クライアント・ネットワークが構築された。（写真：AP/Aflo）

本章では，カリマンタンの事例を通して，スハルト時代における地方首長ポストの分配と資源開発利権の分配の実態とその地方政治構造への影響を明らかにする。スハルト体制下では，中央政府が地方首長の最終任命権と各種の天然資源の開発事業権の交付権限を握り，そうした権限を用いて地方行政人事と資源開発利権をコントロールしていた。そして，地方行政ポストと天然資源の開発利権の分配を通して，スハルト大統領を頂点とする中央から地方まで連なるパトロン・クライアント・ネットワークを構築していた。では，そのパトロン・クライアント・ネットワークとは具体的にいかなるものであり，地方の末端では誰がどのようにそのネットワークに組み入れられ，誰が疎外されていたのだろうか。また，そうしたネットワークが地方政治・経済構造の形成にどのような影響を与えていたのだろうか。このことが前章で述べた西・中カリマンタン州の民族紛争の下地になっているだけでなく，第5章以降で取り上げる民主化・地方分権化後の地方政治構造の基部にもなっていると考える。

3.1　地方首長ポストの分配

(1)　スハルト時代の地方行政制度

　まずは，スハルト体制下の地方行政制度について確認しておきたい。スハルト時代に制定された地方行政基本法（1974年第5号法）は，表向きは地方分権が可能な法制度であったが[1]，実際にはスカルノ前政権の「指導される民主主義（guided democracy）」を踏襲し，きわめて中央集権的であった。「指導される民主主義」とは，1959年にスカルノ大統領（当時）がそれまでの議会制を政治不安の元凶であるとして停止し，民主主義を導くのは自らであるとして大統領に強大な権限を付与した政治体制である[2]。

---

[1]　1974年第5号法では，中央政府は国防治安，司法，外交，金融，地方首長の義務的業務，中央政府が取り扱う方がより効果的な業務の6分野を除き，地方自治体に全ての事務を移譲できると規定された。しかし実際に地方自治体への権限移譲が行われることはほとんどなかった（岡本2001：5 , ；深尾1999）。

スハルト政権下の地方行政制度も，このスカルノ前政権の中央集権的な政治体制を引継いでいた。たとえば，インドネシアの自治体には州（provinsi）と県（kabupaten）・市（kota）があり，県・市の下に郡（kecamatan），町（kelurahan），村（desa）があるが，スハルト時代には県・市が州の下位に位置づけられていた。また地方首長の選出は，表向きは大統領の選出過程と同じように「民主的」な間接選挙制（地方議会による投票）が採用されていたが，実際には候補者選定の段階で内務大臣の承認が必要であり，さらに州知事については内務大臣を通して大統領が，県知事・市長については州知事を通して内務大臣が最終任命権を持っていた。

　当時の地方首長の具体的な選出方法は，まず地方議会指導部が地方首長候補者を選定し，内務大臣から候補者名簿の承認を受けて地方議会で投票が行われた。投票後は州知事であれば内務大臣を通して大統領が，県知事・市長であれば州知事を通して内務大臣が，投票結果に基づいて地方首長を任命した。地方首長の任命にあたっては，内務大臣は州議会，州知事は県・市議会での投票結果を拒否することもでき，その際には公共の利益に反する，上位法規に反するといった理由付けが行われた。また副首長の人事については地方首長が任命権を持っていた（岡本 2001: 11）。

　こうした中央政府の介入を可能とする地方首長選挙を通して，スハルト時代の地方首長たちは中央政府の意向を反映する顔ぶれになっていた。特に州知事については国軍の現役・退役軍人や内務省の出向役人など，中央政府の実力者たちと直接つながる人々が多く任命された。他方で，スカルノ前政権下で地方政治の中枢を担っていた人々は，スカルノ派とみなされて地方行政機関の重要ポストから外されるようになった[3]。以下では，東・中・西カリマンタン州における地方首長ポストの分配を具体的にみていきたい。

---

2) スカルノ大統領が議会制を停止した背景には，当時，議会制民主主義体制の下で国会が四大政党化して政権運営が困難になったり，中央政府に対して地方反乱が起きたりするなどの政治不安があった。議会制民主主義及びスカルノ時代の政治体制については，Feith (1957, 1962)，Legge (1972)，白石 (1997) などを参照。

3) スカルノ前政権の「指導される民主主義」時代は，地方首長の選定にあたって，州知事については州議会の推薦に基づき大統領が決定し，県知事・市長については県・市議会の推薦に基づき内務大臣が決定すると規定されていた。そのため，スハルトが政権を握った当時の地方首長たちは，スカルノ大統領と親しい間柄にあるとみなされた。

(2) 東カリマンタン州における地方首長の変遷

　スハルトが政権を握る以前の東カリマンタン州では，インドネシア独立闘争期にジャワの政治指導者たちと結びついた都市部の移民勢力が政治的影響力を持っていた。その中心は州都サマリンダを拠点とするバンジャル人政党活動家たちと，石油都市バリクパパンを拠点とするバンジャル人商人やジャワ人労働者たちであった。また，植民地時代のクタイ・カルタヌガラ王国の中・下級貴族の子弟たちもサマリンダのバンジャル人勢力と協力関係を築いていた[4]。

　スカルノ時代のサマリンダでは，スカルノ大統領率いるインドネシア国民党（Partai Nasional Indonesia, PNI）の勢力が強く，その中枢を担っていたのが植民地時代に近代教育を受けたバンジャル人近代エリートたちであった。国民党は1958年の州議会選挙で州議会第1党の座を獲得し，1962年にはアブドゥル・ムイス・ハッサン国民党州支部長が州知事に任命された[5]。そしてムイス・ハッサン州知事の下で，州政府の要職や県知事，郡長には国民党系のバンジャル人の役人やクタイ人の役人が多く任命された（Lev 2009: 121, Magenda 1991: 57-63）。他方，バリクパパンのバンジャル人商人やジャワ人労働者たちは，インドネシア共産党やバリクパパンに司令部を置く第6地域軍管区との結びつきを強め，州行政に影響力を持つ地域軍管区司令官の庇護の下にいた（Magenda 1991: 27-67）[6]。1960年には左派系軍人のスハルヨが軍管区司令官に就任し，地方首長人事に介入してジャワ人軍人をサマリンダ市長やバリクパパン市長に擁立するようになった（Magenda 1991: 55）。

　しかし，スカルノ時代の末期にあたる1960年代半ば以降は，反スカルノを

4）　たとえばアジ・ラデン・プラノト初代州知事とアジ・ラデン・パドモ・クタイ県知事はクタイ貴族の出自である。しかしプラノトは州知事退任後にスハルヨ第6地域軍管区司令官によって，州政府基金を着服した容疑で逮捕・拘留され，1966年に獄中で他界した（Magenda 1991: 103）。

5）　ムイス・ハッサンは1924年にサマリンダで生まれたバンジャル人であり，バンジャルマシンのオランダ語中等学校を卒業後，日本軍政期にサマリンダで政治活動を始めた人物である（Magenda 1989: 266）。

6）　当時のインドネシアでは，相次ぐ地方反乱に対して1957年に戒厳令が施行され，1959年にはスカルノ大統領が1950年憲法を停止し，大統領に大きな権限を与える1945年憲法への復帰を宣言した。このため，1957年から1965年にかけての指導民主主義時代には国軍が戒厳令の執行機関として地方行政に介入するようになった（川村・柳原 1998：253）。

表 3.1　スカルノ時代の東カリマンタン州の県知事・市長たち（1961-1965 年）

自治体名	地方首長の氏名	在任期間	民族・宗教	軍人・警察／文民官僚等
サマリンダ市	スジョノ	1960-1961	ジャワ人・イスラム教	軍人
	グディオ	1961-1967	ジャワ人・イスラム教	軍人
バリクパパン市	アジ・ラデン・サイド・モハマド	1960-1963	クタイ人貴族・イスラム教	文民官僚
	バンバン・スティクノ	1963-1965	ジャワ人・イスラム教	軍人
クタイ県	アジ・ラデン・パドモ	1960-1964	クタイ人貴族・イスラム教	文民官僚
	ルスディビヨノ	1964-1965	ジャワ人・イスラム教	文民官僚
	アフマド・ダフラン	1965-1979	バンジャル人・イスラム教	文民官僚
ブラウ県	アジ・ラデン・モハマド・アユブ	1960-1964	ブラウ人王族・イスラム教	前スルタン
	ユヌザル・ユヌス	1964-1966	バタック人・キリスト教	文民官僚
ブルンガン県	ダムス・マナギン・フランス	1963-1964	マナド人・キリスト教	文民官僚
	ジャカリヤ・マス・トゥルノジョヨ	1964-1965	クタイ人貴族・イスラム教	文民官僚
パシル県	モハマド・ジャムジャム	1961-1962	民族不詳・イスラム教	文民官僚
	ヤフモ・ハディ・スクリスノ	1962-1965	ジャワ人・イスラム教	文民官僚
	サレ・ナフシ	1965-1979	バンジャル人・イスラム教	文民官僚

出所：各県・市政府の年次報告書等に記載された歴代首長一覧と県・市政府スタッフ等への筆者インタビューをもとに作成

掲げる社会勢力が台頭した。その中心は，全国的な学生組織であるイスラム学生連盟（Himpunan Mahasiswa Islam, HMI）であり，東カリマンタン州ではサマリンダを拠点とする非国民党系のバンジャル人学生たちが主なメンバーであった。バンジャル人学生たちは，ムイス・ハッサン州知事が州政府奨学金を国民党党員の子供たちにばかり与えることに不満を持っており，反スカルノ運動を展開する中でスカルノ派のムイス・ハッサン州知事を辞任に追い込んだ。さらには州知事代行に任命されたジャワ人のスカディヨ大佐にも反発し，国軍内にいるバンジャル人に働きかけて新たな州知事候補を擁立した[7]。そうして 1967 年に東カリマンタン州知事に就任したのが，南カリマンタン州出身のバンジャル人の軍人であるアブドゥル・ワハブ・シャフラニエ大佐であった[8]。

[7]　バンジャル人学生たちがスカディヨ州知事代行に反発したのは，ジャワ人州知事の下で，ジャワ人の役人や政治家が優遇されることを危惧したためである（Magenda 1991: 66）。
[8]　1967 年当時，陸軍参謀長副補佐官を務めていたワハブ・シャフラニエは，東カリマンタン出身の学生で構成される東カリマンタン出身学生家族会（Keluarga Pelajar Mahasiswa Kalimantan Timur, KPMKT）によって州知事候補に擁立され，国軍司令部との人脈によりスハルト大統領の信任を得て，州知事に任命された（Magenda 1991: 66）。

ワハブ・シャフラニエ州知事（在任期間：1967～1978年）は，石油基地のあるバリクパパン市と，マレーシアと国境を接するブルンガン県に軍人の地方首長を任命し，そのほかの県・市では，主にバンジャル人の役人を地方首長に任命した。サマリンダ市長のカドリエ・ウニン，クタイ県知事のアフマド・ダフラン，ブラウ県知事のマスダル・ジョン，パシル県知事のサレ・ナフシがそうである（表3.2参照）。このとき元国民党系のバンジャル人の役人たちは地方政府の要職から外された。

　しかしワハブ・シャフラニエが州知事を退任すると，今度はジャワ人の軍人が州知事に任命されるようになり，県知事・市長ポストもジャワ人の軍人が占めるようになった。また，クタイ人やブギス人の役人にも県知事・市長ポストが一部分配された（表3.2参照）。他方，バンジャル人政治エリートたちの政治的影響力はますます減退し，彼らの政治基盤はスハルト時代唯一のイスラム系野党であった開発統一党になった。しかし，バンジャル人の若手役人の中にはゴルカル地方支部の中枢に入り込んだ者もおり，そうした者には地方首長ポストが分配された。1988年に州知事に就任したモハマド・アルダンス（在任期間：1988～1998年）がそうしたバンジャル人の若手役人の一人であった。またモハマド・アルダンスは，第6地域軍管区司令官のゼイン・マウラニからも後ろ盾を得ていた（Magenda 1989: 245-246）[9]。こうしたことから，スハルト時代の東カリマンタン州では非軍人に分配される地方首長ポストについては，ゴルカルと国軍の後ろ盾があれば民族等の出自に関係なく分配が行われていたと考えられる。

　ではダヤック人政治エリートについてはどうだったのであろうか。東カリマンタン州のダヤック人政治エリートは2派に分かれ，州北部のダヤック人と州南部のダヤック人では異なる政治的基盤を持っていた。州北部のダヤック人政治エリートはスハルト時代唯一の世俗系野党であった民主党を拠点とし，州南部のダヤック人政治エリートは国軍・警察会派によってゴルカルに取り込まれていた（Magenda 1989: 206-207, 216, 247）。しかし，東カリマンタン州ではダヤック人に近代教育がもたらされたのが比較的遅かったため，スハルト時代には地

---

[9]　ゼイン・マウラニ軍管区司令官は南カリマンタン州生まれのイスラム教徒のダヤック人（バクンパイ族）であるが，バクンパイ族は歴史的にはバンジャル王国の支配下にあり，自らをバンジャル人と名乗るバクンパイ族もいるなど，バンジャル人とは歴史的にも社会的にも親密な社会関係を築いていた。

表 3.2　スハルト時代の東カリマンタン州の地方首長たち

自治体	地方首長の氏名	在任期間	民族・宗教	軍人・警察／文民官僚等
東カリマンタン州	ワハブ・シャフラニエ	1967-1978	バンジャル人・イスラム教	軍人
	エリ・スパジャン	1978-1983	ジャワ人・イスラム教	軍人
	スワンディ	1983-1988	ジャワ人・イスラム教	軍人
	モハマド・アルダンス	1988-1998	バンジャル人・イスラム教	文民官僚
サマリンダ市	カドリエ・ウニン	1967-1980	バンジャル人・イスラム教	文民官僚
	アナン・ハシム	1980-1985	民族不詳・イスラム教	文民官僚
	ワリス・フセイン	1985-1995	ブギス=マンドール人・イスラム教	文民官僚
	ルクマン・サイド	1995-2000	ブギス人・イスラム教	軍人
バリクパパン市	ザイナル・アリフィン	1967-1973	民族不詳・イスラム教	警察
	アスマウィ・アルバイン	1973-1981	民族不詳・イスラム教	警察
	シャリフディン・ユス	1981-1989	民族不詳・イスラム教	軍人
	ヘルマイン・オコル（市長代行）	1989-1991	民族不詳・宗教不詳	文民官僚
	チュチュップ・スパルナ	1991-2001	民族不詳・イスラム教	軍人
クタイ県	アフマド・ダフラン	1965-1979	バンジャル人・イスラム教	文民官僚
	アワン・ファイサル	1979-1984	クタイ人貴族・イスラム教	文民官僚
	チャイディル・ハフィズ	1984-1989	クタイ人・イスラム教	文民官僚
	サイド・シャフラン	1989-1994	クタイ人・イスラム教	文民官僚
	モハマド・スライマン	1994-1999	ブギス人・イスラム教	文民官僚
ブラウ県	ジャヤディ	1966-1973	ジャワ人・イスラム教	軍人
	マスダル・ジョン	1973-1980	バンジャル=華人・イスラム教	文民官僚
	モハマド・アルミンス	1980-1990	クタイ人・イスラム教	文民官僚
	アリフィン・サイディ	1990-1995	クタイ人・イスラム教	文民官僚
	マスジュニ	1995-2000	バジャウ人・イスラム教	文民官僚
ブルンガン県	アスナウィ・アルバイン	1965-1972	民族不詳・イスラム教	警察
	スタジ	1972-1985	ジャワ人・イスラム教	軍人
	スラルソ	1985-1990	ジャワ人・イスラム教	軍人
	ユフス・ダリ	1990-1995	ミナンカバウ人・イスラム教	軍人
	ベシン	1995-2000	アンボン人・宗教不詳	軍人
パシル県	サレ・ナフシ	1965-1979	バンジャル人・イスラム教	文民官僚
	アワン・バンダラニエ・アッバス	1979-1984	クタイ人貴族・イスラム教	文民官僚
	スライマン・イスマイル	1984-1988	民族不詳・イスラム教	文民官僚
	アフマド・ラムリ	1989-1999	民族不詳・イスラム教	文民官僚

出所：州政府および各県・市政府の年次報告書等に記載された歴代首長一覧と州・県・市官房長等への筆者インタビューをもとに作成

方政治勢力として十分な人数のダヤック人政治エリートが育っていなかった[10]。そのため，スハルト政権下で地方首長に任命されたダヤック人はいなかった。

(3) 中カリマンタン州における地方首長の変遷

　次に中カリマンタン州における地方首長の変遷をみていきたい。中カリマンタン州は1957年に南カリマンタン州から分立した州であり，スカルノ時代にはキリスト教徒のダヤック人たちが地方政治の中枢を担っていた。その中心はインドネシア独立闘争期に共和国軍のカリマンタン工作部隊を指揮したティリック・リウであり，彼は1958年に州知事に任命された（在任期間：1958～1967年）[11]。

　東カリマンタン州のダヤック人とは違い，中カリマンタン州ではスカルノ時代からダヤック人政治エリートの層が厚かった。中カリマンタン州では，19世紀末からヨーロッパのキリスト教宣教団が入植し，教会の付属小学校で西洋式初等教育を身に付けたダヤック人の子弟たちが近代的エリートとして成長した。1919年にはダヤック人近代エリートたちがカリマンタン南部の中心都市バンジャルマシン（現在の南カリマンタン州の州都）でダヤック同盟（Sarekat Dayak）を結成し，1953年にはこのダヤック同盟が中心となって南カリマンタン州からダヤック人人口の多い州東部を分立させる新州設立運動が推進された。そして1957年に中カリマンタン州が誕生すると，州設立運動を率いたダヤック同盟のメンバーたちが地方政府や地方議会の重要ポストに就いた（Klinken 2004）。もちろんティリック・リウも，このダヤック同盟のメンバーであった。

　ティリック・リウ州知事は，中カリマンタン州の立ち上げに共に尽力した仲

---

10) 東カリマンタン州では，植民地時代にクタイ・カルタヌガラ王国がキリスト教宣教団の入植を禁止したため，内陸部のダヤック人たちにキリスト教の影響が及ばず，ダヤック人の子弟が西洋式近代教育を受ける機会はほとんどなかった（Magenda 1989: 170）。

11) ティリック・リウは，1918年にカソンガン（現在の中カリマンタン州カティンガン県）に生まれたナジュ族出身のダヤック人である。両親は伝統的なアニミズムを信仰していたが，ティリック・リウはキリスト教宣教団の影響を受けてキリスト教に入信した。1940年から1941年にかけてダヤック人組織「ダヤック同盟」の機関紙スアラ・パカットの編集長を務め，その後ジャワ島に赴き，看護師の研修を受けて従軍看護師となった。さらにジョグジャカルタでは共和国軍による軍人養成訓練を受け，1946年に共和国軍のカリマンタン偵察部隊指揮官に任命された。1957年に中カリマンタン州の新設が認められると，初代州知事には中央政府から派遣されたジャワ人のミロノが就任し，ティリック・リウは州都選定委員会のメンバーとなった（Suseno 1996）。

表 3.3　スカルノ時代の中カリマンタン州の県知事・市長たち (1958-1967 年)

自治体名	地方首長の氏名	在任期間	民族・宗教	軍人・警察／文民官僚等
パランカラヤ市	ヤンティ・サコン	1965	ダヤック人・キリスト教	文民官僚
	アグス・イブラヒム	1965-1967	民族不詳・イスラム教	文民官僚
北バリト県	サムシ・シラム	1959-1966	民族不詳・イスラム教	文民官僚
南バリト県	ゴメル・タミン・ビンティ	1959-1961	ダヤック人・キリスト教	文民官僚
	ベンヤンミン・ティジャ	1961-1967	ダヤック人・キリスト教	文民官僚
カプアス県	ベン・ブラヒム	1958-1960	民族不詳・宗教不詳	文民官僚
	サウォン	1960-1961	ダヤック人・キリスト教	元ゲリラ指揮官
	マハル	1962-1966	ダヤック人・キリスト教	文民官僚
東コタワリンギン県	ウォルター・クンラード	1959-1961	ダヤック人・キリスト教	文民官僚
	ミヒン	1961-1963	ダヤック人・キリスト教	文民官僚
	クナン・サンダン	1963-1970	ダヤック人・宗教不詳	文民官僚
西コタワリンギン県	ミヒン	1959-1960	ダヤック人・キリスト教	文民官僚
	ランカップ	1960-1962	民族不詳・宗教不詳	文民官僚
	パティアノン	1962-1968	ダヤック人・宗教不詳	文民官僚

出所：各県・市政府の年次報告書等に記載された歴代首長一覧と県・市政府スタッフ等への筆者インタビューをもとに作成

　間や友人たちを県知事や市長に擁立した。たとえばパランカラヤ初代市長にはティリック・リウと学生時代から親しいヤンティ・サコンが任命された。また，西コタワリンギン県知事と東コタワリンギン県知事を歴任したミヒンは，1957 年にティリック・リウとともに州都選定委員会の委員を務めた人物である。ほかにも，南バリト県知事のゴメル・タミン・ビンティ，東コタワリンギン県知事のウォルター・クンラードなどもキリスト教徒のダヤック人の役人であった (Pemerintah Kota Palangka Raya 2003: 68-72; Tim Penyusun dan Penulis Sejarah Kalimantan Tengah 2003: VII-16)。

　中カリマンタン州ではスハルトが政権を握った後も，こうしたキリスト教徒のダヤック人たちが地方政府の要職に留まった。スカルノ前大統領と親しかったティリック・リウは州知事を更迭されたものの，次の州知事にはティリック・リウの元部下であるレイノウト・シルファヌスが任命され（在任期間：1967～1978 年）[12]，さらに次の州知事にもティリック・リウと知己の間柄であったウィリー・アンナニア・ガラ（在任期間：1978～1983 年）が任命された[13]。彼らに州知事ポストが分配された背景としては，おそらく，ティリック・リウ元州知事の政治的影響力があったと考えられる。ティリック・リウは共和国軍

表3.4　スハルト時代における中カリマンタン州の地方首長たち

自治体	地方首長の氏名	在任期間	民族・宗教※	軍人・警察／文民官僚等
中カリマンタン州	レイノウト・シルファヌス	1967-1978	ダヤック人・キリスト教	文民官僚
	ウィリー・アンナニア・ガラ	1978-1983	ダヤック人・キリスト教	州議会議員
	ガトット・アムリ	1984-1989	民族不詳・イスラム教	文民官僚
	スパルマント	1989-1993	ジャワ人・イスラム教	文民官僚
	ワルシト・ラスマン	1994-1999	ジャワ人・イスラム教	文民官僚
パランカラヤ市	ワルドゥス・サンディ	1967-1975	ダヤック人・キリスト教	軍人
	マドノフ	1975-1978	スンダ人・イスラム教	軍人
	カディオト	1978-1983	ジャワ人・イスラム教	軍人
	ルカス・ティンケス	1983-1988	ダヤック人・キリスト教	文民官僚
	ドニス・ニクソン・シンガラチャ	1988-1993	ダヤック人・キリスト教	文民官僚
	ナフソン・タワイ	1993-1998	ダヤック人・キリスト教	文民官僚
北バリト県	アフマド・ムニル	1966-1969	民族不詳・イスラム教	文民官僚
	イェトロ・シンセン	1969-1977	民族不詳・宗教不詳	不詳
	ホサン	1977-1988	ダヤック人・宗教不詳	文民官僚
	D.J.ニヒン	1988-1993	ダヤック人・キリスト教	文民官僚
	バハルディン	1993-1998	バクンパイ族・イスラム教	文民官僚
南バリト県	ウルバヌス・マルチュン	1967-1975	ダヤック人・宗教不詳	文民官僚
	マンクサリ	1976-1981	民族不詳・宗教不詳	文民官僚
	カンブラニ・セマン	1981-1991	民族不詳・イスラム教	文民官僚
	アスマウィ・アガニ	1991-1996	バクンパイ族・イスラム教	文民官僚
	アフマド・ディラン	1996-2001	民族不詳・イスラム教	文民官僚
カプアス県	ウントゥン・スラパティ	1967-1977	民族不詳・イスラム教	軍人
	モハマド・アデナン	1977-1988	民族不詳・イスラム教	軍人
	エンダン・コサシ	1988-1993	民族不詳・イスラム教	軍人
	オジ・ドゥラフマン	1993-1998	民族不詳・イスラム教	文民官僚
東コタワリンギン県	クナン・サンダン	1963-1970	ダヤック人・宗教不詳	文民官僚
	ラフマット	1970-1975	民族不詳・イスラム教	文民官僚
	アンジャル・スギアント	1975-1980	ジャワ人・イスラム教	軍人
	ムハマド・ムクリ	1981-1984	民族不詳・イスラム教	文民官僚
	クスナン・ダリヨノ	1984-1989	民族不詳・イスラム教	文民官僚
	バルクン・ヌルディン	1989-1994	民族不詳・イスラム教	警察
	ディディック・サルミヤルディ	1994-1999	ジャワ人・イスラム教	軍人
西コタワリンギン県	モハマド・ラフィ	1969-1979	民族不詳・イスラム教	軍人
	マス・スタルソ	1979-1983	ジャワ人・イスラム教	軍人
	イマム・マエストゥル	1984-1989	民族不詳・宗教不詳	軍人
	ダルマン	1989-1994	民族不詳・イスラム教	軍人
	ヤフヤ・アル・イドルス	1996-1998	民族不詳・イスラム教	軍人

※ダヤック人で出身部族が分かる者については部族名で示している。
出所：州政府および各県・市政府の年次報告書等に記載された歴代首長一覧と州・県・市政府スタッフ等への筆者インタビューをもとに作成

の元軍人であり，州知事更迭後は1971年から1987年にかけて国会議員を務めていた。おそらくティリック・リウはスハルト時代においても中央政界に太いパイプを持っていたと考えられる[14]。

しかし，1987年にティリック・リウが他界すると，州知事には中央政府から出向したジャワ人の役人が任命されるようになり，県知事ポストも軍人や地元出身のムスリムの役人で占められるようになった（表3.4参照）[15]。1990年代に入るまではキリスト教徒のダヤック人政治エリートにもパランカラヤ市長と北バリト県の地方首長ポストが分配されていたが，1990年代に入るとパランカラヤ市長ポストだけがキリスト教徒のダヤック人政治エリートの取り分となった。こうして，強力な政治的保護者を失ったキリスト教徒のダヤック人政治エリートたちは，地方行政機関の要職に就く機会をますます失っていった。

(4) 西カリマンタン州における地方首長の変遷

西カリマンタン州の場合はどうであろうか。スハルト時代以前の西カリマンタン州では，中カリマンタン州と同じように植民地時代にキリスト教式の近代教育を受けたダヤック人の子弟たちが政治勢力として台頭した。彼らの政治的基盤は，1946年に結成された地方政党のダヤック統一党（Partai Persatuan Dayak）であり，ダヤック統一党は1958年に実施された州議会選挙で第1党となった。そして1959年には，ダヤック統一党が推薦したウファーン・ウライが州知事に任命された（Davidson 2003: 16）[16]。西カリマンタン州には近代的教育を受けたマレー人政治エリートもいたが，彼らはイスラム系政党のマシュミを政

---

12) レイノウト・シルファヌスは，独立闘争期にバンドゥンの工業大学を中退してティリック・リウが率いる共和国軍カリマンタン工作部隊に参加した。当時，シルファヌスはコタワリンギン地方において住民の軍事訓練を担当した。またティリック・リウ州知事時代には副州知事を務めた（Suseno 1996: vii-ix, 17, 23-28）。

13) ウィリー・アンナニア・ガラは，日本軍政期において野村鉱業の社員に雇われ，独立闘争期には海軍に入隊した。インドネシア独立後は中央政府の役人となり，当時中カリマンタン州都選定委員会のメンバーであったティリック・リウとともに中カリマンタン州の建設に携わった。ガラは1971年から1978年まで中カリマンタン州議会議員を務めた（Suseno 1996: ix-x）。

14) ティリック・リウの経歴についてはSuseno (1996)を参照。

15) 中カリマンタン州ではイスラム教に入信しても引き続きダヤック人を名乗る先住民がいるため，ここではキリスト教徒のダヤック人政治エリートとの対置でムスリムの役人という表現を用いる。

表3.5 スカルノ時代の西カリマンタン州の県知事・市長たち(1960-1966年)

自治体	地方首長の氏名	在任期間	民族・宗教	軍人・警察／文民官僚等
ポンティアナック市	ムイス・アミン	1957-1967	マレー人・イスラム教	文民官僚
ポンティアナック県	ジェラニ	1959-1968	ダヤック人・キリスト教	政党政治家
サンバス県	ザイニ・ノール	1959-1960	マレー人・イスラム教	軍人
	フィルダウス	1960-1967	マレー人貴族・イスラム教	文民官僚
サンガウ県	ジャマン	1959-1967	ダヤック人・キリスト教	神学校教師
シンタン県	ジャウン	1959-1967	ダヤック人・キリスト教	文民官僚
カプアス・フル県	ギリン	1959-1965	ダヤック人・キリスト教	神学校教師
クタパン県	ヘルカン・ヤマニ	1959-1964	民族不詳・宗教不詳	不詳
	ムハルディ	1965-1966	民族不詳・宗教不詳	不詳

出所：各県・市政府の年次報告書等に記載された歴代首長一覧と県・市政府スタッフ等への筆者インタビューをもとに作成

治的基盤としていたため，1960年にマシュミが解散・禁止されると政治的影響力を失った[17]。

ウファーン・ウライ州知事の下，西カリマンタン州の県知事ポストにはダヤック統一党が推薦したダヤック人たちが多く就任した。表3.5に示すように，ポンティアナック県知事にはジェラニ前ダヤック統一党総裁，サンガウ県知事にはジャマン元神学校教師，シンタン県知事にはウファーン・ウライの甥ジャウン，カプアス・フル県知事にはギリン元神学校教師が就任した（Tanasaldy 2012: 104）。

しかし，1967年にスハルトが政権を握るとウファーン・ウライ州知事は更迭され，ウファーン・ウライが擁立したダヤック人県知事たちも更迭された。新しい州知事には，ジャワ人の軍人であるスマディ大佐が任命され，その後もジャワ人軍人が州知事ポストを握るようになった。また，県知事・市長ポストには軍人や警察官，マレー人の役人が任命されるようになった（表3.6参照）。

16) ウファーン・ウライは1922年にカリマンタン西部の内陸部（現在の西カリマンタン州カプアス・フル県）に生まれ，キリスト教徒の両親の下で育った。ウファーン・ウライはシンカワンにある中等神学校に入学し，卒業後は西カリマンタン理事州のダヤック人官吏となった。また1946年から1947年にかけてはダヤック統一党の総裁を務めた（Davidson 2003）。

17) スカルノ大統領がマシュミを解散・禁止した理由は，当時スマトラとスラウェシで起きた地方反乱にマシュミが加担したとみなされたためである。スカルノ時代のインドネシア政治については白石（1997）を参照。

国軍・警察に分配された地方首長ポストは，州都ポンティアナック市とマレーシア領サラワクと国境を接する3県（サンバス県，サンガウ県，シンタン県）であった。また，マレー人の役人には副州知事ポストやポンティアナック県知事，クタパン県知事，カプアス・フル県知事のポストが分配された。他方，ダヤック人の役人は1990年代半ばまで地方政府の要職に任命されず，ダヤック人人口の多い地方の郡長や文書館館長といった地方政府の閑職，県官房長代行などの名目だけの役職に追いやられた[18]。しかし，イスラム教に改宗して「マレー人」となったダヤック人の役人には地方首長ポストが分配される場合もあった[19]。元シンタン県知事のサレ・アリ（在任期間：1974～1984年）と元カプアス・フル県知事のモハマド・アレ・サニ（在任期間：1975～1980年）がそうである（表3.6参照）。

しかし，1990年代に入るとダヤック人政治エリートにも地方首長ポストが再び分配されるようになった。その背景にはダヤック人政治エリートの世代交代があり，1960年代半ばまで州政治を担っていた第1世代のダヤック人政治エリートに代わり，地方役人を中心とする第2世代のダヤック人政治エリートが徐々に増えていった。第2世代のダヤック人政治エリートの多くは，1970年代にポンティアナックの内務行政官養成学校（Akademi Pemerintahan Dalam Negeri）を卒業した学力優秀な役人たちであり，1980年代半ばには局長クラスの役職に就く年齢や勤続年数に達するようになった[20]。しかし，当時のダヤック人の役人たちは軍人やマレー人の役人のように地方政府の要職に就けず，州政府に対して政治的不満を募らせていた。そうした中，1967年に州知事を更迭されて以来，州政府に協力するようになっていたダヤック人の政治的・精神的指導者であるウファーン・ウライが1986年に他界し，州政府はダヤック人

18) このことは，次章でみる地方分権化後の西カリマンタン州のダヤック人県知事の経歴をみるとよく分かる。ダヤック人の役人の出世頭であるカディル元副州知事（在任期間：2003～2008年）でさえ，スハルト時代の役職は州政府の村落開発部長どまりであった。カディルはスハルト体制崩壊後に州官房長補佐官に任命され，2003年に副州知事に当選した。
19) 西カリマンタン州では，イスラム教徒に改宗したダヤック人を社会的にも統計的にも「マレー人」とみなしてきた。しかし，1990年代半ば以降は，ダヤック人の政治・社会的影響力の増大にともない，それまでマレー人と名乗っていた「元」ダヤック人たちが再び自らをダヤック人と名乗るようになった。
20) 内務行政官養成学校ポンティアナック校の卒業者名簿をみると，同校が設立された1965年から1987年までの間に，100人以上のダヤック人が同校を卒業していることが分かる（Akademi Pemerintahan Dalam Negeri Pontianak 出版年不詳）。

表3.6 スハルト時代における西カリマンタン州の地方首長たち

自治体	地方首長の氏名	在任期間	民族・宗教	軍人・警察／文民官僚等
西カリマンタン州	スマディ	1967-1972	ジャワ人・イスラム教	軍人
	カダルスノ	1972-1977	ジャワ人・イスラム教	軍人
	スジマン	1978-1988	ジャワ人・イスラム教	軍人
	パルヨコ・スルヨクスモ	1988-1993	ジャワ人・イスラム教	軍人
	アスパル・アスウィン	1993-2003	ジャワ人・イスラム教	軍人
ポンティアナック市	アトモディハルジョ	1967-1973	ジャワ人・イスラム教	軍人
	モハマド・バリル	1973-1978	ミナンカバウ人・イスラム教	軍人
	ヒスニ・ハリル	1978-1983	民族不詳・イスラム教	警察
	マジド・ハサン	1983-1993	民族不詳・イスラム教	軍人
	ラレックス・シレガル	1993-1998	バタック人・キリスト教	文民官僚
ポンティアナック県	グスティ・ウスマン	1968-1978	マレー人・イスラム教	警察
	モハマド・アッタ	1978-1983	マレー＝ブギス人・イスラム教	軍人
	ムチャリ・タウフィック	1983-1988	マレー人・イスラム教	文民官僚
	ジャワリ	1988-1993	マレー人・イスラム教	文民官僚
	ヘンリ・ウスマン	1993-1998	マレー人・イスラム教	文民官僚
サンバス県	ヌルディン	1967-1973	ジャワ人・イスラム教	軍人
	スマルジ	1973-1983	ジャワ人・イスラム教	軍人
	サクソノ	1983-1988	ジャワ人・イスラム教	軍人
	サイディ	1988-1990	ジャワ＝スンダ人・イスラム教	軍人
	アブドゥルサラム	1990-1991	マレー人・イスラム教	軍人
	シャフェイ・ジャミル	1991-1996	マレー人・イスラム教	軍人
	タルヤ・アルヤント	1996-2001	民族不詳・イスラム教	軍人
サンガウ県	ムスタファ・スライマン・シレガー	1967-1975	バタック人・イスラム教	軍人
	シャリフ・クスマ・ユダ	1975-1978	民族不詳・イスラム教	警察
	スダルモ	1978-1983	ジャワ人・イスラム教	警察
	ウィルヤム・ウイサン	1983-1988	マナド人・キリスト教	警察
	バイスニ	1988-1998	マドゥラ人・イスラム教	軍人
シンタン県	マスリ・ハキム	1965-1968	民族不詳・イスラム教	不詳
	スカルディ	1968-1974	民族不詳・イスラム教	不詳
	サレ・アリ	1974-1984	マレー人・イスラム教※	文民官僚
	ダニエル・トディン	1984-1989	マナド人・キリスト教	軍人
	ボナル・シアントゥリ	1989-1994	バタック人・キリスト教	軍人
	アディラ・カマルラ	1994-1999	マドゥラ人・イスラム教	文民官僚
カプアス・フル県	アナスタシウス・シャフダン	1965-1967	民族不詳・宗教不詳	不詳
	アバン・シャフダンシャ	1967-1975	マレー人貴族・イスラム教	文民官僚
	モハマド・アレ・サニ	1975-1980	マレー人・イスラム教※	文民官僚
	アブドゥル・サティフ	1980-1985	民族不詳・イスラム教	不詳
	モハマド・ジャパリ	1985-1995	マレー人・イスラム教	文民官僚
	フランス・ラヤン	1995-2000	ダヤック人・キリスト教	文民官僚

クタパン県	モハマド・トヒル	1965-1970	民族不詳・イスラム教	不詳
	デンゴル（知事代行）	1970-1972	ダヤック人・キリスト教	文民官僚
	ザイナル・アリフィン	1973-1978	民族不詳・イスラム教	不詳
	スハナディ	1978-1983	民族不詳・イスラム教	軍人
	グスティ・モハマド・シャフリル	1983-1988	マレー人貴族・イスラム教	文民官僚
	マスド・アブドゥラ	1988-1992	マレー人・イスラム教	文民官僚
	スナディ・バスヌ	1992-1998	マレー人・イスラム教	文民官僚

※ イスラム教に改宗したダヤック人。統計的・社会的にマレー人に含まれるため「マレー人」と表記。
出所：州政府および各県・市政府の年次報告書等に記載された歴代首長一覧と州・県・市政府スタッフ等への筆者インタビューをもとに作成

の政治的支持を維持するために，新たな手段を講じなければならなくなった（Davidson 2008: 108）。

　州政府は，それまで政治的に周縁化されていたダヤック人の役人を再び地方政府の要職に登用するようになった。1994年には当時のアスパル・アスウィン州知事（在任期間：1993～2003年）が，カプアス・フル県知事選挙とシンタン県知事選挙の候補者選定に介入し，それぞれヤコブス・ラヤン州法務局部長とカディル州村落開発部長をダヤック人県知事候補として推薦した。カプアス・フル県知事選挙では，州知事の指示で県議会の多数派であるゴルカル会派と国軍会派がヤコブス・ラヤンに投票し，ヤコブス・ラヤンはスハルト時代初のダヤック人県知事となった。他方，シンタン県知事選挙では県議会内のマレー人の議員の造反によってカディルが県知事ポストを逃した[21]。この頃から，政治的復権を目指すダヤック人政治エリートの機運が高まったと考えられる。

　こうして，スハルト時代の東・中・西カリマンタン州では，スカルノ前政権時代の地方政治勢力が政治的に周縁化され，中央政府の意向を反映した州知事・県知事・市長ポストの分配が行われた。スハルト時代の非軍人の県知事・市長たちは州知事から政治的に優遇された地方政治エリートたちであり，州知事は県知事・市長ポストの分配を通して，地縁も血縁もない土地での政治的支

21）1994年のシンタン県知事選挙でも，本来であれば，カプアス・フル県知事選挙と同じように県議会のゴルカル会派と国軍会派がカディルに投票するはずであった。当時の県議会はゴルカル会派と国軍会派が議席の8割を占め，カディルの当選は確実であった。しかし投票の結果は，カディルが16票，マレー人の候補者であったシンタン県役人のアディラ・カマルラが21票を集めた。ダヤック人政治エリートの多くは，この選挙結果をマレー人政治エリートによる妨害であると感じた（Tanasaldy 2012: 179-180）。

持基盤を確保した。このようにしてスハルト大統領を頂点とする中央から州，県・市までをつなぐ政治的パトロン・クライアント・ネットワークが構築されたのである。

　このとき地方政治エリートの中で州知事から政治的に優遇されたのは，スカルノ前政権時代の地方政治勢力に対抗していた勢力や，スカルノ時代にはまだ政治勢力として成長していなかった人々であった。東カリマンタン州では非国民党系のバンジャル人やゴルカルの地方支部の中枢に入り込んだクタイ人，ブギス人，バンジャル人など，中カリマンタン州ではムスリムの役人たち，西カリマンタン州ではマレー人の役人などがこれに当たる。他方，中カリマンタン州と西カリマンタン州のダヤック人政治エリートは，彼らの政治指導者がゴルカルや国軍に協力するようになっても，地方政府の要職ポストをほとんど与えられなかった。また，西カリマンタン州では1990年代半ば頃から，第2世代のダヤック人政治エリートにも地方首長ポストが分配されるようになったが，その取り分はきわめて少なく，ダヤック人政治エリートたちを満足させるものではなかった。そうした中で，1990年代後半になるとダヤック人政治エリートの間で政治的復権への思いがさらに高まっていったと考えられる。

3.2　天然資源開発をめぐる利権の分配

　スハルト政権がコントロールしようとしたのは地方の政治行政だけではない。地方で産出される天然資源の管理開発についても中央集権化が進み，国家主導の開発が進められた。経済的価値の高い石油・天然ガスや石炭などの鉱物資源，森林資源などは全て中央政府の管轄下におかれ，これらの資源開発に関わる各種事業権は全て中央政府が交付権限を握った[22]。中央政府は資源開発の事業権の分配を通して，スハルト大統領を頂点とする経済的なパトロン・クライアント・ネットワークを構築した。以下では，(1) 石油・天然ガス，(2) 石油・天然ガス以外の鉱物資源，(3) 森林資源，に分けて，それぞれの資源管理

---

22) 石油・天然ガス，石炭などの鉱物資源はインドネシア独立直後から中央政府が一元的に管理していたが，森林資源は1970年まで地方政府にも森林事業権の交付権限が認められていた。

に関する法制度を整理し，その上で開発利権の分配ネットワークの実態を明らかにしたい。

(1) 石油・天然ガス

まずは石油・天然ガスからみていく。インドネシアにとって石油・天然ガスはきわめて重要な天然資源であり，国家歳入（外国援助を除く）に占める石油・天然ガス収入の割合は 1981 年のピーク時で 71 ％に達した。石油・天然ガス収入が国家歳入に占める割合は 1980 年代から下降線を辿ったが[23]，1990 年代以降も 30 ％前後の水準を維持し，いまも石油・天然ガス収入が国家の収入源として一定の重要性を持つことに変わりはない（佐藤 2008：113）。

石油・天然ガス産業は，植民地時代には外国石油会社が担っていたが，1960 年には石油ガス公社のみが石油・天然ガス産業の実施主体であると定められ，外国企業は石油ガス公社の請負契約者となった。当時の石油ガス公社は 3 社あったが，1968 年には一社に統合されてプルタミナ（Pertamina）となった。以後は，プルタミナが探鉱・開発から生産・販売にいたるまで石油・天然ガス産業の独占権を保持した。また，1971 年にはプルタミナが特殊法人化され，スハルト大統領が人事権を含む最高統括権を掌握した（佐藤 2008：108-115）。

石油・天然ガス産業には大規模な資金や重機，技術者などが必要である。そのため，プルタミナと請負契約を結んだのは専ら外国企業であり，インドネシアの民間企業が探鉱・開発を任されることはなかった。こうしたことから，石油・天然ガス産業においては開発利権の分配を通じた中央から地方まで連なる経済的パトロン・クライアント・ネットワークは構築されなかったと考えられる。また，スハルト時代の石油・天然ガス収入は全て国庫に収められ，スハルト体制の維持・発展のために使用された。資源産出地方に直接石油・天然ガス収入が還元されることはなかった。

---

23) 1980 年代以降は，脱石油を目指した構造調整政策が実施され，製造業が伸びた影響で輸出全体に占める石油・天然ガス輸出の割合が低下した（佐藤 2008）。

(2) 石油・天然ガス以外の鉱物資源

　石油・天然ガス以外の鉱物資源（石炭，ボーキサイト，金，銅など）については，インドネシアの国内企業にも開発利権の分配が行われた。なかでも石炭は，石油・天然ガスに次いでインドネシアの重要な鉱物資源となり，1980年代からは中央政府の主導で産業振興が図られた。中央政府は鉱業権（Kuasa Pertambangan, KP）や石炭事業契約（Perjanjian Karya Pengusahaan Pertambangan Batubara, PKP2B）を一元的に管理し，多国籍企業のカルティム・プリマ・コール社やブラウ・コール社のほか，国内大手のキデコ・グループやインド・タンバンラヤ・メガ社，タニト・ハルン社，アダロ社などとも事業契約を結んだ（Embassy of the United States of America 2000）。また，1990年代半ば頃からは国内の大手林業企業バリト・パシフィック・グループなども石炭産業に進出した（Morishita 2011）。

　これらの国内大手企業には，森林地域での炭鉱開発のために地元企業をビジネス・パートナーとし，現地での木材伐採・搬送や石炭の採掘などを任せる場合があった。たとえば中カリマンタン州では，地元木材企業のハスヌル・グループが国内大手企業のバリト・パシフィック・グループやアダロ社と合弁事業を立ち上げ，1990年代から石炭事業に携わるようになった。さらにハスヌル・グループは，炭鉱のある南バリト県で当時の県知事アスマウィ・アガニ（在任期間：1991～1996）と懇意になり，政治的庇護と各種便宜を得た。アスマウィ・アガニ県知事が経営するトラック運送会社にハスヌル・グループの系列会社が採掘した石炭の運搬を依頼するようになったのである（Morishita 2011）。こうして，石炭産業においては国内大手企業のビジネス・パートナーとして地元企業にも開発利権が及ぶようになり，さらにはビジネス利権の共有によって，地方実業家と地方首長が緊密な関係を結ぶようになった。

(3) 森林資源

　スハルト体制下では，大規模な商業伐採事業をめぐっても中央政財界から地方業者にまで連なるパトロン・クライアント・ネットワークが構築された。スハルト時代以前は，地方首長も商業伐採に必要な森林事業権（Hak Pengusahaan Hutan, HPH）の交付権限を持ち，事業権の分配を通して地方首長たちが地元にパトロン・クライアント・ネットワークを構築していた。地方首長たちが地元実業家に森林事業権を分配し，その見返りに政治的支持と経済的支援を得ていたのである。しかし，スハルト時代になると森林資源の商業的価値が増し，1970年には地方首長の持つ交付権限が廃止されて，林業大臣のみが森林事業権の交付権限を持つと規定された。これにより，地方首長たちは地元実業家たちに森林事業権を分配できなくなり，地元での権力基盤を失った（Magenda 1989: 232-233）。

スハルト時代に大規模な商業伐採が盛んになった背景には，中央政府による林業振興政策があった。1960年代末に中央政府が木材輸出促進政策を打ち出し，折しも国際木材価格の高騰によってインドネシアに未曾有の木材ブームが到来したのである。森林事業権の交付権限を握った林業大臣は，スハルト大統領の意向に沿って林業公社インフタニや国軍系の各種財団，スハルトの政商が経営する大手林業企業などに大規模な森林事業権を優先的に分配した（Magenda 1989: 232-233）。東カリマンタン州では，国防省系財団のヤマケルやアメリカ系木材企業と国軍系財団の合弁企業であるインドネシア国際木材会社（International Timber Corporation of Indonesia, ITCI），陸軍系企業トリ・ウサハ・バクティ社，スハルトの政商ボブ・ハッサンのジョージア・パシフィック・インドネシア社，サマリンダのムスリム華人実業家ヨス・ストモのスンブル・マス・グループなどが森林事業権の分配を受けた（Magenda 1989: 240-243）。また中カリマンタン州では，林業公社インフタニのほか，スハルトの政商プラヨゴ・パングストゥのバリト・パシフィック・グループやスハルトの従兄弟スディウィカトモノが所有するジャヤンティ・グループなどに森林事業権が交付された。西カリマンタン州では，林業公社インフタニと国防省系財団ヤマケルがサラワク国境地帯の森林事業権を握り，ほかにもジャカルタ大手企業のバリト・パシフィック・グループやブヌア・インダ・グループなどが森林事業権を獲得した。他方，地元企業に大規模な森林事業権が分配されることはほとんどなかった[24]。

しかし，こうした国内大手企業はジャカルタに本社があるため，森林事業権を分配された事業地の土地勘がなく，木材生産を進めるにあたっては現場の地理や流通に詳しい業者を必要とした。このとき，ジャカルタの大手企業の下請けを任されたのが，スカルノ時代の地方首長とはパトロン・クライアント関係

を結んでいなかった地元出身の若手業者たちであった。彼らは現場での木材伐採・搬送や労働力の確保，地元住民との交渉などを担った（第6章参照）。こうした地元業者の中には，ジャカルタの大手企業から委託された事業ライセンスを流用して違法な木材ビジネスを行い，1990年代頃にはある程度の資金力を持つようになった者もいた。また，そうした地元業者たちは合法・違法な木材ビジネスの政治的庇護と各種便宜を得るため，地方首長や森林局，地方開発企画庁などの地方官僚，関税局役人，国軍地方師団，海軍，警察官などと懇意になった。そうすることで，彼らは違法伐採や木材密輸に関与していても当局の取り締まりを免れることができた（Hidayat 2005）。

さらに地元業者たちは，1997～1998年のアジア通貨危機でインドネシア・ルピアが暴落すると，国境を越えてマレーシアに木材を密輸し，インドネシアとマレーシアの木材価格差を利用して巨額の富を手に入れた。彼らは，それを元手に地元で事業を拡大し，木材伐採・搬送だけでなくプランテーション開発や建設業，ホテル・サービス業などにも着手するようになった。特に，中カリマンタン州や東カリマンタン州北部ではこうした地元実業家が成長し，スハルト体制崩壊後の地方政界に大きな影響力を持つようになった（第5章及び第6章参照）。

他方，内陸部に暮らすダヤック人たちは商業伐採やプランテーション開発などの森林開発の進展によって生活空間を脅かされるようになった。事業権区域がしばしばダヤック人の居住地や焼畑休閑地，果樹園，慣習法による共同利用地，先祖の墓地などを含んでいたためである[25]。焼畑休閑地の一部を失った村では，残った焼畑跡地を十分な休閑期間を空けずに再利用した結果，土地利用の循環システムが崩壊したところもあった（永田・井上・岡 1994：136-139；田中 2000：70-74）。こうした国家主導の森林開発に対して，内陸部のダヤック人たちが不満を高めたのは言うまでもない。第2章で述べたように，1990年代

---

[24] 2002年時点の森林事業権保有企業リストをみると，中カリマンタン州の森林事業権保有企業は72社あり，そのうち70社がジャカルタに本社を持つ企業である。また，そのうち7社はバリト・パシフィック・グループの傘下会社であり，8社はジャヤンティ・グループ傘下会社である。また，西カリマンタン州の森林事業権保有企業は2002年時点で36社あり，そのうち30社がジャカルタに本社を持つ企業である。インドネシア林業実業家組合（Asosiasi Pengusahaan Hutan Indonesia, APHI）のウェブサイトを参照。

[25] 1967年制定の林業基本法によって，慣習法に基づく住民の土地権は国家の持つ土地権の下位に置かれたため，住民が法的に土地の返還を求めることは困難であった。

頃からカリマンタン各地でダヤック人による大小の抗議行動がみられるようになった。また中カリマンタン州では，1996年にダヤック人組織LMMDD-KTが州内のダヤック人慣習長を州都パランカラヤに招集し，林業企業に対してダヤック人の慣習法を尊重するよう訴える会議を開催した（Klinken 2002）。しかし，こうした抗議活動は実を結ばず，スハルト時代の森林開発事業においてダヤック人の慣習法や慣習地が尊重されることはなかった。

　以上にみるように，石油・天然ガスを産出する東カリマンタン州と石油・天然ガス以外の鉱物資源や森林資源を産出する中・西カリマンタン州では，スハルト時代に異なる政治・経済構造が構築された。東カリマンタン州では，石油・天然ガス産業の利権が国内企業に分配されなかったため，経済的なパトロン・クライアント・ネットワークは構築されなかった。しかし，地方行政ポストが民族などの出自に関係なく分配されたため，ゴルカルと国軍を軸にした中央から地方に連なる政治的パトロン・クライアント・ネットワークが形成された。このネットワークに入っている限り，地方政治エリートたちは地方権力の分配に与ることができた。

　他方，石油・天然ガス以外の鉱物資源や森林資源を産出する中・西カリマンタン州では，中央政府から事業権を交付された国内大手企業が地元業者を下請けとして雇い入れたため，地方経済界にも天然資源開発の恩恵がもたらされた。さらに，商業伐採事業においては合法ビジネスだけでなく違法ビジネスからも巨額の利益が得られたため，地元業者たちはある程度の資金力を持つようになり，ビジネスの政治的庇護と便宜を求めて地方政界とも癒着するようになった。すなわち，天然資源の開発利権が国内企業にも分配された場合，その事業地がある自治体では，地方政府の要職を分配された地方政治エリートと地方経済エリートが資源開発から得られる利益を共有する構造がスハルト時代につくられたといえる。他方で，内陸部のダヤック人住民たちは資源開発の影響を受けて生活空間を侵食され，またダヤック人政治エリートたちは地方政府の要職から外されていたため，資源開発利権の分配に与ることができなかった。

　では，こうしたスハルト時代に構築された各州の政治・経済構造は，民主化・地方分権化後にどのように変化したのだろうか。これを次章以降でみていきたい。

第4章

民主化・地方分権化後の地方首長の変化

扉写真

　筆者のインタビューに気さくに応じてくださったリアス・ラシッド元地方自治担当国務相（2009年10月22日，ジャカルタ。筆者撮影）。今日の地方分権体制の礎を築いたリアス・ラシッド元国務相は，民主化後10年を振り返って，自ら策定した地方分権化政策を「法案を作成していた時は，もっと頭のいい人たちが地方首長になると思っていた」と辛辣に評価した。

本章では，民主化・地方分権化によって地方政府に新たに移譲された行政権限を整理し，そうした権限とそれに付随する経済的利権をめぐる競争の中で，東・中・西カリマンタン州ではそれぞれどういった人々が地方権力を握ったのかを分析する。民主的選挙制度の下で，石油・天然ガスを産出する東カリマンタン州と石油・天然ガス以外の鉱物資源や森林資源を有する中・西カリマンタン州では，一体どういった人々が地方首長選挙に当選したのだろうか。スハルト時代の地方首長たちとは何か異なる特徴を持つ人々なのだろうか。注目するのは，各州の地方首長（州知事・県知事・市長）の民族・宗教的背景と職歴である。この二つの項目をみることで，地方分権化後の東・中・西カリマンタン州の政治的特徴の違いが浮かび上がるからである。

4.1　スハルト体制崩壊から民主化・地方分権化へ

　1967年にスハルトが政権を掌握して以来，インドネシアでは権威主義的な中央集権体制の下で国家主導の経済開発が行われ，長期にわたる政治的安定と経済成長が続いた。しかし1997〜1998年のアジア通貨危機を契機にインドネシアで経済危機が発生し，経済危機後には大規模なスハルト退陣要求が湧き上がった[1]。そうして経済危機が社会・政治危機へと発展し，遂には1998年にスハルトが大統領を辞任した。
　スハルトの大統領辞任後，副大統領から大統領に昇格したハビビは，大統領としての正当性を「改革」に求め，政治犯の釈放や言論出版の自由の保障，自由・公正な民主的選挙制度の導入，国軍の人権侵害問題の追及など，次々に民主化改革を実行した。1999年には民主的選挙制度の下で総選挙が実施され，49の政党が選挙に参加した。その結果，議会の多党化が進み，スハルト時代の与党ゴルカル党（1999年に政党化）は国会第2党に退き，スハルト時代の野

---

1)　スハルト退陣要求が盛り上がった背景の一つには，若者世代を中心にした国民の政治不信があったといわれる。スハルト大統領が自分の子供たちにもビジネス利権を分配するようになり，それに倣って中央省庁から村役場に至るまで，国家機関における腐敗・汚職・縁故主義が蔓延したためである。アジア通貨危機からスハルト体制崩壊に至る政治過程については白石（1999: 54-102）を参照。

党民主党を前身とする闘争民主党（Partai Demokrasi Indonesia Perjuangan, PDIP）が国会第1党となった。2004年の総選挙ではゴルカル党が再び国会第1党に返り咲いたが，2009年の総選挙では2001年に結成された新党の民主主義者党（Partai Demokrat, PD）が第1党となった[2]。また大統領は，総選挙後に実施される大統領選挙によって次々と交代した。間接選挙制の下で実施された1999年の大統領選挙では，選出主体である国民協議会での各派の駆け引きの末，国会第4党でイスラム系政党の民族覚醒党（Partai Kebangkitan Bangsa, PKB）の指導者アブドゥルラフマン・ワヒドが大統領に選出された。副大統領には，国会第1党の闘争民主党の総裁であり，スカルノ初代大統領の娘であるメガワティが選出された。しかし，2001年にワヒド大統領が国民協議会から弾劾され大統領を解任されると，副大統領であったメガワティが大統領に昇格した[3]。そして直接選挙制が導入された2004年の大統領選挙では，民主主義者党を支持基盤とするスシロ・バンバン・ユドヨノ元政治治安担当調整相が大統領に当選し，さらに2009年の大統領直接選挙でもユドヨノが約60％の得票率を獲得して大統領に再選した[4]。こうして民主化以降のインドネシアでは，総選挙と大統領選挙の度に中央政界で権力の再編が起きるようになった。

　ハビビ政権下では民主化の一環として地方分権化も推進された。地方分権化が推進された背景の一つには国際通貨基金（IMF）の影響があった。インドネシア政府がIMFに経済再生支援を要請した際，IMFが合意目標の一つとして地方分権化改革を挙げたのである。また，地方分権化が推進された背景には以下に挙げる三つの国内事情もあった。第一に，スハルト時代の中央集権体制の下で地方行政や経済開発の効率性が低下していた。第二に，アチェ州とイリア

---

2) 1999年の総選挙では，国会第1党が闘争民主党，第2党がゴルカル党，第3党が開発統一党（スハルト時代のイスラム系野党），第4党・第5党はいずれもイスラム系の新党である民族覚醒党と国民信託党であった。2004年の総選挙では，国会第1党がゴルカル党，第2党が闘争民主党，第3党が開発統一党，第4党が世俗主義系の新党である民主主義者党，第5党が国民信託党であった。2009年の総選挙では，国会第1党が民主主義者党，第2党がゴルカル党，第3党が闘争民主党，第4党が福祉正義党（前身が正義党），第5党が国民信託党であった。スハルト体制崩壊後の総選挙については，Suryadinata (2002)，松井・川村編 (2005)，森下 (2007)，本名・川村編 (2010) などを参照。
3) ハビビ政権からメガワティ政権にかけてのインドネシアの中央政治については，白石 (1999)，本名 (1999, 2002)，Suryadinata (2002)，Robison and Hadiz (2004) などに詳しい。
4) 2004年と2009年の大統領選挙については，松井・川村編 (2005)，本名・川村編 (2010) に詳しい。

ンジャヤ州において国軍が暴力的に抑圧してきた分離独立運動が民主化とともに急速に高まった。そして第三に，これまで天然資源の権益を吸い上げてきた中央政府に対して地方の不満が高まり，天然資源の豊富なリアウ州と東カリマンタン州において連邦制導入が主張されるようになったことである（岡本2001：3-4）。

　こうした国内外からの地方分権化を求める声に応じるため，ハビビ政権は新たな地方行政基本法（1999年第22号法）を制定し，それまで中央政府が握っていた行政権限の多くを地方政府に移譲した。また，中央・地方財政均衡法（1999年第25号法）を制定し，地方政府が独自に財源を確保できるようにするとともに，天然資源から得られる収入を地方にも分与すると定めた。以下では，こうした民主化・地方分権化の法制度改革によって，地方政府が手にした行政権限とそれに付随する経済的利権を整理する。

(1)　地方政府の新たな行政権限と経済的利権

　1999年に制定された地方行政基本法は，外交，国防治安，司法，金融・財政，宗教，その他25分野の指針決定については中央政府に権限を留めたものの，これらを除く全ての行政分野については，地方政府が権限を持つと定めた[5]。また，それまで上下関係があった州と県・市に自治体として同等の地位を与え，地方自治の重点は州ではなく県・市に置いた。県・市自治体が行う義務を持つ行政分野としては，公共事業，保健，教育・文化，農業，運輸・通信，通商・産業，投資，環境，土地，協同組合，労働が定められた（岡本2001：5-11）。これらの行政分野に付随する経済的利権は大きく，特に公共事業や通商・産業，運輸・通信，投資といった分野では，県知事・市長たちが各種の許認可権限をもつようになり，地方首長による汚職や癒着，縁故主義がこれまで以上に深刻化した[6]。

　また1999年に制定された中央・地方財政均衡法によって，表4.1に示すよ

---

5)　その他の25分野とは，1.農業，2.海洋，3.鉱業・エネルギー，4.森林・プランテーション，5.通商・産業，6.協同組合，7.投資，8.観光，9.労働，10.厚生，11.教育・文化，12.社会，13.地域計画，14.土地，15.居住，16.公共事業，17.運輸・通信，18.生活環境，19.内務・公共行政，20.地方自治促進，21.財政均衡，22.人口，23.体育，24.司法・立法，25.情報である。これら25分野については，中央政府がその指針，基準，規範を定めて大枠を設定したり，調整を行ったりすることになっている（岡本2001：6）。

表 4.1　1999 年第 25 号法（中央地方財政均衡法）が定める資源収入の地方への再分配

天然資源の種類	収入タイプ	産出州	産出県・市	州内の産出県・市以外の県・市
石油	―	3 %	6 %	6 %
天然ガス	―	6 %	12 %	12 %
一般鉱物	地代	16 %	64 %	―
	鉱山使用料	16 %	32 %	32 %
森林資源	森林事業権取得税	16 %	64 %	―
	森林資源利用料	16 %	32 %	32 %
	植林基金	―	40 %	―

うに，天然資源から得られる収入が資源産出自治体にも再分配されることになった。石油については，石油収入の 3 ％が産出州，6 ％が産出県・市，6 ％が州内の産出県・市以外の県・市に分配されることになった。また天然ガスについては，天然ガス収入の 6 ％が産出州，12 ％が産出県・市，12 ％が州内の産出県・市以外の県・市に移管された。一般鉱物からの収入（地代及び鉱山使用料）については，80 ％が地方政府の取り分となり，地代は 16 ％が産出州，64 ％が産出県・市に割り当てられた。また，鉱山使用料は 16 ％が産出州，32 ％が産出県・市の取り分となり，残りの 32 ％は州内の産出県・市以外の県・市に均等分配されることになった（岡本 2005：347-350）。森林資源からの収入（森林事業権取得税，森林資源利用料，植林基金）については，森林事業権取得税の 16 ％が産出州，64 ％が産出県・市，森林資源利用料の 16 ％が産出州，32 ％が産出県・市，32 ％が州内の産出県・市以外の県・市，植林基金の 40 ％が産出県・市に再分配されることになった（Fox et al. 2005: 101）[7]。天然資源収入からの再分配金が地方政府にもたらされたことで，天然資源が豊富な自治体では地方政府予算が大きく膨らんだ。

　また地方分権化後は，天然資源開発に係る各種事業権についても地方政府に一部交付権限が与えられた。石油・天然ガスは引き続き中央政府の管理下に置かれたが，スハルト時代のように大統領が最高統括権を持つ石油公社プルタミ

---

[6]　地方分権化後の地方首長による汚職，癒着，縁故主義については，多くの指摘がある（Antlov 2003, Hadiz 2003, Malley 2003, Robison and Hadiz 2004, Mietzner 2007, Erb and Sulistiyanto eds. 2009 など）。

[7]　スハルト時代には，森林事業権取得税の 30 ％が中央政府，70 ％が産出州，森林資源利用料の 55 ％が中央政府，30 ％が産出州，15 ％が産出県・市が再分配されていた。植林基金については地方に移管されていなかった（Fox et al. 2005: 101）。

ナが石油・天然ガス産業の独占権を持つ構造は崩れ，大統領だけでなく国会やエネルギー鉱物資源大臣なども石油・天然ガス産業に責任を負うようになった[8]。他方で，石油・天然ガスを除く鉱物資源については，地方首長にも鉱業権（KP）の交付権限が与えられた。鉱業権は，一つの県・市自治体で実施される事業については県知事・市長，複数の県・市にまたがる事業については州知事が交付権限を持つことになった[9]。

　森林資源の開発についても地方首長に小規模な事業権の交付権限が与えられた[10]。州知事については1万ヘクタール以下の森林事業権（HPH），県知事・市長については100ヘクタール以下の林産物採取権（Hak Pemungutan Hasil Hutan: HPHH）の交付権限が認められた（Kartodihardjo 2002：157-160）。しかし，2002年には地方首長の持つ森林事業権と林産物採取権の交付権限が廃止された。森林資源が豊富な自治体の県知事たちが林産物採取権を濫発したためである。地方政府の持つ森林事業権と林産物採取権の交付権限は廃止され，代わりに，より小規模な事業権として50ヘクタール以下の林地利用事業許可（Izin Usaha Pemanfaatan Kawasan, IUPK）と20立方メートル以下の伐採木材採取許可（Izin

---

[8]　2001年に制定された石油・天然ガス法（2001年第22号法）により，石油・天然ガスの鉱業権の保有者は，（国家の代理としての）プルタミナから政府に移管され，政府は鉱業権を行使するために上流部門と下流部門のそれぞれに実施機関を設けた。そして，国内外の石油会社との探鉱・開発の生産分与契約の決定・実行・監督の権限は上流部門執行機関（Badan Pelaksana Minyak dan Gas, BP Migas），石油燃料の供給・流通事業と天然ガス・パイプライン事業に関する監督権は下流部門調整機関（Badan Pengatur Hilir Minyak dan Gas, BPH Migas）に与えられた。両機関とも長官・理事は大統領が国会と協議のうえで任命・解任し，大統領に対して責任を負うとされた。また日常業務はエネルギー鉱物資源大臣への報告義務が課された（佐藤2008：116-117）。

[9]　地方首長の鉱業権の交付権限については1999年第22号法において定められ，その詳細については2001年政府規則第75号によって規定された。

[10]　しかし，森林資源の管理については林業省が中央集権的管理の立場をとっている。ハビビ政権下で制定された林業法（1999年第41号法）は，インドネシアの全ての森林を国家が管理し，その管理権は中央政府にあると定めている。また，1999年第41号法には森林区分が明記され，基本的に1967年第5号法を踏襲しつつ，森林を大きく国有林と権利林（民有林）の二つに分け，さらに国有林を森林の基本的機能に基づいて生産林（Hutan Produksi），保護林（Hutan Konservasi），保安林（Hutan Lindung）の三つに大別した。生産林は，林産物を生産するための林地であり伐採活動が可能である。生産林には通常の生産林のほかに択伐のみが認められる制限生産林，産業造林やプランテーション開発など他の用途のために切り開かれる転換生産林がある。保護林は自然保護区や国立公園など動植物の生物多様性を保護するための林地であり，伐採・狩猟が禁止されている。保安林は水源域の保護や土壌侵食の防止などを目的とし，伐採は禁止されているが露天掘り方式を除く鉱山開発は認められている（岡本2004：15-16）。

Pemungutan Hasil Hutan Kayu, IPHHK) の交付権限が地方首長に与えられた[11]。さらに 2002 年には，1990 年代頃から急速に発展したアブラヤシ・プランテーション開発に係る事業権も地方政府に移譲され，地方首長がプランテーション事業許可（Izin Usaha Perkebunan, IUP）の交付権限を持つようになった。これにより，一つの県・市自治体におけるプランテーション開発については県知事・市長，複数の県・市にまたがるプランテーション事業については州知事が交付権限を持つことになった[12]。

以上にみるように，地方分権化後の天然資源開発をめぐっては，地方政府にも天然資源からの収入が再分配されるようになり，また，天然資源開発に関わる各種事業権の交付権限も一部移譲されることになった。これにより，天然資源が豊富な自治体の地方政治・経済エリートたちは森林開発や鉱業事業の利権に直接アクセスできるようになった。また，石油・天然ガス産業については引き続き中央政府が利権を握ったものの，大統領とプルタミナによる独占の時代は終わり，国会や政党勢力も石油・天然ガス産業に関与できるようになった。

このことから，インドネシアの民主化・地方分権化は天然資源をめぐる利権構造にも変化をもたらしたことがうかがえる。すなわち，それまでは大統領に直接つながるごく少数の人々によって天然資源開発の利権がほぼ独占され，そうした開発事業の下請けを地方業者に委託することで，大統領を頂点とする中央政財界から地方経済界をつなぐ経済的パトロン・クライアント・ネットワー

---

11) この IUPK と IPHHK を規定した 2002 年政府規則第 34 号法では，他にも，地方政府に対して非木材林産物利用事業許可（Izin Usaha Pemanfaatan Hasil Hutan Bukan Kayu, IUPHHBK），環境サービス利用許可（Izin Pemanfaatan Jasa Lingkungan, IPJL），非木材林産物採取許可（Izin Pemungutan Hasil Hutan Bukan Kayu, IPHHBK）の交付権限を付与している。これらの事業権は，県内の林地については県政府，複数の県にまたがる林地については州政府が交付権限を持つとされた。また，同政府規則では，HPH に代わる大規模な森林事業権として木材林産物利用事業許可（Izin Usaha Pemanfaatan Hasil Hutan Kay, IUPHHK）が新たに制定され，これについては林業大臣に交付権限が付与された。IUPHHK は，生産林における木材の伐採，加工，マーケティング，植林，管理に関わる全ての事業活動を対象とし，林業大臣から個人あるいは組合，民間企業，公社に対して，自然林での伐採については最長 55 年，植林事業については最長 100 年の事業権が与えられるとされた（Barr et.al. eds. 2006：47-48）。

12) 2002 年農業大臣決定第 357 号による。ハビビ政権下では，IUP は林業農園大臣に交付権限が与えられていたが，許可申請には県知事による土地使用許可及び州知事による推薦書が必要とされた（1999 年林業農園大臣決定第 107 号）。しかし，2000 年の省庁再編で林業農園省が林業省に改組されると，農園部門は農業省に移され，2002 年には農業大臣決定によってプランテーション事業許可の交付権限が地方政府に移譲された。

クが構築されていたのに対し，民主化・地方分権化後は，天然資源の開発利権にアクセスできる政治・経済アクターが中央でも地方でも増加・多様化し，天然資源開発の利権分配をめぐっていくつものパトロン・クライアント・ネットワークが構築されるようになったと考えられる。

(2) 民主的地方首長選挙の導入

　民主化・地方分権化による大きな制度的変化として，もう一つ重要な点は，地方首長選挙における中央政府の最終任命権が廃止されたことである。スハルト時代には地方首長候補者の選定過程や最終決定において中央政府の介入が可能であったが，1999年第22号法により，地方首長は地方議会での間接選挙制で選ばれることになった。地方議会での最多得票者が地方首長になると定められたのである。またスハルト時代には地方首長が副首長を任命していたが，地方分権化後は地方首長選挙において正副首長候補者がペアを組んで出馬することになった。また地方首長はそれまでのように大統領にのみ責任を負うのではなく，地方議会に責任を負うとされ，地方議会は大統領に地方首長の辞任要請を提案することもできるようになった（岡本2001：10）。さらに2005年には，地方首長選挙のさらなる民主化が促進され，正副地方首長の直接選挙制が導入された[13]。

　しかし，民主的選挙制度の下で選出された地方首長たちが，地方行政の全権を掌握するようになったわけではない。特に2004年に地方行政基本法が改定されてからは，地方政府人事と地方首長の罷免に関する「上から」の政治的影響力が高まった。たとえば，1999年第22号法では各自治体に地方政府人事が一任されていたのに対し，2004年に改定された地方行政基本法（2004年第32号法）では，州官房長の任免権については大統領，県・市官房長の任免権については州知事が握り，県・市自治体の局長人事については州知事と協議をした

---

[13]　ただし，地方首長候補者は地方議会で15％以上の議席を持つ政党または政党連合，あるいは地方議会選挙において15％以上の得票を得た政党または政党連合の推薦を得ることが条件とされ，地方首長の選出には引き続き政党が重要な役割を果たすことになった（白石2009）。2007年には政党の公認がなくても自治体人口の3.0～6.5％から支持を得られれば地方首長に立候補できるようになったが，いまも候補者の多くは政党の公認を得て出馬している（International Crisis group 2010: 3）。

うえで県知事・市長が決定すると規定された。また，2004年第32号法では大統領が正副州知事を更迭できるとの規定も設けられた（岡本2005：48, 52）。

　以上のように，地方首長の選出過程や各種許認可の交付権限については民主化・地方分権化が進み，中央政府が直接地方首長の選出過程に介入したり，中央政府が地方公共事業や開発事業の許認可先について干渉することは基本的にできなくなった[14]。ただし2004年以降は，地方行政人事については中央政府あるいは州知事の影響力が強まり，特に州官房長と県・市官房長についてはそれぞれ中央政府と州知事の意向が反映されるようになった。

4.2　カリマンタンの地方権力アクターたちとその特徴

　こうした民主化・地方分権化による制度的変化の中で，東・中・西カリマンタン州ではどういった人々が地方首長ポストを獲得したのか。以下では，1999年から2013年までの地方首長選挙において，州知事・県知事・市長に当選した人々の民族・宗教的背景と職歴をみていきたい。

　地方分権化後の東・中・西カリマンタン州では，インドネシアのほかの州と同じように自治体新設運動が盛り上がり，いずれの州もスハルト時代には6,7県・市であったのが，地方分権化後は10以上の県・市自治体で構成されるようになった[15]。また地方首長選挙は5年に一度行われるため，本書が分析対象とする1999年から2013年までに各自治体ですでに2～3回の地方首長選挙が実施された。そのため，1999年から2013年までの間に東・中・西カリマンタン州で地方首長を経験した人々の数は，合計するとのべ90人ほどになる。この約90人の地方首長たちの民族・宗教的背景や職歴をみていくことで，州

---

14)　ただし，地方首長の汚職が発覚した場合には，地方首長が逮捕されることもあり，有罪判決が出た場合には実刑に処せられ，地方首長を更迭されることがある。

15)　1999年第22号法は，新県・市設立の条件を緩和し，三つ以上の郡から構成され，州と県・市議会の同意を得ることを条件に挙げた。これにより，1996年には全国で294県・市あった自治体数が2004年には440県・市に増加した。しかし2004年第32号法により，自治体新設の要件は若干厳しくなり，新県については5郡以上，新市については4郡以上から構成され，州と母体県・市の首長及び議会の同意，内務大臣の推薦が必要となった。それでも新設される自治体が相次ぎ，2009年には全国の県・市自治体数が497にまで増加した（白石2009, 東方2011）。

によって地方首長の特徴が異なることがみえてくる。

(1) 東カリマンタン州の地方首長たち

　まず東カリマンタン州の地方首長の特徴からみていきたい。表4.2は，1999年から2013年までに東カリマンタン州の州知事・県知事・市長選挙のいずれかにおいて当選した人々の氏名，在任期間，民族・宗教，職歴を示している。もともと東カリマンタン州は，2市4県（州都サマリンダ市，バリクパパン市，パシル県，クタイ県，ブルンガン県，ブラウ県）で構成されていたが，1999年以降は自治体の新設が相次ぎ，2007年には4市10県となった[16]。しかし2012年に州北部の1市4県（タラカン市，ヌヌカン県，マリナウ県，ブルンガン県，タナ・ティドゥン県）が北カリマンタン州として分立したため，2012年以降の東カリマンタン州は3市6県（サマリンダ市，バリクパパン市，ボンタン市，パシル県，北パシル県，西クタイ県，クタイ・カルタヌガラ県，東クタイ県，ブラウ県）で構成されている。しかし，本章では1999年から2013年までの地方首長の特徴を分析するため，2012年まで東カリマンタン州に属していた北カリマンタン州の各県・市自治体の地方首長も分析対象に含んでいる。

　表4.2をみてみると，地方分権化後の東カリマンタン州の地方首長の特徴として，以下の5点がみえてくる。第一に，スハルト時代の州政治エリートたち（州政府の部局長以上や州議会議員）が地方分権化後に地方首長ポストを獲得した列が多く見られる。州知事ではスワルナ・アブドゥル・ファタ（元副州知事）とその次のアワン・ファルク・イシャ（元州環境局長），県知事・市長ではバリクパパン市長のイムダアド・ハミド（元州官房長補佐官），ボンタン市長のアンディ・ソフヤン・ハスダム（元州議会議員），東クタイ県のイスラン・ノール（元州農業部長），パシル県知事のリドワン・スウィディ（元州議会議員），ブラウ県のマスジュニ（元州行政局部長）がこれにあたる。彼らはスハルト時代の中央集権体制下において，地方政治エリートの中で最も中央政府の有力者たちと近い距離にいた人々である。また，東カリマンタン州では地方分権化後に州

---

[16] 1999年にブルンガン県からタラカン市が分立，2001年にクタイ県から西クタイ県，東クタイ県，ボンタン市が分立した。また同じく2001年にブルンガン県からマリナウ県とヌヌカン県も分立している。さらに2003年にはパシル県から北パシル県，2007年にはブルンガン県からタナ・ティドゥン県が分立した。

政府の要職に就いた人物がその後県知事・市長選挙に出馬・当選した例もみられる。バリクパパン市長のリザル・エフェンディ（元州営電力公社社長）がそうである。こうしたスハルト時代及び地方分権化後の州政治エリートたちが地方首長ポストを獲得した自治体の多くは，石油・天然ガス基地や大規模な探鉱がある，東カリマンタン州の中でも特に経済的重要性が高い自治体である。

第二の特徴は，民主化の流れの中で国軍の政治参加が見直されるようになったにも関わらず，国軍出身者が地方首長ポストを獲得していることである[17]。これは州知事のスワルナ（元国軍司令本部士官）とヌヌカン県知事のバスリ（元地区軍管区司令官）にあてはまる。スワルナは1998年と2003年の州知事選挙，バスリは2011年のヌヌカン県知事選挙で当選しており，民主的選挙制度の下でも退役軍人が地方首長ポストを獲得することが可能であることを示している。これは中・西カリマンタン州の地方首長にはみられない特徴である。

第三の特徴は，2012年に北カリマンタン州として分立した州北部では，県政治エリート（県政府の部局長以上や県議会議員）が地方首長ポストを獲得していることである。ブルンガン県のアナン・ダフラン・ジャウハリ（元県議会議長）とその次のブディマン・アリフィン（元県官房長），ブラウ県のマクムル（元県官房長補佐官），マリナウ県のマルティン・ビラ（元ブルンガン県官房長補佐官）がそうである。マリナウ県は2001年にブルンガン県から分立した新県であり，マルティン・ビラは旧ブルンガン県の県政治エリートであった。また，ヌヌカン県知事のアブドゥル・ハフィッド・アフマドは地元実業家であり，もともとはヌヌカン地方の森林事業権を持つ国防省系財団ヤマケルの下請業者であった。詳しくは第5章で述べるが，これらの州北部の県には森林資源が豊富にあり，石油・天然ガスや石炭等の産地である州南部とは異なる経済構造がみられる。州北部の経済構造は中カリマンタン州や西カリマンタン州に近いといえ，このことが東カリマンタン州の北部と南部の地方首長の顔ぶれに違いをもたらしたと考えられる。

第四の特徴は，地方分権化が導入されて最初の10年間において地方首長の

---

17) 民主化・地方分権化後は，インドネシア各地で，スハルト体制下で地方首長に任命されていた他州出身の軍人・警察官に代わり，「土地の子（putra daerah）」を地方首長に擁立する動きが強くなった。そのため地方分権化後は他州出身の退役軍人・警察官が地方首長になることが困難になったといわれる。しかし「土地の子」には地元生まれの者だけでなく，地方によっては地元に長年住んでいる者（移民や軍管区の軍人）も含まれるため，その定義は流動的である。

再選の割合が高いことである。これは州知事選挙と 4 市全ての市長選挙, 4 県（東クタイ県, クタイ・カルタヌガラ県, マリナウ県, ヌヌカン県）の県知事選挙に当てはまる。また地方首長の任期は最長で 2 期 10 年のため地方分権化から 3 回目以降の地方首長選挙では, 前副県知事や前副市長たちが今度は県知事・市長候補として出馬し当選する例が多くみられる。サマリンダ市長のシャハリエ・ヤアン, バリクパパン市長のリザル・エフェンディ, 東クタイ県知事のイスラン・ノール, 西クタイ県知事のイスマイル・トマス, ブラウ県知事のマクムルがそうである。こうした副県知事・副市長出身の地方首長たちの職歴をみてみると, 過去に州政府の局長や州営企業社長, ジャカルタ企業や外資系企業の社員などを務めており, 彼らもまたスハルト時代から中央政財界との結びつきを持っていた人々であるとみられる（表 4.2 参照）[18]。

　第五の特徴は, 民族的多様性である。地方分権化後の東カリマンタン州において地方首長に当選した 28 人のうち, 最も多いのは複数の民族の混血（6 人）である。その次がダヤック人（5 人）, バンジャル人（4 人）, ブギス人（3 人）, クタイ人（2 人）, スンダ人（1 人）, ジャワ人（1 人）, バジャウ人（1 人）, ゴロンタロ人（1 人）と続く。東カリマンタン州の民族構成は, 2010 年の人口センサスによると, ジャワ人が東カリマンタン州人口の 30.1 %, ブギス人が 20.7 %, バンジャル人が 12.4 %, クタイ人が約 10 %, ダヤック人が約 10 % であり（表 2.1 参照）, 人口規模と比較するとジャワ人の地方首長の割合が極端に少ないことが分かる。他方でダヤック人の地方首長の割合は多くなっている。また県・市別の民族構成（表 4.3 参照）をみると, ダヤック人人口が比較的多い内陸部の西クタイ県とマリナウ県では, ダヤック人が地方首長となり, クタイ人人口が比較的多いクタイ・カルタヌガラ県と東クタイ県では, クタイ人や混血でもクタイ人の血を引く人々が地方首長に当選していることが分かる。しかし都市部の市長たちについては, 自治体の民族構成と地方首長の民族的背景に相関はない。こうしたことから, 地方分権化後の東カリマンタン州では, ダヤック人とクタイ人の人口割合が高い自治体を除き, 地方権力闘争において民族的出自が政治的に重要でないことがうかがえる。では, 東カリマンタン州の地方首長ポストをめぐる政治的競争においては一体何が重要なのか。こ

---

18) たとえばサマリンダ市長のシャハリエ・ヤアンは, 1991 年からジャカルタの鉱業会社ブキット・バイドゥリ・エンタープライズ社で人事課長や政府・広報相談役を務めており, 企業時代に構築した中央政財界との人脈が地方首長選挙の際に有利に働いた可能性がある。

表4.2 地方分権化後の地方首長選挙で当選した東カリマンタン州の州知事・県知事・市長 (1999-2013)

自治体名	地方首長の氏名	選挙年	民族・宗教	職歴
東カリマンタン州	スワルナ・アブドゥル・ファタ	1998 2003	スンダ人・イスラム教	国軍司令本部士官 (1993) 東カリマンタン副州知事 (1994-1998)
	アワン・ファルク・イシャ	2008 2013	クタイ人貴族・イスラム教	国会議員 (1987-1997) 州行政・福祉担当専門補佐官 (1997-1998) 州環境局長 (1998-1999) 東クタイ県知事代行 (1999-2001) 東クタイ県知事 (2001 – 2008)
サマリンダ市	アフマド・アミンス	2000 2005	ブギス＝ワジョ＝カイリ人・イスラム教	サマリンダ市官房長補佐官 (1994-1998) サマリンダ副市長 (1998-2000)
	シャハリエ・ヤアン	2010	ダヤック人・イスラム教	ジャカルタ石炭企業勤務 サマリンダ副市長 (2000-2010)
バリクパパン市	イムダアド・ハミド	2001 2006	クタイ人・イスラム教	州農業改良普及所事務長 (1991-1998) 州官房長補佐官 (1998-2001)
	リザル・エフェンディ	2011	バンジャル人・イスラム教	Kaltim Post紙バリクパパン支部編集長 (1995-2006) 州営電力公社社長 (2003-2006) バリクパパン副市長 (2006-2011)
ボンタン市 (2001年に新設)	アンディ・ソフヤン・ハスダム	2001 2006	ブギス人・イスラム教	プルタミナ傘下企業私営病院 (ボンタン) 非常勤専門医 (1993-1998) 州議会議員ゴルカル会派長 (1998-1999) ボンタン市長代行 (1999-2001)
	アディ・ダルマ	2011	民族不詳・イスラム教	ボンタン市官房長 (着任年不詳-2010)
東クタイ県 (2001年に新設)	アワン・ファルク・イシャ	2001 2006	クタイ人貴族・イスラム教	州環境局長 (1998-1999) 東クタイ県知事代行 (1999-2001)
	イスラン・ノール	2011	クタイ＝ブギス人・イスラム教	州農業部長 (1996-2000) 東クタイ県経済開発担当補佐官 (2001-2004) 東クタイ副県知事 (2006-2009)
クタイ・カルタヌガラ県 (旧クタイ県)	シャウカニ	1999 2005	クタイ＝バンジャル＝マカッサル人・イスラム教	クタイ県官房長第一補佐官 (1991-1997) クタイ県議会議長 (1997-1999)
	リタ・ウィダヤサリ	2010	クタイ＝バンジャル＝マカッサル人・イスラム教	県議会議長 (2009-2010) シャウカニの娘
西クタイ県	ラマ・アレクサンデル・アシア	2001	ダヤック人・キリスト教	州投資調整局スタッフ (着任年不詳-1999) 西クタイ県知事代行 (1999-2001)

（2001年に新設）	イスマイル・トマス	2006 2011	ダヤック人・キリスト教	豪州系金採掘企業 PT KEM 運搬監督官（1990-2001） 西クタイ県議会議員（1999-2001） 西クタイ副県知事（2001-2006）
パシル県	ユスリアンシャ・シャルカウイ	2000	バンジャル人・イスラム教	パシル県地方財務局長（1985-1998） パシル県地方開発企画庁長官（1998-1999）
	リドワン・スウィディ	2005 2010	民族不詳・イスラム教	州議会議員（1987-2004） 開発統一党州支部書記（1995-1999）
北ブナジャム・パシル県（2003年に新設）	ユスラン・アスパル	2002	バンジャル人・イスラム教	パシル県地方開発企画庁事務局長（1999-2000） パシル県地方開発企画庁長官（2000） 北ブナジャム・パシル県知事代行（2000-2003）
	アンディ・ハラハップ	2008	ブギス人・イスラム教	北ブナジャム・パシル県議会議長（2002-2008）
	ユスラン・アスパル	2013	バンジャル人・イスラム教	北ブナジャム・パシル県知事（2002-2003） 国会議員（2009-2013）
州北部（2012年に北カリマンタン州として分立）				
タラカン市（1999年に新設）	ユスフ・セラン・カシム	1999 2004	インド系ジャワ＝バンジャル人イスラム教	タラカン公立病院院長（1987-1995） サマリンダ公立病院院長（1995-1998） イスラム知識人協会（ICMI）州支部専門部会副議長（1996）
	ウディン・ヒアンギオ	2009	ゴロンタロ人・イスラム教	国営旅客船会社ペルニ社タラカン支局長（1992-1999） タラカン市議会議長（1999-2008）
	ソフィアン・ラガ	2014	民族不詳・イスラム教	タラカン市地方開発企画庁長官（着任年不詳-2013）
ブルンガン県	アナン・ダフラン・ジャウハリ	2000	バンジャル＝ティドゥン人・イスラム教	ブルンガン県官房長（1991-1997） ブルンガン県議会副議長（1997-1999） ブルンガン県議会議長（1999-2000） ブルンガン県知事代行（2000）
	ブディマン・アリフィン	2005 2010	民族不詳・イスラム教	ヌヌカン県官房長（着任年不詳-2005）
ブラウ県	マスジュニ	2000	バジャウ人・イスラム教	州行政局部長（1984-1990） ブラウ県官房長（1990-1995） ブラウ県知事（1995-2000）
	マクムル	2005 2010	ジャワ人・イスラム教	県官房長補佐官（1997-2000） ブラウ副県知事（2000-2005）
マリナウ県（2001年に新設）	マルティン・ビラ	2001 2006	ダヤック人・キリスト教	ブルンガン県開発部長（1996-1997） ブルンガン県官房長補佐官（1997-1999） マリナウ県官房長（1999-2001） PDKT 会長（2003-2006）

マリナウ県 (2001年に新設)	ヤンセン・ティパ・パダン	2011	ダヤック人・キリスト教	マリナウ県官房長（在任期間不詳） 州知事専属スタッフ（在任期間不詳）
ヌヌカン県 (2001年に新設)	アブドゥル・ハフィッド・アフマド	2001 2006	ブギス人・イスラム教	地元実業家 （国防省系財団ヤマケルの森林開発事業の下請業者）
	バスリ	2011	民族不詳・イスラム教	ヌヌカンの地区軍管区司令官（2008-2011）

出所：州・県・市政府所蔵の地方首長プロフィール，現地新聞報道，州・県・市政府スタッフへのインタビュー等から筆者作成．

表4.3　東カリマンタン州の各県・市の民族構成（2000年人口センサスより）

自治体	ジャワ人	ブギス人	バンジャル人	クタイ人	パシル・マレー人	ダヤック人（ケニャ族のみ）	その他	合計
サマリンダ市	35.2%	13.2%	27.0%	7.5%	0.1%	0.6%	16.5%	100%
バリクパパン市	40.0%	20.5%	15.4%	0.7%	0.4%	0.1%	22.9%	100%
ボンタン市	36.6%	28.8%	5.4%	2.8%	0.1%	0.1%	26.3%	100%
東クタイ県	25.6%	16.5%	7.8%	25.2%	0.1%	4.7%	20.0%	100%
クタイ・カルタヌガラ県	28.6%	16.0%	13.4%	27.7%	0.2%	1.6%	12.5%	100%
西クタイ県	10.6%	3.9%	4.9%	16.4%	0.1%	3.6%	60.6%	100%
パシル県	31.6%	20.5%	12.0%	0.3%	18.9%	0.0%	16.6%	100%
タラカン市	25.5%	33.6%	7.5%	0.3%	0.0%	0.6%	32.5%	100%
ブルンガン県	20.3%	13.1%	4.0%	0.2%	0.0%	21.1%	41.2%	100%
ブラウ県	22.1%	22.3%	8.2%	0.8%	0.0%	2.4%	44.2%	100%
マリナウ県	3.6%	3.3%	1.3%	0.1%	0.0%	17.3%	74.3%	100%
ヌヌカン県	6.5%	43.4%	1.4%	0.1%	0.0%	0.1%	48.6%	100%

出所：2010年人口センサスでは県・市別の民族構成が公開されていないため，2000年人口センサス（Badan Pusat Statistik 2001: 75）より筆者作成．

れについては第5章で探りたい。

(2) 中カリマンタン州の地方首長と地方ボス

次に中カリマンタン州である。スハルト時代の中カリマンタン州は1市5県

（州都パランカラヤ市，北バリト県，南バリト県，カプアス県，東コタワリンギン県，西コタワリンギン県）であったが，2002年に新県設立が相次ぎ，北バリト県からムルン・ラヤ県，南バリト県から東バリト県，カプアス県からグヌン・マス県とプラン・ピサウ県，東コタワリンギン県からカティンガン県とスルヤン県，西コタワリンギン県からスカマラ県とラマンダウ県が分立した。そのため，2002年以降の中カリマンタン州は1市13県（パランカラヤ市，ムルン・ラヤ県，北バリト県，南バリト県，東バリト県，カプアス県，カティンガン県，グヌン・マス県，プラン・ピサウ県，東コタワリンギン県，スルヤン県，西コタワリンギン県，スカマラ県，ラマンダウ県）で構成されている。

　表4.4をみると，地方分権化後に中カリマンタン州の州知事・県知事・市長に当選した人々には，以下の四つの特徴があることがみえてくる。第一に，地方分権化が導入されて最初に実施された地方首長選挙では，スハルト時代の県政治エリートの中でも特に正副県知事，県官房長，県議会議長といった県政のトップ・エリートと，森林局や地方開発企画庁（Badan Perencanaan Pembangunan Daerah, BAPPEDA）の部局長・長官だった人々が多く当選している。州知事のアスマウィ・アガニ（元南バリト県知事），パランカラヤ市長のトゥア・パフ（元州森林局森林事業監視部長），北バリト県知事のアフマド・ユリアンシャ（元州森林局カハヤン支所長），南バリト県知事のバハルディン・リサ（元西コタワリンギン県議会議長），カティンガン県知事のドゥエル・ラウィン（元東コタワリンギン県地方開発企画庁事務局長），グヌン・マス県知事のジュダエ・アノン（元西コタワリンギン県地方開発企画庁長官），東コタワリンギン県知事のワヒュディ・カスプル・アンワル（元東コタワリンギン県地方開発企画庁長官），西コタワリンギン県知事のアブドゥル・ラザック（元東コタワリンギン県森林局長），スカマラ県知事のナワウィ・マフムダ（元南バリト県地方開発企画庁事務局長）の9人がこれにあたる。こうしたスハルト時代の県政のトップ・エリートや，州・県自治体の森林局や地方開発企画庁の部局長・長官たちは，第3章で述べたように，木材ビジネスを担う地元実業家と懇意になる機会が多かった人々である。

　第二に，中カリマンタン州では地元実業家が地方首長に当選するケースもよくみられる。ムルン・ラヤ県知事のウィリー・ヨセフ（木材会社経営），北バリト県知事のナダルシャ（林業・鉱業会社経営），東バリト県知事のアンペラ・メバス（鉱業会社経営），カプアス県知事のムハマド・マワルディ（木材加工会社

経営），スルヤン県知事のダルワン・アリ（建設会社経営），西コタワリンギン県知事のウジャン・イスカンダル（建設会社経営）の6人である。中カリマンタン州では森林資源や石炭など鉱物資源の開発が盛んであるが，地方分権化後はそうした資源開発事業の担い手が地方首長に当選するようになったことがうかがえる。

　第三に，東カリマンタン州と同じように地方分権化後の10年間において地方首長の再選の割合が高い。これは8県（ムルン・ラヤ県，北バリト県，南バリト県，東バリト県，カティンガン県，プラン・ピサウ県，東コタワリンギン県，スルヤン県）の地方首長選挙にあてはまる。また地方分権化から3回目以降の地方首長選挙でも県政治エリートや地元実業家，それまでの地方首長の弟や娘婿が当選する場合が多いことから，中カリマンタン州では地方分権化10年目以降もそれまでと同じタイプの地方政治・経済エリート，すわなち県政治エリートや地元実業家たちが地方政治の実権を握っていることがうかがえる。

　第四に，地方首長の民族・宗教的背景をみてみると，州の東部と中部と西部では政治的影響力を持っているエスニック・グループが違うことがわかる。バリト地方と呼ばれる州東部（ムルン・ラヤ県，北バリト県，南バリト県，東バリト県）では，最も内陸に位置するムルン・ラヤ県を除き，ほぼ全ての地方首長がイスラム教徒のバクンパイ族である。バクンパイ族はバリト地方のダヤック人の中で主要なエスニック・グループの一つであり，2000年時点で北バリト県・南バリト県・東バリト県の合計人口の36.4％を占める。バクンパイ族はとりわけ北バリト県に多く，県人口の49.6％を占めている（表4.5参照）。しかし，バリト地方の南部（南バリト県・東バリト県）では，民族構成においてバンジャル人とバクンパイ族が拮抗しており，バンジャル人（人口の25.5％）がバクンパイ族（同22.8％）よりも若干多い。しかし，地方分権化後に南バリト県と東バリト県でバンジャル人が地方首長に当選したことは，いまのところない。なぜバリト地方ではバクンパイ族の政治的影響力が強いのか。その理由は第6章で詳しく述べたい。

　州中部（カプアス県，グヌン・マス県，プラン・ピサウ県）と州都パランカラヤ市では，キリスト教徒のダヤック人が地方首長に当選することが比較的多い。州中部のダヤック人は一般にナジュ族と総称され，カプアス県・グヌン・マス県・プラン・ピサウ県の人口の42.3％を占めている（表4.5参照）。またパランカラヤ市にもナジュ族が多く，2000年時点で市人口の32.0％を占めて

表4.4 地方分権化後の地方首長選挙で当選した中カリマンタン州の州知事・県知事・市長 (1999-2013)

自治体名	地方首長の氏名	選挙年	民族・宗教 ※	職歴
中カリマンタン州	アスマウィ・アガニ	2000	バクンパイ族・イスラム教	南バリト県知事 (1991-1996) ハスヌル・グループ幹部 (1996-2000)
	テラス・ナラン	2005 2010	ナジュ族・キリスト教	国会議員 (1999-2004) 弁護士
パランカラヤ市	トゥア・パフ	2003	ダヤック人・キリスト教	州森林局森林事業監視部長 (1996-1999) 州森林局長 (1999-2003)
	リバン・サティア	2008	ダヤック人・イスラム教	州政府役人 (課長)
州東部 (旧北バリト県・南バリト県)				
ムルン・ラヤ県 (2002年に新設)	ウィリー・ヨセフ	2003 2008	シアン族・キリスト教	地元木材会社経営 闘争民主党北バリト県支部長 (2001-2006)
	ペルディ・ヨセフ	2013	シアン族・キリスト教	県村落地方開発企画庁長官 (着任年不詳-2013) ウィリー・ヨセフ前県知事の実弟
北バリト県	アフマド・ユリアンシャ	2003 2008	バクンパイ族・イスラム教	州森林局カハヤン支所長 (2001まで) 南バリト県森林局長 (2001-2003)
	ナダルシャ	2013	バクンパイ族・イスラム教	北バリト県の実業家 (林業, 石炭等) ミトラ・バリト社社長
南バリト県	バハルディン・リサ	2001 2006	バクンパイ族・イスラム教	西コタワリンギン県議会議長 (1997-1999) 東コタワリンギン県官房長 (2000-2001)
	ファリド・ユスラン	2011	バクンパイ族・イスラム教	州議会事務局長 (着任年不詳-2011)
東バリト県 (2002年に新設)	ザイン・アルキン	2003 2008	バクンパイ族・イスラム教	北バリト県教育文化局長 (2001まで) 南バリト県官房長 (2001-2003)
	アンペラ・メバス	2013	マアニャン族・キリスト教	南カリマンタン州の実業家 (鉱業) 南カリマンタン州タバロン県議会議員
州中部 (旧カプアス県)				
カプアス県	ブルハヌディン・アリ	2003	バンジャル人・イスラム教	州公共事業局長 (1996-1998)
	ムハマド・マワルディ	2008	バンジャル人・イスラム教	林業大手ジャヤンティ・グループ支局長 (1990-2001) 中カリマンタン州の実業家 (木材加工) 州議会議員 (2004-2008)
	ベン・ブラヒム・バハット	2013	ダヤック人・キリスト教	州公共事業局長 (着任年不詳-2013)
グヌン・マス県	ジュデエ・アノン	2003	ダヤック人・キリスト教	西コタワリンギン県地方開発企画庁長官 (着任年不詳-1998) 西コタワリンギン県官房長 (1998-2003)

（2002年に新設）	ハンビット・ビンティ	2008 2013	ダヤック人・キリスト教	パランカラヤ市商業産業局長（着任年不詳-2003） グヌン・マス副県知事（2003-2008）
プラン・ピサウ県 （2002年に新設）	アフマド・アムル	2003 2008	バクンパイ族＝バンジャル人・イスラム教	検察官（南カリマンタン州マルタプラ地方検察局等）
	エディ・プラトウォ	2013	ジャワ人・イスラム教	プラン・ピサウ副県知事（2008-2013）

州西部（旧東コタワリンギン県・西コタワリンギン県）

東コタワリンギン県	ワヒュディ・カスプル・アンワル	2000 2005	ダヤック＝ジャワ人・イスラム教	州地方開発企画庁経済部長（1993-1995） 県地方開発企画庁長官（1995-1999） 県官房長（1999-2000）
	スピアン・ハディ	2010	ブギス人・イスラム教	県議会議長（2009-2010） スルヤン県知事ダルワン・アリの娘婿
カティンガン県 （2002年に新設）	ドゥエル・ラウィン	2003 2008	ダヤック人・キリスト教	東コタワリンギン県地方開発企画庁事務局長（1999） 東コタワリンギン県官房長補佐官(1999-2002) カティンガン県知事代行（2002-2003）
	アフマド・ヤンテンリ	2013	ダヤック人・イスラム教	カティンガン副県知事（2003-2008） 県議会議員（2009-2013）
スルヤン県 （2002年に新設）	ダルワン・アリ	2003 2008	民族不詳・イスラム教	スルヤン県の実業家（建設業）
	スダルソノ	2013	ジャワ人・イスラム教	州議会議員（2009-2013）
西コタワリンギン県	アブドゥル・ラザック	2000	バクンパイ族・イスラム教	東コタワリンギン県森林局長（1995-1996） 州地方開発企画庁経済部長（1996-1997） 西コタワリンギン県地方開発企画庁長官（1997-2000）
	ウジャン・イスカンダル	2005 2010	バンジャル人・イスラム教	西コタワリンギン県の実業家（建設業）
スカマラ県 （2002年に新設）	ナワウィ・マフムダ	2003	民族不詳・イスラム教	南バリト県地方開発企画庁事務局長(1990-1993) 州行政局長（1993-1996） 州経済局長（1996-1999） 州鉱業局長（1999-2002） スカマラ県知事代行（2002-2003）
	アフマド・ディルマン	2008 2013	マレー＝バンジャル人・イスラム教	スカマラ郡役場治安秩序課長代行（2002-2003） スカマラ副県知事（2003-2013）
ラマンダウ県	ブスタニ・マムッド	2003	ダヤック人・キリスト教	パランカラヤ大学教養教育学部教員（1984-2000） ラマンダウ県教育文化局長（2000-2003）

| （2002年に新設） | マルカン・ヘンドリック | 2008 2013 | ダヤック人・キリスト教 | ラマンダウ県官房長（着任年不詳-2008） |

※ダヤック人で出身部族が分かる者については部族名で示している。
出所：州・県・市政府所蔵の地方首長プロフィール，現地新聞報道，州・県・市政府スタッフへのインタビュー等から筆者作成

表4.5　中カリマンタン州の各県・市の民族構成（2000年人口センサスより）

自治体※	ダヤック人（以下の主要部族以外はその他に含まれる）				バンジャル人	ジャワ人	マドゥラ人	その他	合計
	ナジュ族	バクンパイ族	カティンガン族	マアニャン族					
パランカラヤ市	32.0%	0.6%	0.3%	0.9%	27.6%	23.1%	3.7%	11.7%	100.0%
北バリト県	1.3%	49.6%	0.0%	1.5%	6.1%	8.6%	0.1%	32.7%	100.0%
南バリト県	6.4%	22.8%	0.0%	25.4%	25.5%	6.9%	0.1%	12.8%	100.0%
カプアス県	42.3%	0.4%	0.0%	0.1%	34.5%	14.9%	1.0%	6.7%	100.0%
東コタワリンギン県	8.0%	0.0%	11.4%	0.0%	17.0%	17.9%	6.9%	38.8%	100.0%
西コタワリンギン県	0.7%	0.0%	0.0%	0.0%	28.4%	37.0%	5.8%	28.1%	100.0%

※　北バリト県にはムルン・ラヤ県（2002年に分立），南バリト県には東バリト県（同），カプアス県にはグヌン・マス県（同）とプラン・ピサウ県（同），東コタワリンギン県にはスルヤン県（同）とカティンガン県（同），西コタワリンギン県にはスカマラ県（同）とラマンダウ県（同）を含む。
出所：2010年人口センサスでは県・市別の民族構成が公開されていないため，2000年人口センサス（Badan Pusat Statistik 2001:75）より筆者作成。

いる。ナジュ族は植民地時代からキリスト教宣教団の影響を強く受け，ティリック・リウ元州知事など西洋式教育を受けた近代政治エリートを多く輩出している。スカルノ時代には中カリマンタン州で最も政治的影響力を持っていたエスニック・グループであるといえるだろう（第3章参照）。しかし，スハルト時代に入ると徐々に地方行政機関の要職から周縁化され（第4章参照），地方分権化後も表4.4を見る限り，州都パランカラヤと州中部で政治的影響力を持つにとどまっている。しかも州中部はインフラ整備が遅れている低開発地方であり，スハルト時代から森林開発や石炭開発が進む州東部や州西部に比べて経済的利権が少ない。そのため，キリスト教徒のダヤック人政治エリートたちは州中部の地方首長ポストを獲得しても，中カリマンタン州の天然資源開発の利権にそれほどアクセスできない状況にある。

　州西部（東コタワリンギン県，カティンガン県，スルヤン県，西コタワリンギン

県，スカマラ県，ラマンダウ県）では，多様な民族的背景を持つ人々が地方首長に当選しているが，共通点としては，内陸部のラマンダウ県を除き，ほぼ全ての地方首長がイスラム教徒であることが挙げられる。州西部の6県の民族構成をみると，ジャワ人が6県の合計人口の24.0％，バンジャル人が20.6％を占め，ダヤック人ではカティンガン族が7.7％を占めている。州西部では人口規模において州外移民やその子孫が多いため，地方首長の顔ぶれにも民族的多様性が反映されていると考えられる。しかし，西コタワリンギン県では2000年の県知事選挙で，州東部のバリト地方で政治的影響力を持つバクンパイ族出身のアブドゥル・ラザクが地方首長に当選しており，地方分権化直後にはバクンパイ族が州西部にも政治的影響力を伸ばしていたことが分かる。

　以上が地方分権化後の中カリマンタン州でみられる地方首長の特徴である。これらの特徴がなぜみられるのかについては第6章で詳しく述べたい。

(3)　西カリマンタン州の地方首長たち

　最後に，西カリマンタン州の地方首長についてはどのような特徴がみられるだろうか。西カリマンタン州は，もともと1市6県（州都ポンティアナック市，ポンティアナック県，サンバス県，サンガウ県，シンタン県，カプアス・フル県，クタパン県）で構成されていたが，1990年代後半に起きた民族紛争以降，地元の二大社会・政治勢力であるダヤック人とマレー人が行政的棲み分けを行うようになり，1999年には紛争の中心地であったポンティアナック県とサンバス県からダヤック人人口の多い地方がそれぞれランダック県とブンカヤン県として分立した[19]。また2001年には，ブンカヤン県から華人人口が集中するシンカワン市が分立した。そして2003年には，サンガウ県からもダヤック人人口の多い地方がスカダウ県として分立し，シンタン県でもダヤック人人口の多い地方を残して，残りの地方がムラウィ県として分立した。さらに2007年に

19）ダヤック人とマレー人の行政的棲み分けが進んだのは，西カリマンタン州の地方政治エリートたちが1990年代後半の民族紛争によって，住民紛争が地方経済に与える損失の大きさを目の当たりにしたからである。地方分権化後，地方首長ポストをめぐる権力闘争が激しさを増す中，ダヤック人政治エリートとマレー人政治エリートは両政治勢力の権力闘争が民族間の紛争に発展すれば，その社会・経済的損失がきわめて大きいことを自覚し，政治・行政の棲み分けを始めた（Tanasaldy 2012: 276-281）。

は，ポンティアナック県とクタパン県からマレー人人口の多い地方が分離し，それぞれクブ・ラヤ県とカヨン・ウタラ県が新設された。こうして2007年以降の西カリマンタン州は，2市12県で構成されるようになり，そのうちダヤック人人口が6割以上を占める県が4県（ランダック県，サンガウ県，シンタン県，スカダウ県），マレー人人口が6割以上を占める県が5県（サンバス県，ポンティアナック県，クタパン県，カヨン・ウタラ県，クブ・ラヤ県），ダヤック人とマレー人が拮抗する県が2県（カプアス・フル県，ムラウィ県）となった[20]。

　表4.6をみてみると，地方分権化後の西カリマンタン州の地方首長の特徴として以下の4点がみえてくる。第一の特徴は，地方分権化後の県知事には元郡長や県保健局長といった，スハルト時代には地方政府の要職に就いていなかった地方役人が多いことである。スルト時代の県政のトップ・エリート（正副県知事・県官房長・県議会議長）が県知事に当選した例は西カリマンタン州ではみられない。元県政府の役人で地方分権化後に県知事に当選したのは，シンタン県のエルヤキン・シモン・ジャリル（前州文書館長）とその次のミルトン・クロスビー（前県官房長補佐官代行），スカダウ県のサイモン・ペトルス（前郡長），ポンティアナック県のコーネリウス・キムハ（前州観光局総務部長），サンバス県のブルハヌディン・アブドゥル・ラシッド（前県食糧作物農業局長）とその次のジュイアルティ・ジュハルディ・アルウィ（前県保健局長），ムラウィ県のスマン・クリック（前シンタン県人事局長）である。いずれも経済的利権や地方経済界との人脈が大してない役職の出身者である。

　第二の特徴は，実業家出身の地方首長もみられることである。これは州知事のウスマン・ジャファル（ジャカルタのラティフ・グループ幹部），シンカワン市長のハサン・カルマン（ジャカルタで飲食業とラジオ会社経営），サンガウ県知事のヤンセン・アクン・エフェンディ（木材会社の元部長），クブ・ラヤ県知事のルスマン・アリ（薬局経営），カヨン・ウタラ県知事のヒルディ・ハミド（建設会社経営）の5人にあてはまる。こうした実業家出身の地方首長たちは，中カリマンタン州の実業家出身の地方首長とは異なり，必ずしも州の主要産業

20）　各県においてダヤック人人口とマレー人人口のいずれが多いかについては，2010年人口センサスの県・市別宗教構成からキリスト教徒あるいはイスラム教徒が県・市人口の60％を超えるか否かで判断した。キリスト教徒とイスラム教徒がほぼ同じ割合の場合は，ダヤック人人口とマレー人人口が拮抗する県とした。県・市別の宗教構成は，インドネシア統計局のウェブサイトを参照。

である林業や鉱業の担い手ではない。ウスマン・ジャファルとハサン・カルマンはジャカルタの実業家であり，ルスマン・アリはポンティアナック市の薬局経営者である。中カリマンタン州では州の主要産業と地方首長の顔ぶれに直接の関係性を見て取れるのに対し，西カリマンタン州では主要産業の担い手が地方首長に当選する場合が少ないことがうかがえる。

　第三の特徴は，東カリマンタン州や中カリマンタン州と同じように，地方分権化後の10年間では地方首長の再選の割合が高いことである。これはポンティアナック市と6県（ブンカヤン県，ランダック県，サンバス県，クタパン県，カヨン・ウタラ県，カプアス・フル県）の地方首長選挙にあてはまる。また地方分権化から3回目以降の地方首長選挙では，前副県知事，前県知事の弟，地元実業家などが当選している。またサンバス県では前県保健局長が当選している。当選者の多くはトップ官僚ではないが県レベルの政治エリートであり，地方分権化10年目以降も地方分権化直後の10年間で地方首長に当選した人々と同じタイプの人々が当選していることがわかる。

　第四の特徴は，地方首長の民族的背景において，ダヤック人人口の多い県ではダヤック人の県知事，マレー人人口が多い県ではマレー人が県知事に当選する場合が多いことである。またポンティアナック市とシンカワン市でもマレー人が市長に当選しているが，これらの都市部でもやはりマレー人人口がダヤック人人口よりも多い（表4.7参照）。西カリマンタン州では東・中カリマンタン州に比べて，各県・市人口における州外移民とその子孫が占める割合が低く，ダヤック人あるいはマレー人の人口割合が高くなっている。そのため，地方首長選挙ではダヤック人かマレー人いずれかの民族的出自が立候補の際の一つの重要な要素になっている。しかし，西カリマンタン州では二大社会・政治勢力であるダヤック人とマレー人が地方首長ポストをめぐって直接対立することはほぼなく，民族分布に沿った新自治体の設立によって地方首長ポストを獲得する機会を分け合っている。第7章で詳しく述べるが，それぞれの地方首長選挙ではダヤック人同士あるいはマレー人同士が競うことになるため，当選を左右する要因として民族的出自は重要でない。では，西カリマンタン州の地方首長選挙では一体何が当選のための有効な要素なのであろうか。これを第7章でみていきたい。

表4.6 地方分権化後の地方首長選挙で当選した西カリマンタン州の州知事・県知事・市長（1999-2013）

自治体名	地方首長の氏名	選挙年	民族・宗教	職歴
西カリマンタン州	ウスマン・ジャファル	2003	マレー人・イスラム教	ジャカルタの実業家 ラティフ・グループ幹部
西カリマンタン州	コーネリス	2008 2013	ダヤック人・キリスト教	郡長（1979-1999） 州鉱業局副部長（1999-2001） ランダック県知事（2001-2008）
ポンティアナック市	ブチャリ・アブドゥッラフマン	1998 2003	マレー人・イスラム教	ポンティアナック市公立病院院長（1987-1998）
ポンティアナック市	スタルミジ	2008 2013	マレー人・イスラム教	タンジュンプラ大学法学部教員（1987-2000）
シンカワン市	アワン・イシャック	2002	マレー人貴族・イスラム教	州財務局長（着任年不詳-2002）
シンカワン市	ハサン・カルマン	2007	華人	バリト・パシフィック・グループ（林業）支局長（1992-1996） ジャカルタの実業家（レストラン，ラジオ局）
シンカワン市	アワン・イシャック	2012	マレー人貴族・イスラム教	シンカワン市長（2002-2007）
ダヤック人人口が多い県 ※				
ランダック県（1999年に新設）	コーネリス	2001 2006	ダヤック人・キリスト教	郡長（1979-1999） 州鉱業局監督部長（1999-2001）
ランダック県（1999年に新設）	アドリアヌス・アシア・シドット	2011	ダヤック人・キリスト教	県教育局長（着任年不詳-2006） ランダック副県知事（2006-2008）
サンガウ県	ヤンセン・アクン・エフェンディ	2004	ダヤック＝華人・キリスト教	木材会社の部長クラス（ポンティアナック本社）
サンガウ県	セティマン・スディン	2009	マレー人・イスラム教（※改宗したダヤック人）	赤道経済統合開発地域（KAPET）開発局長（着任年不詳-2004） サンガウ副県知事（2004-2009）
シンタン県	エルヤキン・シモン・ジャリル	2000	ダヤック人・キリスト教	州政府人事局公務員向上部長（1991-1995） 州文書館長（1995-2000）
シンタン県	ミルトン・クロスビー	2005 2010	ダヤック人・キリスト教	郡長（1990-1994） 県経済開発部長（1997-2004） 県官房長補佐官代行（2005）
スカダウ県（2003年に新設）	サイモン・ペトルス	2005 2010	ダヤック人・キリスト教	郡長（在任期間不詳）

県	氏名	年	民族・宗教	経歴
ブンカヤン県（1999年に新設）	ヤコブス・ルナ	2000 2005	ダヤック人・キリスト教	ポンティアナック県官房長代行（1989-1997） 州知事直属補佐官（1997-1998） サンガウ県知事代行（1998-1999） ブンカヤン県知事代行（1999-2000）
	スルヤドマン・ギドット	2010	ダヤック人・キリスト教	県議会議長（1999-2004） ブンカヤン副県知事（2005-2010）
マレー人人口が多い県※				
サンバス県	ブルハヌディン・アブドゥル・ラシッド	2001 2006	マレー人・イスラム教	県食糧作物農業局支所長（1992-1995） 県食糧作物農業局長（1995-2001）
	ジュイアルティ・ジュハルディ・アルウィ	2011	マレー人・イスラム教	サンバス県地方公立営病院院長代行（2001-退任年不詳） サンバス県保健局長（着任年不詳-2011）
ポンティアナック県（クブ・ラヤ県分立後はムンパワ県）	コーネリウス・キムハ	1999	ダヤック人・キリスト教	州観光局総務部長（着任年不詳-1999）
	アグス・サリム	2004	マレー人・イスラム教	州経済開発・共同組合局長（着任年不詳-1999） ランダック県知事代行（1999-2001） ポンティアナック県地方開発企画庁長官（2001-2003）
	リア・ノルサン	2009	マレー人・イスラム教	西カリマンタン州の実業家（建設業）
クタパン県	モルクス・エフェンディ	2000 2005	マレー人・イスラム教	郡出張所長（1985-1987） 県地方統治部課長（1990-1991） 県議会議員（1992-2000）
	ヘンリクス	2010	ダヤック人・キリスト教	クタパン副県知事（2005-2010）
クブ・ラヤ県（2007年に新設）	ムダ・マヘンドワラン	2008	マレー人・イスラム教	公証人・土地公証人 クブ・ラヤ地方村落フォーラム審議会議長（2004-2013現在）
	ルスマン・アリ	2013	ブギス人・イスラム教	ポンティアナック市の実業家（薬局） 国会議員（2004-2009）
カヨン・ウタラ県（2007年に新設）	ヒルディ・ハミド	2008 2013	マレー人・イスラム教	西カリマンタン州の実業家（建築業） 州議会議員（2000-2004）
ダヤック人人口とマレー人人口が拮抗する県※				
カプアス・フル県	アバン・タンブル・フシン	2000 2005	マレー人貴族・イスラム教	県財務局長（着任年不詳-1999） 県議会議長（1999-2000）
	アバン・ムハマド・ナシル	2011	マレー人貴族・イスラム教	県議会副議長（2009-2011） 前県知事の弟

ムラウィ県（2003年に新設）	スマン・クリック	2005	ダヤック人・キリスト教	シンタン県人事局長（着任年不詳-2005）
	フィルマン・ムンタコ	2010	マレー人・イスラム教	西カリマンタン州マレー青年戦隊隊長

※ ダヤック人人口とマレー人人口のいずれが多い県かどうかについては，2010年人口センサスの県・市別宗教構成を参照した。
出所：州・県・市政府所蔵の地方首長プロフィール，現地新聞報道，州・県・市政府スタッフへのインタビュー等から筆者作成

表4.7 西カリマンタン州の各県・市の民族構成（2000年人口センサスより）

自治体	ダヤック人	マレー人	ジャワ人	華人	マドゥラ人	ブギス人	バンジャル人	その他	合計
ポンティアナック市	4.6%	30.9%	14.1%	23.0%	10.2%	7.7%	1.4%	8.1%	100.0%
ランダック県	86.5%	2.2%	2.1%	0.7%	2.1%	0.2%	0.1%	6.2%	100.0%
サンガウ県※	62.0%	20.4%	8.9%	3.1%	0.3%	0.2%	0.1%	5.1%	100.0%
シンタン県※	57.9%	21.8%	12.0%	2.2%	0.1%	0.2%	0.2%	5.7%	100.0%
カプアス・フル県	42.0%	49.7%	3.2%	1.1%	0.0%	0.0%	0.0%	3.9%	100.0%
ブンカヤン県※	33.2%	13.6%	19.4%	24.3%	3.1%	0.9%	0.2%	5.4%	100.0%
クタパン県	29.2%	44.9%	9.8%	2.8%	4.6%	1.3%	1.3%	6.2%	100.0%
ポンティアナック県※	9.1%	27.2%	14.3%	12.1%	18.9%	11.6%	1.5%	5.3%	100.0%
サンバス県	4.4%	78.9%	3.0%	10.8%	0.0%	0.4%	0.1%	2.4%	100.0%

※ サンガウ県にはスカダウ県（2003年に分立），シンタン県にはムラウィ県（2003年に分立），ブンカヤン県にはシンカワン市（2001年に分立），クタパン県にはカヨン・ウタラ県（2007年に分立）ポンティアナック県にはクブ・ラヤ県（2007年に分立）を含む。
出所：2010年人口センサスでは県・市別の民族構成が公開されていないため，2000年人口センサス（Kalimantan Review 95: 20）より筆者作成。

4.3 地方分権化後の地方政治構造と地方経済構造の関係

　本章の最後に，東・中・西カリマンタン州の地方首長の特徴を比較し，3州の地方首長の顔ぶれになぜ違いが生じるのかを考察したい。表4.8は，東・中・西カリマンタン州の地方首長の特徴に関する対照表である。この表をみて

浮かび上がる大きな疑問は，なぜ東・中・西カリマンタン州では地方分権化後に異なるタイプの地方政治エリートが台頭してきたのかである。すなわち，東カリマンタン州ではスハルト時代の地方権力エリートである州政治エリートや国軍出身者が地方分権化後も地方首長として政治的影響力を維持する一方，中カリマンタン州ではスハルト時代の県政のトップ・エリートや地元実業家が地方首長となり，西カリマンタン州ではスハルト時代は地方権力の中枢にいなかった人々が地方首長ポストを獲得している。

こうした州ごとの地方首長のタイプの違いは，地方首長選挙においてどういった要素が当選のために重要なのかということに関係していると考えられる。すなわち，東カリマンタン州においては，第5章で詳しく述べるように，スハルト時代の州政治エリートや国軍出身者が持つ中央政界との結びつきの強さが，経済的に重要な県・市において当選するための重要な要素であると考えられる。中カリマンタン州では，地元実業家のように森林資源や石炭などの開発利権にアクセスできること，あるいはそうした地元実業家と親しい関係にあることが，経済開発の進む自治体の地方首長に当選するために重要であると考えられる。西カリマンタン州の場合は，東カリマンタン州のような州政治エ

表4.8　地方分権化後の東・中・西カリマンタン州の地方首長の特徴

	職歴	正副地方首長の再選	民族・宗教
東カリマンタン州	・スハルト時代の州政治エリート（特に石油・天然ガス基地や大規模炭鉱を有する自治体） ・元軍人 ・県政治エリート（森林資源が豊富な自治体）	・現職の再選が多い	・民族・宗教的背景に多様性がみられる
中カリマンタン州	・元県政トップ（正副県知事，県官房長，県議会議長） ・州・県の森林局や地方開発企画庁の部局長・長官 ・地元実業家（林業・鉱業・建設業）	・現職の再選が多い	・州東部ではイスラム教徒のバクンパイ族が県知事に多い ・州中部と州都パランカラヤではキリスト教徒のダヤック人が県知事・市長に多い ・州西部では民族・宗教的多様性がみられらる
西カリマンタン州	・地方政府での要職経験がない地方政府役人 ・ジャカルタの実業家 ・地元実業家（薬局・木材会社部長・建設業）	・現職の再選が多い	・ダヤック人人口の多い県ではダヤック人の県知事 ・マレー人人口が多い県ではマレー人の県知事

リートの持つ中央政界人脈でも，中カリマンタン州のような県政のトップ・エリートたちが持つ地方経済界との結びつきでもない，県レベルの社会・経済・政治に根差した別の何かが当選のための重要な要素であると考えられる。しかし，その答えは地方首長の特徴からだけでは判断できない。第7章で西カリマンタン州の地方首長の台頭過程をみながらその答えを探っていきたい。

　以上のように，地方分権化後の東・中・西カリマンタン州では州によって地方首長に当選するための必要条件が違うと考えられるが，その理由は何であろうか。この問いに対して，本書が注目するのが各州の経済構造の違いである。第3章で述べたように，東・中・西カリマンタン州では天然資源の持つ性格の違いに応じて，スハルト時代に異なる経済構造が構築された。その内容を確認すると，石油・天然ガスを産出する東カリマンタン州では，石油・天然ガス産業の利権を中央政府と外国企業が握ったため，中央政財界と地方財界を結ぶ経済的なパトロン・クライアント・ネットワークは構築されなかった。しかし地方首長ポストの分配を通じて政治的パトロン・クライアント・ネットワークが構築され，中央政界と地方政治エリートの結びつきが生まれた。ただし東カリマンタン州北部では，次に述べる中カリマンタン州のように森林資源開発をめぐって国内大手企業と地方業者がビジネス関係を構築するようになった。

　石油・天然ガス以外の鉱物資源や森林資源を産出する中・西カリマンタン州では，中央政府から事業権を交付された国内大手企業が地元業者に現場の事業活動を下請けさせたため，地方経済界にも天然資源開発の恩恵がもたらされた。また，中カリマンタン州や東カリマンタン州北部では，木材の違法伐採や密輸といった違法ビジネスも盛んになり，そうしたビジネスを通じて資金力を持つようになった地元業者が社会・経済的影響力を拡大した。また，そうした地元実業家たちは地方政治エリートたちとも懇意の関係を築いた。しかし西カリマンタン州では，第7章で詳しく述べるが，違法木材ビジネスの旨みをマレーシア・サラワク州の華人業者に吸い取られたため，中カリマンタン州のような県をまたいで社会・経済的影響力を持つ大物実業家が成長しなかった。

　こうした経済構造の違いを念頭に置き，改めて地方分権化後の東・中・西カリマンタン州の地方首長の顔ぶれを見ると，地方分権化後の地方首長たちは，スハルト時代に天然資源の開発利権に直接与っていた地元実業家か，あるいは，天然資源の開発利権にアクセスできた人々と最も近い距離にいた地方政治エリートであったことがみえてくる。後者については，東カリマンタン州でい

えば石油・天然ガス産業を管理する中央政府に最も近い州政治エリート，中カリマンタン州では合法・違法な木材ビジネスで成長した大物実業家と懇意になった県政治エリートたちである。次の第5章から第7章にかけてはこの仮説を検証するため，地方首長の台頭過程に注目しながら東・中・西カリマンタン州の経済構造と地方政治構造の関係性について検証していきたい。

第5章

東カリマンタン州の地方政治・経済構造
―中央政治に翻弄される州政治エリートたち

扉写真

　東カリマンタン州東クタイ県の豪奢な県庁舎（2004年7月29日，サンガタ。筆者撮影）。天然ガスや石炭などを産出する東クタイ県では，地方分権化後に中央から資源収入の分与金が分配されるようになり，県政府が莫大な政府予算を持つようになった。地方分権化後にこの県の県知事に当選したのは州知事の後ろ盾をもつ州政府高官であった。

本章では，東カリマンタン州における経済構造と政治構造の関係性についてみていきたい。まずは，東カリマンタン州の社会的特徴と地方分権化以前の政治構造を確認し，次に東カリマンタン州の主要産業とその担い手に注目しながら地方経済構造の特徴を述べる。そして，2003年と2008年に実施された州知事選挙を中心に，東カリマンタン州における地方権力闘争の特徴を分析する。州知事選挙に注目する理由は，州知事選挙の候補者たちがスハルト時代の州政治エリートであり，かつ，地方分権化後に県知事・市長ポストを獲得した人々だからである。州知事選挙の様相と当選者や対抗馬も含めた候補者の動向を分析することで，地方分権化後の東カリマンタン州の政治構造を鮮明に示すことができると考える。これらの作業を通して，東カリマンタン州においてスハルト時代の州政治エリートと軍人が民主化・地方分権化後も地方権力を維持・拡大できた理由を明らかにしたい。

5.1　東カリマンタン州の社会的特徴とスハルト時代の政治構造

(1)　民族・宗教的多様性

　東カリマンタン州の最も大きな社会的特徴は，民族・宗教的多様性である。特に，州東部沿岸に発展した都市部には歴史的に様々な民族的背景を持つ人々が，商売や政治的理由，就学・就職などのために州外から流入してきた。2010年の人口センサスによると，東カリマンタン州の人口は355万3143人（16.8人／km²）であり，そのうちの45.6％が都市（州都サマリンダ市，製油所のあるバリクパパン市，天然ガス基地のあるボンタン市，州北部のタラカン市）に集中している[1]。その一方で，州西部の内陸部には山岳地帯が広がり，人口は疎らである。ここには主にダヤック人が河川沿いに集落を形成している。また国内移住政策によってジャワ島から送り込まれた移民の開拓村もある。
　2010年の人口統計によると，東カリマンタン州の民族構成は，州人口の

---

1)　Badan Pusat Statistik（2010）より筆者算出。

30.1％をジャワ人，20.7％をブギス人，12.4％をバンジャル人が占めている（Badan Pusat Statistik 2010）。他方，地元出身のダヤック人とクタイ人は移民勢力に圧倒され，人口規模はいずれも州人口の10％程度である（第2章参照）。

(2) 地方分権化以前の政治構造

第2・3章でみたように，インドネシア独立後の東カリマンタン州では州外移民とその子孫たちが地方権力を握っていた。スカルノ時代には，スカルノ大統領率いる国民党と結びついたバンジャル人勢力と，共産党や国軍内の左派将校と結びついたジャワ人勢力が政治的影響力を持っていた。しかしスハルト時代には中央政府とバリクパパンにある地域軍管区司令部の影響力が強まり，地方首長たちの顔ぶれは，政治・経済的重要自治体では軍人，それ以外の自治体では地方役人の中でも与党ゴルカルと国軍の後ろ盾を獲得した人々が目立つようになった。文民の地方首長たちにはバンジャル人もいればクタイ人やブギス人もおり，スハルト時代には民族等の出自に関係なく地方首長ポストが分配されていた。そして地方分権化後は，第4章でみたように，中央政府や国軍と強く結びついたスハルト時代の州政治エリートたちが地方首長ポストを獲得し，東カリマンタン州における政治的影響力を維持・拡大した。本章第3節以降はその過程をみていきたい。

5.2　東カリマンタン州の経済構造

　本節では東カリマンタン州の経済構造の特徴をみておきたい。東カリマンタン州では，石油・天然ガス産業が主要産業であることはすでに述べたが，さらに詳しくみると，2010 年時点での東カリマンタン州の地方総生産（Gross Regional Domestic Product, GRDP）において，石油・天然ガスを含む鉱業は 47.4 % を占めている。次に製造業が GRDP の 25.1 %，商業・ホテル・レストランが 8.2 %，プランテーションを含む農林水産業が 6.0 % を占める（Badan Pusat Statistik Provinsi Kalimantan Timur 2013: 86）。また，主要輸出品目では石油・天然ガスや石炭などの鉱業製品の輸出額が最も多く，2012 年の東カリマンタン州の総輸出額の 93.0 % を占めている（BPS Provinsi Kalimantan Timur 2012: 13）。

鉱物資源開発とその担い手
　東カリマンタン州で最も重要な経済資源である石油・天然ガスや石炭といった鉱物資源は，これまで主に外国資本によって大規模な採掘が行われてきた。石油と天然ガスは，スハルト時代には石油ガス公社プルタミナが探鉱・開発から生産・販売にいたるまで独占権を保持し，プルタミナと契約を結んだ欧米の石油会社が石油開発・生産活動を担っていた。また，石炭は 1980 年代から中央政府主導で産業振興が図られ，国内外の大手企業が鉱山開発を担った。スハルト時代に東カリマンタン州で操業を始めた石炭企業は，多国籍企業のカルティム・プリマ・コール社とブラウ・コール社，国内大手のキデコ・ジャヤ・アグン社（キデコ・グループ），インドミコ・マンディリ社（インド・タンバンラヤ・メガ社の子会社），ムルティ・ハラパン・ウタマ社，タニト・ハルン社であった[2]。さらに地方分権化後は，1998 年から 2008 年にかけて新たに 10 社が東カリマンタン州の大規模石炭採掘に参入している。そのうちの 2 社は外資系企業（いずれもタイ資本）であり，残りの 8 社はジャカルタの大手企業である（新エネルギー・産業技術総合開発機構 2009：77）。大規模な石炭採掘にはまと

2）　これらの企業は，1980 年代末から 1990 年代にかけて石炭生産を開始している。このうちカルティム・プリマ・コール社の石炭生産量が最も多く，1999 年にはインドネシア全体の石炭生産量の約 2 割を占めていた（Embassy of the United States of America 2000: 3）。

まった資本や重機，技術者などが必要なため，スハルト時代に地元企業の成長はほとんどみられなかった。また地方分権化以降も，東カリマンタン州では，これまでのところ大規模な石炭開発に地元企業が参入する例はみられない[3]。

アブラヤシ・プランテーション開発とその担い手

また1990年代半ば以降は，州南部を中心にアブラヤシ・プランテーション開発が進められた。東カリマンタン州におけるアブラヤシ・プランテーション面積は，2000年で11万6887ヘクタールだったが，2005年には20万1087ヘクタール，2010年には66万3533ヘクタールに拡大している（Dinas Perkebunan Provinsi Kalimantan Timur 2013）。アブラヤシ・プランテーション開発が特に進んだ自治体は，東クタイ県，クタイ・カルタヌガラ県，パシル県であり，これらの県の2012年時点のアブラヤシ・プランテーション面積は，東カリマンタン州全体のアブラヤシ・プランテーション面積（96万1802ヘクタール）のそれぞれ32.0％，17.8％，16.3％を占めている（Dinas Perkebunan Provinsi Kalimantan Timur 2013）。

しかし，アブラヤシ・プランテーション事業許可の多くは外資系企業やジャカルタの大手企業，国営企業などに交付されており，東カリマンタン州の地元企業でアブラヤシ・プランテーション事業に進出した会社は少ない。東カリマンタン州農園局が2013年に発行したアブラヤシ・プランテーション企業リスト（Dinas Perkebunan Provinsi Kalimantan Timur 2013）によると，東カリマンタン州で操業するアブラヤシ・プランテーション企業48社のうち，少なくとも21社がジャカルタの大手企業の子会社，18社が外資系企業の子会社（マレーシア，シンガポール，イギリスなど），4社が国営企業である。残りの5社のうち，地元企業であることが判明しているのは2社のみである。

こうしたことから，東カリマンタン州の経済構造はスハルト体制崩壊後も基本的に変わらず，石油・天然ガスや石炭，アブラヤシ・プランテーションといった主要産業は依然として中央政府，外国企業，ジャカルタの大手企業が経済的利権を握っているといえる。また，地方分権化によって地方首長が鉱業権やプランテーション事業許可の交付権限を持つようになったことから，地方首

3） 東カリマンタン州には，ボブ・ハッサンのようにスハルトの政商となった実業家を輩出しているが，彼らはジャカルタに拠点をおいて全国でビジネスを展開しているため，ここでは地元企業に含んでいない。

長とジャカルタ大手企業の癒着はスハルト時代よりも深刻化しているといわれる（Almas Sjafrina et.al. 2013）。

木材産業とその担い手

　上述のように東カリマンタン州南部では，鉱物資源開発やアブラヤシ・プランテーション開発が行われる一方，州北部では1960年代末から木材産業が盛んであった。第3章でみたように，スハルト時代には国軍系の財団企業やボブ・ハッサンなどのスハルトの政商たちが森林事業権の交付を受け，その下請けとして地元業者が現地での木材伐採・搬送を任された。地元業者たちは違法な木材伐採や国境を接するマレーシア・サバ州への木材密輸によって富を蓄え，特に1997～1998年のアジア通貨危機ではサバ州への木材密輸で大儲けし，さらに資金力を持つようになった。そうした地元業者たちは県レベルで社会・経済的影響力を持つようになり，地方分権化後は，地方首長選挙に出馬・当選して，政治的影響力も持つようになった。2001年と2006年のヌヌカン県知事選挙に当選したアブドゥル・ハフィッド・アフマドがそうした地元実業家の一人である。アブドゥル・ハフィッド・アフマドは南スラウェシ出身のブギス人であり，元々は東カリマンタン州北部の森林事業権を持つ国防省系財団ヤマケルの下請業者であった。彼はヌヌカン県で合法・違法の木材ビジネスや土建業，ホテル経営などあらゆるビジネスを手がけている[4]。

　他方，州南部にも木材産業で富を蓄積した地元実業家がいるが，州北部の地元実業家のように地方首長ポストを手に入れるまでに政治的影響力を拡大した者はいない。州南部の地元実業家には，たとえばサマリンダ生まれのブギス人実業家であるハルビアンシャ・ハナフィアがいる。ハルビアンシャは，木材産業や土建業，アブラヤシ・プランテーション事業に携わり，東カリマンタン州商工会議所議長（1990～1997）や森林事業家協会理事（1999～2004）を務めた人物である。また，1998年にはゴルカル党副州支部長（1998～2003），1999年には国民協議会の東カリマンタン州代表議員に任命されている。しかし，2003年の州知事選挙ではゴルカル党の公認候補の最終選考において後述する軍人出身のスワルナ前州知事に党公認を奪われ，地方首長ポストを獲得することがで

4）　ヘルマン・ヒダヤット・インドネシア科学院首席研究員へのインタビューに基づく（ジャカルタ，2005年7月13日）。

きなかった[5]。ではこの2003年の州知事選挙では，一体どのような地方政治エリート間の権力争いがみられ，軍人のスワルナ州知事はなぜ再選を果たすことができたのか。

5.3　2003年州知事選挙

　2003年6月に実施された州知事選挙は，東カリマンタン州で地方分権化後に初めて実施された州知事選挙であった。当時の州知事選挙は州議会による間接選挙制によって行われ，州知事候補者には現職州知事のスワルナ・アブドゥル・ファタ，闘争民主党州支部長のイマム・ムンジアット，東クタイ県知事のアワン・ファルク・イシャの3人が立候補していた（表5.1参照）。スワルナはジャワ出身のスンダ人，イマム・ムンジアットはジャワ出身のジャワ人，アワン・ファルク・イシャは東カリマンタン州生まれのクタイ人であった[6]。スワルナは州議会第2党のゴルカル党（州議会12議席）の公認を獲得し，イマム・ムンジアットは州議会第1党の闘争民主党（同14議席），アワン・ファルク・イシャは五つのイスラム諸政党（民族覚醒党，正義統一党，月星党，正義党，ナフダトゥール・ウラマー党）からなる連合会派（同6議席）の公認を得ていた。第4章で述べたように，地方分権化後はインドネシア各地で「土地の子（purta daerah）」を地方首長に求める動きが強まり，その文脈では地元出身のアワン・ファルク・イシャが最も州知事に相応しかった。

　しかし州知事に当選したのは，州議会45票中24票を獲得したスワルナであった。本来ならイマム・ムンジアットが少なくとも闘争民主党議員から14票を獲得するはずであったが，イマム・ムンジアットは7票しか得られなかった。またアワン・ファルク・イシャは13票と健闘したものの，スワルナの票

---

5)　ハルビアンシャ・ハナフィアの経歴については，2004年の国会・国民協議会議員のプロフィール集（Yayasan API 2001: 1079）を参照。

6)　スワルナ州知事と同じくイマム・ムンジアット闘争民主党州支部長も州外出身者であるが，イマム・ムンジアットの移住歴は長く，1971年には石油基地があるバリクパパン市で工業専門中学校を創設し，校長を務めている。またイマム・ムンジアットは民主党（闘争民主党の前身）の地方幹部として1987年から1999年までバリクパパン市議会議員を務め，1999年の総選挙では国会議員に当選した（Yayasan API 2001: 634）。

表5.1　2003年の州知事選挙における正副州知事候補者たちの民族・前職・得票数

	候補者氏名	民族	前職	得票数
1	（正）スワルナ・アブドゥル・ファタ	スンダ人	州知事	24票
	（副）ユルナリス・ナヨ	ダヤック人	副州知事	
2	（正）イマム・ムンジアット	ジャワ人	国会議員 闘争民主党州支部長	7票
	（副）ヒフニ・シャルカウィ	民族不詳	国民信託党州支部財務部長	
3	（正）アワン・ファルク・イシャ	マレー人	東クタイ県知事	13票
	（副）アブ・タリブ・チャイル	ダヤック人	国民信託党党員	

出所：現地新聞報道及び地元有識者への聞き取り調査から筆者作成。

数には及ばなかった（*Komapas*, 3 June 2003）。当選したスワルナは西ジャワ出身のスンダ人将校であり，東カリマンタン州にはもともと地縁も血縁もない。また民主化後のインドネシアでは，スハルト体制下で中央政府や地方政府の要職に就いていた国軍の政治参加を見直す気運が高まり，地方首長には地元出身者の擁立を望む声が強かった。そうした中，なぜ東カリマンタン州ではスハルト時代の州知事として典型的なタイプといえる国軍出身の，しかも地元出身ではないスワルナが州知事に再選することができたのか。

　2003年の州知事選挙でスワルナが再選できた直接の理由は，票の買収であった。しかしその背後には，スハルト時代から州知事第一期目にかけてスワルナが築いた中央・地方政財界との人脈が重要な役割を果たしていた。ではスワルナ州知事はどのようにして中央政財界と地方政界に人脈を築き，2003年の州知事選挙ではその人脈をどのように利用して州知事再選を果たしたのか。以下ではスハルト時代の州政治エリートであるスワルナが，地方分権化後も州の政治権力を維持した過程をみていきたい。それを通して，地方分権化後の東カリマンタン州では何が政治的手段として有効であるかがみえてくると考える。

5.4　スワルナ州知事による政財界人脈の構築

(1)　スハルト時代のスワルナ

　スワルナ・アブドゥル・ファタは，1944年に西ジャワ州ボゴールで生まれたイスラム教徒のスンダ人である。父親は共和国軍兵士であったが，独立闘争期にオランダ軍との戦闘で亡くなった。父親の死後，スワルナは母親とともに首都ジャカルタに移り住み，学生時代はタバコ売りをしながら生活費と学費を稼ぎ，高校まで通った。1963年，スワルナは国軍士官学校（Akademi Militer Nasional: AMN）に入学した。士官学校時代の同期には，ハビビ政権下で内務大臣に任命されたシャルワン・ハミッド，ワヒド政権下で1999年に国家情報調整庁長官に任じられたアリ・クマートらがいる（Suwarna Abdul Fatah and Imam Baehaqie Abdullah 2003: 20–35）。

　士官学校を卒業したスワルナは，スマトラのリアウにある第3地域軍管区第134大隊（1968～1972）に配属され，その後もスマトラの軍管区を転々とし，1980年に陸軍幹部養成学校（Sekolah Staf dan Komando TNI Angkatan Darat: Seskoad）に入学した。陸軍幹部養成学校を修了すると，今度は西ジャワ州タンゲランにある第203地区軍管区大隊長（1983～1985）に任じられ，続いて同じくタンゲランにある第506地区軍管区司令官（1985～1987），南スマトラを管轄する第2地域軍管区副情報参謀（1987～1989），カリマンタンを管轄する第6地域軍管区情報参謀（1989），イリアン・ジャヤ州マノコワリの第171地方軍管区司令官（1990～1993）に任じられた。第6地域軍管区時代の上司であったゼイン・マウラニ軍管区司令官は，スハルト体制崩壊後は1998年から1999年にかけて国家情報調整庁長官を務めた人物である。国軍時代のスワルナの最終ポストは国軍指令本部仕官（1993）であり，退役後は東カリマンタン州の副州知事に任命された（Suwarna Abdul Fatah and Imam Baehaqie Abdullah 2003: 44–52）。スワルナを副州知事に任命したモハマド・アルダンス州知事（在任期間：1988～1998）は，第4章で述べたように，スワルナの元上司でもあるゼイン・マウラニ第6地域軍管区司令官（当時）の後ろ盾で州知事に就任した人物で

あった。

(2) スワルナ州知事第一期目（1998〜2003）

　1998年6月，東カリマンタン州ではモハマド・アルダンス州知事の任期切れにともない，州知事選挙が実施された。当時はスハルトの大統領辞任からわずか1ヶ月しか経っておらず，地方首長選挙はスハルト時代の選挙制度に沿って実施された。その手順は，まず州議会指導部が候補者を選定し，内務大臣の承認を得た上で州議会において投票が行われ，投票結果に基づいて大統領が内務大臣を通じて州知事を任命する，というものだった。東カリマンタン州議会指導部は，州知事候補者として当時副州知事を務めていたスワルナのほかに，地元出身のクタイ人でスワルナと同じく副州知事を務めていたチャイディル・ハフィッズと，地元出身のダヤック人で州官房長第一補佐官を務めていたユルナリス・ナヨを挙げた。当時の内務大臣はスワルナの国軍士官学校時代の同期であるシャルワン・ハミドであり，また国家情報調整庁長官はスワルナの元上司であるゼイン・マウラニであった。州議会での投票の結果，国軍の後ろ盾を得たスワルナが最多投票を獲得し，ハビビ大統領はシャルワン・ハミド内務大臣を通してスワルナを州知事に任命した（Morishita 2008: 13）。

地元での支持基盤の確立
　スワルナの州知事第一期は，インドネシアが民主化と地方分権化にむけて舵を切った直後であり，インドネシア各地で国軍の政治参加の見直しや地元出身の地方首長を求める声が高まっていた。ジャワ出身のスワルナ州知事は東カリマンタン州に社会的支持基盤を持っていなかったため，地元住民からの支持を取り付ける必要があった。そこでスワルナ州知事が政治的協力者として目を付けたのが，地元出身者であるダヤック人とクタイ人の地方役人であった。スワルナは州政府人事において，州知事選挙時のライバル候補であったダヤック人のユルナリス・ナヨ前州官房長補佐官とクタイ人のチャイディル・ハフィッド前副州知事の2人を副州知事に任命した。スワルナはさらにダヤック人政治エリートの取り込みを図り，ユルナリス・ナヨが会長を務める東カリマンタン州ダヤック同盟（Persekutuan Dayak Kalimantan Timur, PDKT）の幹部たちを地方政府の要職に取り立てた。PDKTは1993年に結成された東カリマンタン州初

のダヤック人組織であり，幹部にはダヤック人の地方政府役人やゴルカルの地方幹部が名を連ねていた（Maunati 2004）。スワルナ州知事は1999年に，州投資調整局の役人でPDKT中央執行部長であったラマ・アレクサンデル・アシアを西クタイ県の県知事代行に任命し，また，ブルンガン県官房長補佐官で2003年からPDKT会長を務めるマルティン・ビラをマリナウ県の県官房長に任命した（表4.2参照）。

スワルナはクタイ人政治エリートにも州政府の要職を分配し，クタイ貴族出自のアワン・ファルク・イシャ前州行政・福祉担当専門補佐官を州環境局長に，クタイ貴族家系の妻を持つイムダアド・ハミド前州農業改良普及所事務長を州官房長第一補佐官に任命した。またスワルナは，アワン・ファルク・イシャを1999年に東クタイ県長代行に任命した（Morishita 2008: 13）。さらにブギス人の一部にも地方政府の要職が分配され，1999年に州議会のゴルカル会派長であったアンディ・ソフヤン・ハスダムがボンタン市長代行に任命された[7]。

スワルナが地方政府の要職に引き立てた上記の地方政治エリートたちは，民主化・地方分権化後の地方首長選挙において次々と県知事・市長に当選した。第4章でみたように，ラマ・アレクサンデル・アシアは西クタイ県知事，マルティン・ビラはマリナウ県知事，アワン・ファルク・イシャは東クタイ県知事，イムダアド・ハミドはバリクパパン市長，アンディ・ソフヤン・ハスダムはボンタン市長に当選した。バリクパパン市長のイムダアド・ハミドを除き，スワルナが引き立てた地方首長たちは地方首長選挙の以前から県知事代行や市長代行，県官房長のポストにあった人々である。彼らは，地方首長選挙に向けて，県・市議会議員や主要政党の地方幹部たちと関係性を強めるのに，有利なポストにいたといえる。この5人の地方首長たちは，地方分権化によって県・市自治体にも広範な行政権限が移譲される中，スワルナのよき政治的協力者になった。

経済界との関係性の強化 ── KPC問題を中心に

またスワルナは，州政府の財源拡大やジャカルタの経済界との関係強化にも

---

7) アンディ・ソフヤン・ハスダムはもともと神経科医でもあり，1990年代にはボンタン市にあるプルタミナ傘下の国営肥料製造企業ププック社と液化天然ガス基地を操業するバダック社の附属病院で非常勤医を務めていた。また1998年から1999年にかけてゴルカル党副州支部長を務めた。ボンタン市政府所蔵の市長プロフィールを参照。

取り組んだ。そのためにスワルナは自身が持つ国軍人脈を利用した。その例として，以下では州政府による外資系石炭企業カルティム・プリマ・コール社（以下 KPC 社と称す）の買収問題を取り上げたい。

2001 年，東カリマンタン州で石炭採掘を行っていた KPC 社がインドネシア政府との契約に基づき，操業 10 年目にあたる 2001 年までに株式の 51％をインドネシア国内資本に放出することになった[8]。スワルナはこれを受けて KPC 社の州営化を目指し，州政府が KPC 株の 51％を購入する意向であることを発表した。しかし，スワルナ州知事の計画にプルノモ・エネルギー鉱物資源大臣（当時）が難色を示し，スワルナ州知事は買収問題が終結する 2003 年まで中央政府と対立することになった（Prasetyawan 2005）。

なぜスワルナは KPC 社の州営化を目指したのか。前節で述べたように，東カリマンタン州では大規模な鉱物資源開発が国営企業や外資系企業によって行われ，その開発利益が地方に還元されることはほとんどなかった。しかしスハルト体制崩壊後は，そうした中央政府と外資系企業による資源収奪や不平等な中央・地方間の資源再分配に対して批判の声が上がるようになった。1999 年 11 月には，東カリマンタン州議会が中央政府の石油・ガス収入のうち 75％を東カリマンタン州に再分配することや，州内で産出される全ての天然資源について州の権利を認めることを中央政府に要求する決議を行った（*Kaltim Post*, 9 November 1999）。そうした中で，スワルナは東カリマンタン州の利益代表者として自らを演出するため，KPC 社の買収に向けて動き始めたと考えられる。

スワルナは KPC 社の州営化に向けて，まず，国軍時代に親しくしていたムトジブ元第 6 地域軍管区司令官に協力を依頼した。州営企業とムトジブが理事を務めるインタン・ブミ・インチ・プラサダ社（以下，インタン社と称す）とで合弁企業メラティ・インタン・バクティ・サトヤ社（以下，メラティ社と称す）を設立し，メラティ社による KPC 株の購入を企図したのである。さらにムトジブは，KPC 株購入の資金調達先としてスワルナに大手コングロマリットのサリム・グループのデビッド・サリムを紹介し，メラティ社への資金協力の約束を取り付けた（Prasetyawan 2005: 170）。

しかし中央政府は，2002 年 7 月に KPC 株の売却先に関する政府方針を決定

---

[8] KPC 社は，エネルギー業界大手の英国石油（50％株所有）とオーストラリアのリオ・ティント社（50％株所有）の合弁会社である。KPC 株売却をめぐる中央政府と州・県政府の対立過程については，Prasetyawan（2005）に詳しい。

し，20％を国営石炭企業，31％を州政府に分配するとした。スワルナはこの決定を不服とし，あくまでも州政府が主導権を握ることにこだわった。スワルナは国営石炭企業の所管大臣であった闘争民主党のラクサマナ・スカルディ国営企業担当国務大臣（当時）に，国営石炭企業とインタン社，メラティ社，そしてKPC鉱区がある東クタイ県の県営企業によるコンソーシアムの設立を持ちかけた。当時の東クタイ県知事であったアワン・ファルク・イシャはスワルナ州知事に協力的であり，東クタイ県との調整は容易であった。ラクサマナ国務大臣はスワルナの案を支持したが，KPC問題を担当するプルノモ・エネルギー大臣とKPC株主である英国石油とリオ・ティント社が難色を示した。スワルナ州知事が株式購入に必要な資金を調達できるかどうかを疑問視したためである（Prasetyawan 2005: 171）。

2003年，KPC問題の所轄がプルノモ・エネルギー大臣からラクサマナ国営企業担当国務大臣に移された。これにより，スワルナ州知事が主導するコンソーシアムによるKPC株の買収がいよいよ現実味を帯びた。しかし，コンソーシアムの資金調達力と経営能力に不安を持っていた英国石油とリオ・ティント社は，コンソーシアムの経営参加は今後のKPC社に損失を与えると判断し，別の企業に株式を売却することにした。その売却先となったのがブミ・リソース社であった。ブミ・リソース社の株主の一人は当時ゴルカル党で頭角を現していたアブリザル・バクリーであり[9]，バクリー・グループはすでにリオ・ティント社の別の出資企業の株式を購入していたことから，リオ・ティント社とはすでにビジネス上の信頼関係があった。また，英国石油とリオ・ティント社の算段には，ゴルカル党の実力者と組むことで，今後英国石油とリオ・ティント社がインドネシアで展開する鉱業ビジネスに長期的な政治的庇護が得られるという算段があった（Prasetyawan 2005: 171-183）。

こうしてスワルナは，アブリザル・バクリーの持つ政治・経済的影響力に敵わず，KPC社の州営化を断念せざるを得なかった。しかし何も得られなかったというわけではない。東カリマンタン州政府にはKPC社が放棄した約5万ヘクタールの石炭鉱区が譲渡された。スワルナはこの大規模な元KPC鉱区をジャカルタ大手鉱業企業3社と州政界に影響力を持つ地方政治エリートたちに

---

[9] バクリー・グループはインドネシアの大手コングロマリットの一つであり，グループの会長アブリザル・バクリーは2009年にゴルカル党総裁に選出された。

分配した。鉱区の分配を受けたのは，スハルト時代から東カリマンタン州で操業する国内大手のタニト・ハルン社，インド・タンバンラヤ・メガ社の子会社であるキタディン社，ルドルフ・カセンダ元海軍参謀長が役員を務めるブキッ・バイドゥリ・エンタープライズ社の3社であった。そして，タニト・ハルン社の鉱区の一部は，スワルナ本人のほかスワルナ側近の州官僚や，東カリマンタン州議会議長で闘争民主党州支部書記のスカルディ・ジャルウォ・プトロにも分配された（*Kompas*, 31 May 2002）。スカルディ・ジャルウォ・プトロが所属する闘争民主党は州議会第一党であり，2003年の州知事選挙では，この時スワルナが闘争民主党と築いた関係が州知事再選の鍵となった。

5.5　2003年州知事選挙におけるスワルナの協力者たち

　2003年，州知事の任期切れに伴い州知事選挙が実施されることになった。インドネシアの地方首長の任期は5年であり，再選は一度のみ認められている。スワルナは州知事再選を狙って出馬を表明したが，当選までの道のりは決して平坦ではなかった。スワルナの支持母体であったゴルカル党は，1999年の総選挙によって東カリマンタン州議会第1党の座を闘争民主党に奪われていた。また，当時は国軍の政治参加を見直す声がいよいよ高まっており，地方首長には地元出身者を求める動きが強まっていた。

候補者選定過程におけるシャウカニの協力
　州知事選挙に向けた各党の候補者選定では，スワルナはゴルカル党においてさえ候補者リストから外されていた。ゴルカル党中央執行部は党州支部に対してスワルナを公認候補にするよう求めたが，党州支部が絞り込んだ3人の最終選考者にスワルナの名前はなかった。最終選考に残ったのは，東クタイ県知事のアワン・ファルク・イシャ，サマリンダ生まれの実業家でゴルカル党副州支部長のハルビアンシャ・ハナフィア，サマリンダ生まれの華人実業家ヨス・ストモであった[10]。
　しかし，東カリマンタン州の12県・市全てのゴルカル党支部が，この党州支部の決定に異議を申し立て，スワルナを候補者として公認することを望ん

だ。さらにこのゴルカル党 12 県・市支部連合は，健康不安を抱えるヌル・リアンシャ党州支部長の辞任を求め，新たな州支部長としてゴルカル党クタイ・カルタヌガラ県支部長のシャウカニを推薦した。ゴルカル党の州支部と 12 県・市支部連合の対立は，2003 年 4 月にヌル・リアンシャ党州支部長が他界したことで終結し，新たな州支部長にはシャウカニが就任した。そして，党の公認候補にはスワルナが選ばれた（*Kompas*, 25 January 2003）。ゴルカル党の最終候補に挙がっていた地元実業家のハルビアンシャ・ハナフィアとヨス・ストモは，州政財界に広がる人脈や資金力を持っていたが，それよりもゴルカル党の中央執行部と県・市支部から強く支持されたスワルナが候補者選定において有利であったことがうかがえる。

　ここで，スワルナがゴルカル党の公認を獲得する際の立役者となったシャウカニについて述べておきたい。シャウカニは 1948 年に旧クタイ県（現在のクタイ・カルタヌガラ県，西クタイ県，東クタイ県，ボンタン市を含む）に生まれ，民族的にはクタイ人，バンジャル人，マカッサル人の血を引いている。また，妻はクタイ貴族家系の出身である。シャウカニはもともとクタイ県政府の役人であり，スハルト時代にはクタイ県社会部長（1991）やクタイ県官房長補佐官（1991〜1997）を務めた。また 1993 年にはゴルカルのクタイ県支部長に就任し，クタイ県議会議長（1997〜1999）を経て，1999 年にクタイ県知事に就任した。県レベルの政治エリートであったシャウカニは中央政界との人脈が希薄であったが，地方政界には多くの友人がいた。たとえばアワン・ファルク・イシャ東クタイ県知事（在任期間：2001〜2008）はシャウカニの小学校時代からの友人であり，またイムダアド・ハミド・バリクパパン市長（在任期間：2001〜2011）は大学時代の後輩であった（Ali 2002）。また，ゴルカル県支部長時代には，県支部長会合などを通して，州レベルから県・市レベルにまで広がるゴルカル人脈を構築した。2003 年にシャウカニがゴルカル党州支部に対抗して，ゴルカル党 12 県・市支部をまとめることができたのは，そうした州内に広がるシャウカニのゴルカル人脈によるものだったと考えられる。また，シャウカニは 2000 年から 2004 年にかけてインドネシア全国県政府協会（Asosiasi Pemerintah Kabupaten Seluruh Indonesia, APKASI）の議長を務めており，ジャカ

10）ヨス・ストモはサマリンダ生まれのイスラム教徒の華人であり，スンブル・マス・グループの会長を務める人物である。スンブル・マス・グループはスハルト時代に森林事業権を交付された数少ない地元企業の一つであった（Magenda 1989: 240-241）。

タで会合を持つ中で中央政界の有力者たちともつながりを持つようになったと考えられる。おそらくそうした時に，ゴルカル党中央執行部からスワルナの州知事再選に協力するよう要請があったのだろう。

議員買収における闘争民主党の協力

　スワルナ州知事はシャウカニの協力を得てゴルカル党の公認を獲得したが，それによって州知事再選が保障されたわけではなかった。州議会の第1党は闘争民主党であり，闘争民主党はイマム・ムンジアット闘争民主党州支部長を州知事候補に立てていた。闘争民主党中央執行部はスワルナを党の公認候補に推奨していたが，闘争民主党州支部はこれを拒否してイマム・ムンジアットを公認候補に立てていた[11]。また，ゴルカル党の推薦を逃したアワン・ファルク・イシャは，イスラム諸政党の連合会派「改革の光」の公認候補として出馬した。

　スワルナは州知事再選を確実にするために，国軍人脈を利用して闘争民主党の中央執行部に接近した。メガワティ大統領（当時）の側近で闘争民主党の中央執行部幹部であるテオ・シャフェイ退役少将に面会し，闘争民主党議員の買収を依頼したのである。スワルナ州知事から60億ルピア（約7500万円）を受け取ったテオ・シャフェイは，アグニタ・シングデカネ闘争民主党副総書記とともに東ジャワ州の中心都市スラバヤに赴き，そこで東カリマンタン州議会の闘争民主党議員を召集して，彼らにスワルナへの投票を指示した（*Tempo*, July 2003: 26-30）。このことは闘争民主党総裁のメガワティ大統領も了承していたとみられる（International Crisis Group 2003: 15）。また，州議会議長は闘争民主党州支部書記のスカルディ・ジャルウォ・プトロであったが，彼もまたスワルナ州知事から前述の元KPC鉱区の分配を受けて懐柔されていた。

　スワルナとテオ・シャフェイによる闘争民主党議員の買収は効を奏し，州知事選挙ではスワルナが45票中24票を獲得して再選を果たすことができた。スワルナはゴルカル党議員の12票に加え，闘争民主党議員から7票，国軍・警察会派から5票を集めたとみられる（*Kompas*, 3 June 2003）。スワルナによる議員買収は，国内誌テンポによって7月には国民の知るところとなったが，証拠

---

11) メガワティ大統領は，2004年の大統領選挙で再選するために全国の州知事選挙でゴルカル党を出し抜く必要があり，イマム・ムンジアット州支部長よりも当選の可能性が高いとみられたスワルナ州知事を支持していた（International Crisis Group 2003: 15）。

不十分のため起訴されず，東カリマンタン州で反スワルナ運動が起きることもなかった。スワルナに対する抗議運動が起きなかった理由としては，おそらく東カリマンタン州の主要政党や主だった社会組織がスワルナ本人やスワルナを支持する中央・地方政界の有力者たちの影響下にあったためと考えられる。東カリマンタン州の二大政党である闘争民主党とゴルカル党は，党の中央執行部がスワルナを支持していたため，スワルナを批判するわけにはいかなかった。またゴルカル党の公認を逃した地元実業家たちも，スワルナを批判すればこれまで州政府から交付されていた各種事業許可を取り消されると考え，スワルナを批判しなかったと考えられる。また，州知事選挙で敗北したアワン・ファルク・イシャはもともと州官僚であり，州政府人事においてスワルナ州知事に優遇されていた恩がある。ダヤック人組織のPDKTもユルナリス・ナヨ会長がスワルナとペアを組んで副州知事に当選したため，選挙結果に抗議する必要はなかった。すなわち，当時の東カリマンタン州にはスワルナに対抗しうる社会・経済・政治的集団がいなかったのである。

5.6　ダヤック人政治エリートたちの台頭過程

　ここで，中・西カリマンタン州の主要政治勢力であるダヤック人政治エリートと東カリマンタン州のダヤック人政治エリートを比較するため，スワルナの政治的庇護下で地方首長ポストを獲得したダヤック人政治エリートたちの特徴をみておきたい。
　東カリマンタン州におけるダヤック人の割合は中・西カリマンタン州に比べて小さく，州人口の約10％を占める程度である。しかし，内陸県の西クタイ県とマリナウ県では県人口の過半数をダヤック人が占め，この2県ではダヤック人が県知事ポストを歴任してきた（表4.2参照）。これまでに西クタイ県ではラマ・アレクサンデル・アシア（在任期間：2001〜2006）とイスマイル・トマス（在任期間：2006〜2016），マリナウ県ではマルティン・ビラ（在任期間2001〜2011）とヤンセン・ティパ・パダン（在任期間2011〜2016）が県知事に当選している。
　ラマ・アレクサンデル・アシアとマルティン・ビラは，ダヤック人組織

PDKTの幹部という共通の組織的背景を持っている。この背景にはスワルナ州知事が地元の支持基盤としてPDKT幹部であるダヤック人の役人たちを地方政府の要職に取り立てたことが挙げられる。PDKTはその見返りにスワルナ州知事への支持を表明した（Bakker 2009）。しかし，州知事と親密な関係を築くPDKTのダヤック人政治エリートに対して，都市部の若者を中心に一部のダヤック人たちは不満を持っていた。そうした都市部のダヤック人たちは，スハルト時代が終わってもPDKTは政府に都合のいい発言ばかりすると批判するようになり，小規模なダヤック人組織を新たに結成して，PDKTに対抗するようになった。また，PDKT内でもエスニック・グループごとの慣習や宗教的違いによって，しばしば幹部間で意見対立が生じていた。（Bakker 2009）。さらに，2006年にスワルナ州知事が汚職容疑で逮捕されると，スワルナ州知事を政治的庇護者としていたPDKT幹部たちは県レベルでの政治的影響をさらに失っていった。

　2006年の西クタイ県知事選挙では，ラマ・アレクサンデル・アシアが再選を狙って出馬したが得票率28.4％しか得られず，得票率34.4％を獲得したイスマイル・トマス前副県知事に敗北を喫した。イスマイル・トマスは，西クタイ県で操業するオーストラリア系金鉱会社のケリラン赤道鉱業社（PT Kelian Equatorial Mining, KEM）の元運搬監督官であり，県内で操業する大手鉱業企業と親しい関係を築いていた。また，社会的には西クタイ県のパンチャシラ青年団（Pemnda Pancasila）やボーイ・スカウト，インドネシア全国スポーツ委員会といった社会・青年組織の県支部長を務めていた（Almas Sjafrina et.al. 2013: 26）。イスマイル・トマスは2011年の西クタイ県知事選挙にも出馬し，西クタイ県のほぼ全ての主要政党を買収して再選を果たした。イスマイル・トマスの選挙資金は，西クタイ県で大理石や石炭採掘を行っていたジャカルタの投資コンサルタント企業テラス・グループの子会社から提供されていた。イスマイル・トマスは子会社の株主であるエディ・グナワンに石炭の鉱業権を交付し，その見返りとして選挙資金を受け取ったといわれる。イスマイル・トマスの対抗馬はラマ・アレクサンデル・アシア元県知事であったが，有力政党の買収や選挙キャンペーンに多額の選挙資金を投じたイスマイル・トマルには敵わず，県知事選挙ではイスマイル・トマスが45.3％の得票率で再選を果たした（Almas Sjafrina et.al. 2013: 25-26）。

　他方，マリナウ県ではPDKT会長のマルティン・ビラが2006年の県知事選

挙でも再選を果たした。しかし 2011 年のマリナウ県知事選挙では，PDKT よりも社会的影響力を持つようになっていたダヤック・ケニャ族慣習連合（Lembaga Adat Dayak Kenyah, LADK）の幹部たちが県知事ポストを競い合った[12]。しかし県知事に当選したのは，そうした LADK の幹部ではなく，元マリナウ県官房長で州知事専属スタッフをしていたヤンセン・ティパ・パダンであった。ヤンセン・ティパ・パダンは，スハルト時代にはマリナウ地方の郡長（1993～1998）を務め，地方分権化後はマリナウ県の県人事局長（在任期間不詳）やマリナウ県官房長（同）を務めた。そして 2008 年にアワン・ファルク・イシャが州知事に当選すると，マリナウ県政府から引き抜かれて州知事専属スタッフとなった（Koran Kaltim, 4 April 2011）。おそらくヤンセン・ティパ・パダンは県知事選挙でアワン・ファルク・イシャ州知事の後援を受けていたのだろう。県知事選挙ではヤンセンが得票率 38.1 ％を獲得して，県知事に当選した（Gerbang Kaltim, 31 January 2011）。

以上のことから，東カリマンタン州ではダヤック人政治エリートの中でも特に州知事や国内外の大企業から政治・経済的支援を受けた人々が県知事ポストを獲得したことがうかがえる。中カリマンタン州のキリスト教徒のダヤック人政治エリートや西カリマンタン州のダヤック人政治エリートたちが資金調達に奔走し，時には暴力や住民動員力も利用して政治権力の獲得を目指しているのに対し，東カリマンタン州のダヤック人政治エリートたちは強力な政治・経済的庇護者を持つかどうかで，すでに地方首長選挙の勝敗がほぼ決まっているといえるのかもしれない。

5.7　中央政界の再編と地方権力エリートの盛衰

ここまで，軍人のスワルナ州知事がいかにして地方分権化後も政治的影響力を維持してきたかや，東カリマンタン州におけるダヤック人政治エリートの政治的特徴をみてきたが，ここから浮かび上がる東カリマンタン州の政治的特徴

---

12)　20011 年のマリナウ県知事選挙には，ジャルン・メラン LADK 州支部長やジョニー・ライン LADK マリナウ県支部長が県知事候補として出馬した（Gerbang Kaltim, 31 January 2011）。

としては，中央政財界と強い結びつきをもつ州政治エリートが州知事となり，州知事を後ろ盾に持つ州政府の役人たちが県知事・市長選挙に出馬して当選する，というパターンが多いことがみえてくる。東カリマンタン州ではまるでスハルト時代の中央と地方を結ぶ政治的パトロン・クライアント・ネットワークが，地方分権化後も地方政治の中心にあるように感じられる。

しかし，地方分権化後の東カリマンタン州の政治構造がスハルト時代と全く同じというわけではない。なぜなら，民主化時代のインドネシアでは国政に携わる政治・経済アクターが増加・多様化し，総選挙や大統領選挙のたびに中央政界が再編されるため，東カリマンタン州の地方権力アクターもその影響を強く受けるからである。すなわち，中央政界にいる東カリマンタン州の地方首長たちの政治的庇護者が，ひとたび中央政界の再編によって政治的影響力を失うと，東カリマンタン州の地方首長たちもまた地方政界での地位を脅かされるという政治的脆弱性を持つのである。

また地方分権化によって地方自治の重点が県・市自治体におかれたことから，県知事・市長ポストを獲得した州政治エリートたちは，直接中央の政治・経済エリートたちと接する機会を持つようになった。そうした中で，県知事・市長たちはそれぞれに中央政財界に政治・経済的庇護者を持つようになったと考えられ，中央と地方を結ぶ政治的パトロン・クライアント関係のネットワークはスハルト時代のような単純な一本の直線ではなく，複数の複雑な政治的パトロン・クライアント・ネットワークが構築されるようになったと考えられる。東カリマンタン州の権力闘争においては，それぞれの地方政治エリートが中央政界のどの有力者と結びつきを持っているかが重要であり，中央政界の勢力図が書き換わるたびに地方政界の勢力図も書き換わるといえる。これを具体的に示す例として，以下では2003年以降のスワルナの政治的衰退と，その後に台頭してきた地方権力アクターの盛衰をみていきたい。

(1) スワルナの政治的衰退とシャウカニの台頭

2003年の州知事選挙で再び州知事の座を手に入れたスワルナであったが，その政治的影響力は長くは続かなかった。2004年の総選挙とそれに続く大統領選挙によってスワルナの政治的庇護者である闘争民主党とメガワティ大統領が敗北を喫し，スワルナの中央政界人脈が次第に政治的影響力を失っていった

のである。2004年の総選挙では闘争民主党が国会第1党の座をゴルカル党に奪われ，また，大統領選挙ではメガワティが民主主義者党を支持母体とするスシロ・バンバン・ユドヨノに敗北した。さらに2005年4月には，スワルナの国軍時代の上司であり，中央政界に強い影響力を持っていたマウラニ元国家情報調整庁長官が他界した。

そうした中で，スワルナの州知事再選に協力したゴルカル党州支部長のシャウカニが，中央政界におけるゴルカル党の勢力拡大とともに発言力を強め，遂にはスワルナと敵対するようになった。2004年以降，クタイ・カルタヌガラ県知事のシャウカニはクタイ・カルタヌガラ県の地方空港建設をめぐって，空港建設に反対するスワルナと対立するようになった。スワルナとシャウカニの対立は，やがて州の政治的主導権をめぐる争いに発展した。2004年12月，スワルナはシャウカニの県知事任期が切れたことから，州知事権限を用いてアワン・ダルマ・バクティ州公共事業局長をクタイ・カルタヌガラ県知事代行に任命し，シャウカニを県知事から更迭しようとした[13]。このスワルナの動きに対して，クタイ・カルタヌガラ県ではシャウカニ支持者による街頭デモが起き，また，時を同じくして東カリマンタン州の学生・青年組織からなる東カリマンタン州救済連盟（Aliansi Penyelamat Kaltim）が，ジャカルタの汚職撲滅委員会（Komisi Pemberantasan Korupsi, KPK）を訪れ，スワルナがアブラヤシ・プランテーション開発をめぐる汚職に関わっていると訴えた。これを引き金に，スワルナとシャウカニの対立は中央政界も巻き込んで広がっていった（Morishita 2008）。

2005年6月，シャウカニはクタイ・カルタヌガラ県知事選挙に出馬し，得票率60.9％を獲得して県知事に再選した。しかし2005年10月に汚職撲滅委員会がスワルナの捜査を始めると，今度はシャウカニを汚職容疑で訴える団体が現れた。2005年11月，反汚職委員会（Komite Anti Korupsi）と名乗る団体が，約100人の群衆を引き連れてジャカルタの汚職撲滅委員会を訪れ，シャウカニがクタイ・カルタヌガラ空港建設計画のフィージビリティ調査において調査費用を水増ししたと訴えたのである（Morishita 2008: 95）。当時ゴルカル党総

---

[13] インドネシアでは，2005年6月から地方首長公選制が導入されたため，シャウカニに限らず，2004年から2005年上旬に首長任期が満期となる地方首長の多くが，2005年5月の公選制実施まで地方首長選挙を延期し，地方首長に留任していた（*Warta DPRD Kutai Kartanegara*, 7 March 2005）。

裁であったユスフ・カラ副大統領は，州知事選挙でゴルカル党が公認したスワルナとゴルカル党州支部長であるシャウカニの対立を治めるため，ゴルカル党中央執行部のカリマンタン地域調整役であったシャムスル・ムアリフを仲裁役として派遣した。しかし和解の目処は立たず，ゴルカル党指導部は最終的にスワルナを切り捨てる判断を下した。2006年6月19日，汚職撲滅委員会は14時間の事情聴取の末，スワルナを汚職容疑で逮捕した（Morishita 2008: 91-92）。

　スワルナ州知事の容疑の内容は，スワルナが正式な手続きを経ずに林業企業スルヤ・ドゥマイ・グループにプランテーション用地として14万7000ヘクタールの森林転換許可（I Izin Pelepasan Kawasan Hutan: IPKH）と木材利用許可（IPK）を与えたというものであった。汚職撲滅委員会はスルヤ・ドゥマイ・グループのマルティアス会長にも事情聴取を行い，プランテーションの造成過程で皆伐した木材をマレーシア・サバ州に密輸した容疑で逮捕した。スルヤ・ドゥマイ・グループは皆伐後の裸地を放置し，アブラヤシが植樹されたのはわずか4500ヘクタール程度であったという。2007年3月2日，スワルナは懲役7年の実刑判決を受け，マルティアスも懲役1年6カ月の有罪判決を受けた（Morishita 2008: 81-82）。スワルナの収監後，シャウカニは東カリマンタン州において最も発言力を持つ地方首長となり，2008年の州知事選挙における最有力候補と目されるようになった。

(2) 　シャウカニの政治的衰退

　しかしシャウカニの政治的影響力も長くは続かなかった。その背景には中央政界の権力争いがあり，2006年末以降，シャウカニの庇護者であったユスフ・カラ副大統領が経済政策の主導権をめぐって，ユドヨノ大統領と対立するようになったことが挙げられる。ユドヨノ大統領とカラ副大統領の対立は，ユドヨノが大統領直属の諮問機関，大統領改革プログラム管理作業委員会（Unit Kerja Presiden untuk Pengelolaan Program Reformasi, UKP3R）を設立したことでさらに深刻化した。カラ副大統領は，経済政策の策定は副大統領の所管事項であり，大統領による改革プログラム管理作業委員会の設置は副大統領の権限を侵害しているとして同委員会の解散を求めた（*Kompas*, 2 November 2006; 3 November 2006）。ユドヨノ大統領とカラ副大統領の間に深刻な亀裂が生じる中，汚職撲滅委員会はシャウカニの空港建設をめぐる汚職容疑について捜査を開始した。

汚職撲滅委員会が地方首長の捜査を行うには大統領の許可が必要であり，ユドヨノ大統領はシャウカニの汚職疑惑が浮上した 2005 年 11 月から捜査許可を 1 年間保留していたにもかかわらず，カラ副大統領と不和が生じたこの時になって汚職撲滅委員会に捜査許可を与えた（Morishita 2008：96）。

　2007 年 3 月，シャウカニはジャカルタ警察本部に身柄を拘束された。カラ副大統領は驚きを隠せず，シャウカニに対する全面的支援を約束し，またシャウカニをゴルカル党州支部長から更迭する意思はないとの声明を発表した（Morishita 2008: 97）。しかし，カラ副大統領とゴルカル党指導部の働きかけにも関わらず，2007 年 12 月，シャウカニは懲役 2 年 6 カ月の実刑判決を受け，さらにユドヨノの腹心である国軍出身のマルディヤント内務大臣によってクタイ・カルタヌガラ県知事を更迭された[14]。ゴルカル党では 2008 年の州知事選挙に向けてシャウカニを州知事に擁立しようとしていたが，シャウカニの有罪判決を受けて，新たな州知事候補者を探すことになった[15]。

(3)　アワン・ファルク・イシャの政治的台頭と 2008 年州知事選挙

　シャウカニの収監後，東カリマンタン州では東クタイ県知事のアワン・ファルク・イシャがユドヨノ大統領の支持を得て，次期州知事の有力候補として急速に台頭した。アワン・ファルク・イシャは，スハルト時代に国会議員（1987 〜 1997）を務め，その後は州行政・福祉担当専門補佐官（1997 〜 1998）や州環境局局長（1998 〜 1999）を務めた，スハルト時代の州政治エリートである。地方分権化後は，スワルナ州知事から大規模炭鉱がある東クタイ県の県知事代行（1999 〜 2001）に任命され，2001 年の東クタイ県知事選挙で県知事に当選した。またアワン・ファルク・イシャは 2005 年の県知事選挙でも再選を果たしている。アワン・ファルク・イシャは 2003 年の州知事選挙にも出馬したが，この時は闘争民主党とゴルカル党の後ろ盾があったスワルナに敗北した。

　2007 年 11 月，ユドヨノ大統領の支持母体である民主主義者党はアワン・

---

14)　マルディヤントは，ユドヨノが 1998 年に国軍社会政治参謀長を務めていた時の補佐官であった（Morishita 2008：97）。

15)　2008 年の東カリマンタン州知事選挙は 5 月に予定されていたが，ゴルカル党がシャウカニの候補者擁立を諦め，新たな候補者の選定に着手したのは 2008 年に入ってからである。ゴルカル党にとって，東カリマンタン州におけるシャウカニの政治的影響力がいかに重要であったかがうかがえる（Morishita 2008: 97）。

表5.2　2008年の州知事選挙における正副州知事候補者たちの民族，前職，得票数

	候補者氏名	民族	前職等	得票率
1	（正）アワン・ファルク・イシャ	クタイ人	東クタイ県知事	28.9 %
	（副）ファリド・ワジディ	不詳	州宗教局長	
2	（正）アフマド・アミンス	ブギス＝ワジョ＝カイリ人	サマリンダ市長	26.9 %
	（副）ハディ・ムルヤディ	ブギス人	州議会議員 福祉正義党州支部長	
3	（正）ユスフ	インド系ジャワ＝バンジャル人	タラカン市長	25.2 %
	（副）ルーサー・コンボン	トラジャ人	地方代表議会（DPD）議員，地元実業家	
4	（正）ヌシルワン・イスマイル	バンジャル人	州官房長補佐官	19.0 %
	（副）ヘル・バンバン	ジャワ人	バリクパパン市官房長	

出所：Morishita（2008: 97）から筆者作成。

ファルク・イシャ東クタイ県知事を党公認の州知事候補に指名した。またユドヨノ大統領は，当時州教育委員会の議長を務めていたアワン・ファルク・イシャに教育分野への貢献を称える開発栄誉賞（Satya Lencana Pembangunan）を授与し，ユドヨノ大統領のお墨付きであることをアピールした。アワン・ファルク・イシャは，当時東クタイ県庁舎の建設をめぐる汚職事件に関与した疑いで地元の学生・青年組織から訴えられていたが，ユドヨノ大統領が当局にアワン・ファルク・イシャの捜査許可を与えることはなかった（Morishita 2008: 96-98）。

そして2008年5月，東カリマンタン州知事選挙が実施された。州知事候補にはアワン・ファルク・イシャのほかに，前サマリンダ市長のアフマド・アミンス，前タラカン市長のユスフ，前州官房長補佐官のヌシルワン・イスマイルの3人が立候補していた（表5.2参照）。最有力候補のアワン・ファルク・イシャは，民主主義者党だけでなくイスラム系政党からもキリスト教系政党からも公認を獲得し，全部で13政党から公認を受けた[16]。ゴルカル党はシャウカニの擁立を断念し，ユスフを公認候補に指名した。また，闘争民主党はヌシルワン・イスマイルを公認候補とした。そして，アフマド・アミンスは福祉正義党，パンチャシラ愛国党，民族覚醒党の3党から公認を受けた。

16）　2008年の東カリマンタン州知事選挙において，アワン・ファルク・イシャを支持した政党は，民主主義者党，イスラム系政党の開発統一党，月星党，国民信託党，キリスト教系政党の福祉平和党，闘争民主党から分離した独立バンテン国民党などであった。

この4人の州知事候補者たちは州政治エリートであるか，そうでなくとも中央政界に人脈を持つ人々であった。ゴルカル党の公認候補であるユスフは，スハルト時代の州政治エリートではなかったが，スハルト時代にサマリンダの公立病院長（1995〜1998）を務め，また，1996年には当時のハビビ副大統領が会長を務めるインドネシア・イスラム知識人協会（Ikatan Cendekiawan Muslim Indonesia, ICMI）の州支部専門部会副部長をしていた。2001年からはインドネシア全国市政府協会（Asosiasi Pemerintah Kota Seluruh Indonesia, APKSI）の議長を務めており，ジャカルタの政財界ともつながりを持つようになったと考えられる。

　闘争民主党の公認候補であるヌシルワン・イスマイルは，1996年までサマリンダの大学で教員を務めた後，州政府役人として州産業・商業・協同組合局長（2001〜2004）や州官房長補佐官（2001〜2004）に任じられている。また，3つの小政党から公認を受けたアフマド・アミンスは，州政府役人ではないが，スハルト時代にはゴルカルの下部組織であるインドネシア改革青年団（Angkatan Muda Pembaharuan Indonesia, AMPI）の州支部長（1985〜1990）や官製のインドネシア青年全国委員会（Komite Nasional Pemuda Indonesia, KNPI）の副州支部長（1980〜1985），パンチャシラ青年団の州支部幹部（1997〜2002）などを務めている。AMPI州支部長時代には，カリマンタン4州のAMPI州支部長会合を通じて当時国会議員を務めていたシャムスル・ムアリフAMPI南カリマンタン州支部長と親しくなった（Tasa and Vaturusi 2003: xxi-xxii）。シャムスル・ムアリフは1998年から2004年にかけてゴルカル党副幹事長を務めており，2000年にはメガワティ政権下で情報・通信担当国務大臣に任命された人物である。

　このように2008年の州知事選挙の候補者たちは，いずれも中央政財界につながりを持つ人々であった。また州内での知名度や社会・経済・政治的ネットワーク，選挙資金の規模においても遜色がなかったと考えられる。州知事選挙は4人の候補者による互角の争いとなり，有権者による直接投票の結果，アワン・ファルク・イシャが得票率28.9％，アフマド・アミンスが26.9％，ユスフ・セラン・カシムが25.2％，ヌシルワン・イスマイルが19.0％を獲得した（Antara News, 10 June 2008）。いずれの候補者も得票率30％を超えていなかったため，2008年9月には上位2組による第2回投票が行われ，アワン・ファルク・イシャが得票率57％を獲得して，42％を獲得したアフマド・アミンス

を破って州知事に当選した（*Kompas*, 7 November 2008）。

5.8　2013年州知事選挙と今後の見通し

　アワン・ファルク・イシャ州知事の政治的地位は，ユドヨノ大統領の政治的庇護の下で安定し，施政においては中央政府や外資系企業と組んで石炭鉄道建設に着手するなど資源開発のための大規模なインフラ事業が進められた（Morishita forthcoming）。アワン・ファルク・イシャは2013年の州知事選挙にも出馬を表明し，今回は民主主義者党だけでなくゴルカル党からも公認を獲得した[17]。アワン・ファルク・イシャの公認政党は12政党にのぼり，主要政党が軒並みアワン・ファルク・イシャ州知事を支持したため，ライバル候補者たちは政党の公認をほとんど得ることができなかった。2013年の州知事選挙に出馬したのは3組だけであり，ファリド・ワジディ前副州知事が闘争民主党と開発統一党の公認候補として出馬した（表5.3参照）。また元バリクパパン市長

表5.3　2013年州知事選挙における正副州知事候補者たちの民族と前職

	候補者氏名	民族	前職等	得票率
1	（正）アワン・ファルク・イシャ	クタイ人	州知事	43.0 %
	（副）ムクミン・ファイサル	不詳	州議会議長 ゴルカル党州執行部長	
2	（正）イムダアド・ハミド	クタイ人	前バリクパパン市長	36.4 %
	（副）イポン・ムチリソニ	不詳	州議会議員 地元実業家 グリンドラ党州支部長	
3	（正）ファリド・ワジディ	不詳	副州知事	20.6 %
	（副）アジ・ソフヤン・アレックス	不詳	州食用栽培農業局長	

出所：*Antara News*（18 September 2013）から筆者作成。

---

17)　アワン・ファルク・イシャの公認政党は民主主義者党やゴルカル党のほかにもイスラム系諸政党（福祉正義党，月星党，国民信託党，民族信託党）やキリスト教系の福祉平和党，パトリオット党，新党のハヌラ党など12政党が公認を与えた（*Antara News*, 18 September 2013）。
18)　2007年に地方行政基本法が改正され，政党の公認がなくても自治体人口の3.0～6.5％から支持を得られれば地方首長に立候補できるようになった（International Crisis group 2010: 3）。

のイムダアド・ハミドも出馬したが，彼は政党の公認が得られず無所属での立候補となった[19]。

　現職州知事であるアワン・ファルク・イシャは他の候補者に勝る知名度と資金力を持ち，官僚ネットワークや公認を獲得した政党の集票マシーンも利用することができた。アワン・ファルク・イシャは前回の州知事選挙よりも14.1％高い43.0％の得票率で再選を果たした。しかし，無所属候補のイムダアド・ハミドも36.4％の得票率を獲得しており，有権者の3割以上がアワン・ファルク・イシャ州知事を支持していないことが分かる。その理由としては，おそらく中央政府や国内外の大手企業と手を組むアワン・ファルク・イシャに不満を持ち，資源開発の恩恵を受けていないと感じる地元経済界や住民の一部が反発したのではないかと考えられる。イムダアド・ハミドは商業都市バリクパパンの元市長であり，国内外の大手企業だけでなく地元実業家たちとも親しい関係にあると考えられる。

　また2014年には総選挙が開催され，闘争民主党が再び国会第1党に返り咲いた。さらに大統領選挙では，闘争民主党を支持基盤とするジョコ・ウィドドが大統領に当選した。これにより中央政界の勢力図は再び書き換えられることになる。ユドヨノ大統領という政治的庇護者を失ったアワン・ファルク・イシャ州知事は，今後は闘争民主党やジョコ・ウィドド大統領と良好な関係を築く必要がある。そうでなければスワルナ州知事の2期目のように，今度はジョコ・ウィドド大統領や闘争民主党と親しい地方政治エリートが東カリマンタン州において政治的に台頭してくると考えられる。

　以上，本章の要点をまとめると，地方分権化後の東カリマンタン州では政党や国軍ネットワークなどを通じて中央政財界に政治・経済的庇護者を得たスハルト時代の州政治エリートたちが，州知事ポストや経済的重要地の県知事・市長ポストを獲得して，地方分権化後も政治的影響力を維持・拡大した。中央政財界は，地方分権化後も石油・天然ガスや石炭に絡んだ中央権益を守るため，スハルト時代からすでに信頼関係を築いていた州政治エリートたちを地方首長に擁立し，石油・天然ガス事業をめぐる交渉や石炭採掘の事業許可の取得に地方政府からの便宜を期待したと考えられる。

　しかし，東カリマンタン州の地方権力エリートたちが必ずしも政治的に安定した地位にいるというわけではない。彼らは中央政財界とのパトロン・クライ

アント関係に政治的拠り所を置くため，ひとたび中央政界に再編が起きるとその影響を強く受ける傾向にある。すなわち，総選挙や大統領選挙によって中央政界の政治的庇護者が中央での政治的影響力を弱めると，地方首長たちも地方政界での地位を脅かされるという政治的脆弱性を持つのである。それゆえに，地方首長のライバルたちは地方首長選挙で敗北しても中央政界の再編によって自らが次の地方首長になることを期待できる。すなわち，東カリマンタン州の政治的競争において，重要なのは中央政界において現在あるいは次の権力者となる政治的有力者と親しい関係を築いておくことである。こうした東カリマンタン州の政治的特徴ゆえに，東カリマンタン州の地方政治エリートたちは中・西カリマンタン州のように暴力的手段に訴えてでも地方首長の座を奪おうとしないと考えられる。

第6章

中カリマンタン州の地方政治・経済構造
―地元実業家の政治的台頭

扉写真
　中カリマンタン州で違法に伐採された木材の搬送現場（写真提供：山田勇名誉教授　京都大学）。地方分権化後の中カリマンタン州では，こうした違法木材ビジネスの元締めたちが政治的影響力を持つようになった。

本章では中カリマンタン州の経済構造と地方分権化後の政治構造の関係性についてみていきたい。中カリマンタン州には複数の県に跨って社会・経済的影響力を持つ地元実業家たちがおり，彼らがビジネス利権を持つ自治体では，彼らと懇意の役人やビジネス・パートナー，同じエスニック・グループの出身者などが地方首長に擁立されている。その一方で，民族紛争を契機に政治的影響力を拡大しようとしたキリスト教徒のダヤック人政治エリートたちは，経済的利権が少ない内陸部の自治体でしか地方首長ポストを獲得できないでいる。本章では，こうした中カリマンタン州の地方権力アクターである地元実業家とその対抗勢力であるキリスト教徒のダヤック人政治エリートたちが，地方分権化後にそれぞれどのようにして政治的影響力を拡大しようとしたかを具体的に見ていきたい。以下では，まず中カリマンタン州の社会的特徴，地方分権化以前の政治構造，地方経済構造の特徴を確認した後，地方権力アクターと対抗勢力の台頭過程を通して地方分権化後の中カリマンタン州における経済構造と政治構造の結びつきを探っていきたい。

6.1　中カリマンタン州の社会的特徴とスハルト時代の政治構造

(1)　ダヤック人の多様性

　中カリマンタン州ではダヤック人が州人口の45.1％を占めているが[1]，中カリマンタン州ではダヤック人を単位とした社会・政治的集団意識が薄く，ダヤック人の下位集団であるエスニック・グループ（以下では，便宜上「部族」と称する）が社会・政治的利益集団の基本単位になっている。ダヤック人の各部族は，中カリマンタン州を南北に流れる大・中河川流域ごとにそれぞれの集落を形成し，州東部のバリト川流域ではバクンパイ族やマアニャン族，州中部の

---

[1]　2010年の人口センサス（Badan Pusat Statistik 2010: 26-41）では，カリマンタンの先住民が「ダヤック」と「その他のカリマンタン先住民」に区分されているが，本書ではカリマンタンの先住民の総称として「ダヤック」を用いることから，上記のダヤック人人口の割合は，統計上の「ダヤック」と「その他のカリマンタン先住民」の合計人数から算出している。

カプアス川流域ではナジュ族[2]，カティンガン川流域ではカティンガン族，州東部の大・中河川流域では，統計上は「サンピット・ダヤック」と分類される様々なダヤック人の部族が暮らしている[3]。

中カリマンタン州のダヤック人は宗教的にも多様であり，キリスト教徒もいればバクンパイ族のようなイスラム教徒もいる。また，カハリンガンと呼ばれる伝統的なアニミズム信仰を保持する者もいる。2010年人口センサスによると，中カリマンタン州においてキリスト教徒が占める割合は州人口の18.6％であり，ダヤック人のおよそ4割がキリスト教徒であると考えられる[4]。

(2) 地方分権化以前の政治構造

中カリマンタン州では植民地時代からキリスト教宣教団の影響を受けて，西洋式近代教育を受けるダヤック人の子弟が多かった。なかでも州中部のカプアス川流域には宣教団の拠点が置かれたため，この地方の主要部族であるナジュ族の子弟たちは近代教育を受ける機会に恵まれ，彼らの多くが植民地行政官や政治活動家といった近代政治エリートに成長した。インドネシア独立後は，ナジュ族のティリック・リウ州知事をはじめとするキリスト教徒のダヤック人政治エリートが地方首長や地方政府の要職に就き，中カリマンタン州の政治の中枢を握った。しかし，スハルト時代に入るとキリスト教徒のダヤック人政治エリートたちは徐々に政治的影響力を失い，1980年代半ば以降は，州知事には中央政府の出向役人，県知事には軍人や地元のムスリム役人が任命されるようになった。キリスト教徒のダヤック人役人には，パランカラヤ市長と北バリト県知事ポストしか分配されなくなり，1990年代に入ると北バリト県知事ポストも分配されなくなった（第3章参照）。

---

2) ナジュ族は州中部の河川流域に暮らす先住民の総称であり，さらに下位集団に分かれる。
3) 2010年の人口センサスにはダヤック人の部族別人口データがない。しかし，2000年人口センサス（Badan Pusat Statistik 2001: 75）には主要部族の人口が記載されており，それによるとバクンパイ族は州人口の7.5％，マアニャン族は2.8％，ナジュ族は18.0％，カティンガン族は3.3％，サンピット・ダヤックは9.6％を占めている。
4) キリスト教徒が比較的多い自治体は，州中部のグヌン・マス県（2010年県人口の64.1％），州西部のラマンダウ県（同35.8％），州都パランカラヤ（同28.2％），州東部の東バリト県（同43.4％），南バリト県（同25.6％），ムルン・ラヤ県（20.8％）である。県・市別の宗教構成は，インドネシア統計局のウェブサイトを参照。

こうして中カリマンタン州のダヤック人政治エリートたちは，スハルト時代に政治的に周縁化されたナジュ族を中心とするキリスト教徒と，スハルト時代に政治的に優遇されたバクンパイ族などのイスラム教徒の2派に分かれ，それぞれが異なる社会・経済・政治的ネットワークを築いた。詳細は後で述べるが，そうしたスハルト時代の社会・経済・政治的ネットワークの違いによって，地方分権化後はキリスト教徒のダヤック人政治エリートが内陸部の自治体でしか地方首長ポストを獲得できず，他方でバクンパイ族が州東部を中心に資源開発が盛んな自治体で政治的影響力を持つようになった。

6.2　中カリマンタン州の経済構造

　次に中カリマンタン州の経済構造についてみておきたい。スハルト時代の中カリマンタン州では木材産業が盛んであり，1995年の主要輸出品目では合板などの木材製品が輸出総額の9割以上を占めていた（Morishita 2006: 136）。中カリマンタン州で大規模な森林事業権を保有していたのは林業公社インフタニやジャカルタ大手のバリト・パシフィック・グループ，ジャヤンティ・グループなどであったが，そうしたジャカルタの大手企業は下請けとして地元の木材業者を雇っていた。下請業者の多くはムスリムの地元出身者であった。彼らはもともと主要河川の中・下流域に拠点をおき，河川の交通・流通網を利用して地元の商業・経済活動に従事してきた人々であった[5]。彼らの持つ地元の地理や流通に関する知識がジャカルタの大企業に買われ，現地での木材伐採・搬送を任されるようになったのである。ジャカルタの大手企業に雇われた地元業者の一部は，合法・違法な木材ビジネスで次第に富を蓄積し，1990年代頃にはある程度の社会・経済的影響力を持つようになった。そうした地元業者たちは合法・違法なビジネスの政治的庇護や各種便宜を求めて，地方首長や森林局長，地方開発企画庁長官，軍人，警察官とも懇意になった（Morishita 2011）。その中には，当時地方首長や地方政府の森林局長，地方開発企画庁長官を務め

---

[5]　一般に，インドネシアでは地方都市の経済活動の担い手といえば華人が想起されるが，中カリマンタン州の華人人口は非常に少なく，2010年の州人口でも0.2％を占める程度である（Badan Pusat Statistik 2010: 36-41）。

ていたバクンパイ族出身の地方役人も含まれていた。

2000年代に入ると木材生産のピークが過ぎ，中カリマンタン州では木材産業に代わってアブラヤシ・プランテーション開発や石炭産業が盛んになった。2010年の地域総生産（GRDP）の産業別シェアをみると，プランテーションを含む農林水産業が30.9％を占め，その次に商業・ホテル・レストラン（18.5％），サービス業（12.8％），鉱業（9.7％）の割合が高くなっている（BPS Provinsi Kalimantan Tengah 2012）。また，主要輸出品目では石炭の輸出額が最も多く，2010年の中カリマンタン州の輸出総額の41.8％を占めている。またパーム油（25.3％）やゴム粉末（19.4％）の割合も高い。かつての主要輸出品目であった木材製品は大幅に輸出額を減らし，2010年の輸出総額の7.0％を占める程度である[6]。

こうした主要産業の転換によって中カリマンタン州の経済構造にはどのような変化があったのだろうか。中カリマンタン州で操業する石炭企業やアブラヤシ・プランテーション企業の多くは，外資系企業やジャカルタの大手企業の子会社である[7]。しかし，地元企業の中にも石炭事業やアブラヤシ・プランテーション開発に進出した企業がみられる。たとえば，南カリマンタン州の州都バンジャルマシンに本社を持つハスヌル・グループが石炭事業に参入しており，グヌン・マス県に鉱区を持っている（Dinas Pertambangan dan Energi Provinsi Kalimantan Tengah 2012）。また，アブラヤシ・プランテーション開発では，2005年時点で10社の地元企業がプランテーション事業許可を保有している（Pemerintah Provinsi Kalimantan Tengah 2007: 259）。

石炭開発やアブラヤシ・プランテーション開発を行う地元企業の多くは，スハルト時代にジャカルタの大手企業の下請けをしていた木材業者たちが設立した会社である。たとえば上述のハスヌル・グループは，スハルト時代に大手林業企業のジャヤンティ・グループの系列会社の下請けをしていたスライマンが設立した企業である。また，州西部に7つのアブラヤシ・プランテーションを

---

6) BPS Propinsi Kalimantan Tengah（2012：171-173）から筆者算出。
7) 中カリマンタン州で操業する石炭企業は2012年時点で449社ある（Distamben Provinsi Kalimantan Tengah 2012）。またアブラヤシ・プランテーションについては企業数が統計資料等で公開されていないが，ディラン副州知事の発言によると2012年時点で167社ある（*Tribun Kalteng*, 25 August 2012）。そうしたアブラヤシ・プランテーション企業のうち，少なくとも40社が外資系企業（主にシンガポールとマレーシア），17社がジャカルタ大手企業の子会社である（Save Our Borneo 2005）。

所有するチトラ・ボルネオ・インダ社は，もともと林業公社の下請業者であったアブドゥル・ラシッドが設立した会社である。つまり，今日の中カリマンタン州で石炭事業やアブラヤシ・プランテーション開発を担う地元実業家は，スハルト時代の木材業者の中から成長したと考えられる。彼らは合法・違法な木材ビジネスの成功によって石炭事業やアブラヤシ・プランテーション開発に必要な資金力と労働力を持つようになり，さらには長年の現場経験から新規事業地での住民との土地交渉にも長けていた。また地方分権化によって地方政府に鉱業権やプランテーション事業許可の交付権限が与えられたため，スハルト時代から地方官僚と懇意にしてきた木材業者たちは，これらの事業許可を比較的容易に得ることができた（Morishita 2011）。地方分権化後の中カリマンタン州では，そうした地元実業家たちがこれまでに築いた資金力と社会・経済・政治的パトロン・クライアント・ネットワークを活かして地方首長の後援者となり，中カリマンタン州の政治と資源をより一層コントロールするようになった。以下では具体的に，スハルト時代に大手林業企業の下請けをしていた地元業者たちが，どのようにして社会・経済・政治的影響力を拡大していったのか，その過程を見ていきたい。

6.3　2000年州知事選挙

　中カリマンタン州において地元実業家が絶大な政治的影響力を持つようになったのは，2000年の州知事選挙以降である。2000年1月に実施された州知事選挙は，中カリマンタン州で地方分権化後初めて実施された地方首長選挙であった。中カリマンタン州の地方政治エリートたちは州知事ポストの獲得に意欲を燃やし，ダヤック人を中心に多くの地方政治エリートたちが立候補を表明した。表6.1に示すように，州知事選挙に出馬した正副州知事候補者のペアは7組に上り，7人の州知事候補者のうち少なくとも6人がダヤック人であった。また，そのうちの4人がイスラム教徒，2人がキリスト教徒であった。また候補者たちは当選の機会を最大化するために，キリスト教徒とイスラム教徒で正副州知事候補者のペアを組んでいた。候補者の中にはアスマウィ・アガニ州知事候補やアトゥ・ナラン副州知事候補のように，ペアを組む相手を替えて

表 6.1　2000 年州知事選挙における正副州知事候補者たちの民族・宗教・職業

		候補者氏名	民族＊	宗教	職業
1	（正）	アスマウィ・アガニ	バクンパイ族	イスラム教	元南バリト県知事
	（副）	ナフソン・タワイ	ナジュ族	キリスト教	元パランカラヤ市長
2	（正）	ウソップ	ナジュ族	イスラム教	元地元大学教授
	（副）	アトゥ・ナラン	ナジュ族	キリスト教	州議会議長
3	（正）	エリエセル・ゲルソン	ダヤック人	キリスト教	第二副州知事
	（副）	シスワント・アディ	ジャワ人	イスラム教	第一副州知事
4	（正）	ルカス・ティンケス	ナジュ族	キリスト教	州開発局長
	（副）	ルスナイン・ヤフヤ	ダヤック人とバンジャル人の混血	イスラム教	国会議員
5	（正）	ニヒン	ナジュ族	イスラム教	州官房長
	（副）	アトゥ・ナラン	ナジュ族	キリスト教	州議会議長
6	（正）	アスマウィ・アガニ	バクンパイ族	イスラム教	元南バリト県知事
	（副）	ジェファーソン・ダウ	ダヤック人	キリスト教	弁護士
7	（正）	リンコ・ノルキン	不詳	イスラム教	州議会副議長
	（副）	アトゥ・ナラン	ナジュ族	キリスト教	州議会議長

＊出身部族が判明しているダヤック人については部族名で表している。
出所：現地新聞報道及び有識者への聞き取り調査から筆者作成。

重複して立候補する者もいた。州知事選挙に対するダヤック人政治エリートたちの並々ならぬ意欲がうかがえる。

　当時の州知事選挙は間接選挙制によって行われ，州議会の第 1 回投票では，元南バリト県知事のアスマウィ・アガニが 45 票中 16 票を獲得して第 1 位となった。第 2 位は，地元パランカラヤ大学の元教員であるウソップが 15 票を獲得し，第 3 位は前副州知事のエリエセル・ゲルソンが 4 票を獲得した。上位 3 名への投票が行われた第 2 回投票では，アスマウィ・アガニが 19 票，ウソップが 15 票を集めて最終投票に進んだ。そして最終投票ではアスマウィ・アガニが 24 票を獲得し，20 票を集めたウソップに 4 票差をつけて当選した（*Banjarmasin Post*, 28 January 2000）。

　州知事に当選したアスマウィ・アガニは州議会第 1 党のゴルカル党の州支部長であり，州議会のゴルカル党議員 11 人から票を得ることは確実であった。では，ゴルカル党議員以外の議員からはどのようにして票を集めたのか。その答えは，議員の買収であった。アスマウィ・アガニは候補者の中で最も潤沢な

選挙資金を持ち，州議会議員 45 人中 31 人に対して 1 人につき 1 億 5000 万ルピア（当時の為替で約 187 万円）の小切手を切ったといわれる（Klinken 2002: 80）[8]。では，その資金提供者は誰であり，その人物はなぜアスマウィ・アガニを支持したのか。

2000 年の州知事選挙において，アスマウィ・アガニの大口選挙資金者となったのは 2 人の地元実業家であった。一人は州東部で林業や石炭事業，アブラヤシ・プランテーション開発を手掛けるハスヌル・グループの会長スライマンであり，もう一人は州西部で林業やアブラヤシ・プランテーション開発を展開するタンジュン・リンガ・グループの会長アブドゥル・ラシッドであった（Klinken 2002: 80-81）。彼らは州知事選挙だけでなく，2000 年以降に行われた複数の県知事選挙でも特定の候補者に資金を提供し，懇意の地方役人やビジネス・パートナーなどを県知事に擁立した。中カリマンタン州の地方権力アクターはこの 2 人の地元実業家であるといってもいいだろう。では，この 2 人の地元実業家は一体どのようにして中カリマンタン州の政治的実権を握るようになったのか。

6.4　ハスヌル・グループ会長スライマン

スライマンは 2000 年に州知事に当選したアスマウィ・アガニが最も親しくしていた地元実業家である。1948 年に南カリマンタン州バリト・クアラ県の県都マラバハンに生まれ，アスマウィ・アガニと同じくバクンパイ族の出身である。バクンパイ族は中カリマンタン州東部（バリト地方）の主要部族の一つであり，スライマンはバリト地方において社会・経済的影響力を持っていた。

一体なぜ南カリマンタン州出身のスライマンが，中カリマンタン州のバリト地方で社会・経済的影響力を持つことができたのか。これにはバリト地方の地理的特徴が関係している[9]。バリト地方の主要河川であるバリト川の中・上流域は，行政上中カリマンタン州に属しているが，下流域は南カリマンタン州に

---

[8]　州知事選挙の終了後，票買収の事実調査のために正副州知事の就任式が約 1 ヶ月延期されたが，証拠不十分により，アスマウィ・アガニの当選が無効になることはなかった（International Crisis Group 2001: 17）。

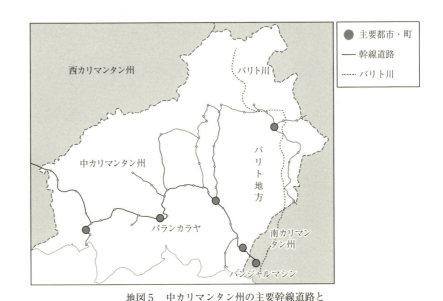

地図 5　中カリマンタン州の主要幹線道路と
　　　　バリト川
出所：公共事業省資料（Kementerian Pekerjaan Umum
2009）をもとに筆者作成。

属している（地図5参照）。バリト地方には長年の道路整備の遅れにより，中カリマンタン州の州都であるパランカラヤ市とバリト地方の各県（北バリト県，南バリト県，東バリト県，ムルン・ラヤ県）を結ぶまともな幹線道路がない。山間部の北部ルートは悪路が続き，雨季には道がぬかるみ交通が途絶する。そのため，パランカラヤ市から車でバリト地方に行くには，通常は南ルートを利用し，カプアス県から州境を越えて南カリマンタン州に一度入り，州都であるバンジャルマシン市を経由して北上し，再度中カリマンタン州に入らなければならない（地図5参照）。またバリト地方のもう一つの重要な交通手段であるバリト川は河口がバンジャルマシンにあるため，必然的にバンジャルマシンがバリト川流域の物流の最大拠点になっている。そのため，バリト地方の実質上の社会・経済的中心地はパランカラヤ市ではなくバンジャルマシン市であり，行政上は中カリマンタン州に属していても，バリト地方の社会・経済的ネットワー

---

9)　またバリト地方は歴史的にバンジャル王国（1526-1860）の影響を強く受け，バクンパイ族のようにイスラム教に帰依するダヤック人が多くみられるなど，南カリマンタン州との歴史的・社会的紐帯も強い。

クは南カリマンタン州の社会・経済的ネットワークと強く結びついている。

(1) 小売業者から企業グループ会長へ[10]

　バリト川下流域のマラバハンに生まれたスライマンは，共和国軍兵士の父親を持ち，その暮らしぶりは決して裕福ではなかった。スライマンは10代の頃から商売を始め，バンジャルマシン市を拠点にバリト川流域の流通業を手掛けるようになった。スライマンは，バリト川河口のバンジャルマシンで生活用品を仕入れては，バリト川上流の町々に船で運び，行商を行った。そして上流の町からバンジャルマシンに戻る時には，内陸部で採れる天然ゴムや樹脂などの林産物を仕入れ，バンジャルマシンの仲買業者に売り渡した。

　1960年代末，中央政府による木材輸出促進政策と国際木材価格の高騰によってインドネシアで木材ブームが始まると，森林資源が豊富なバリト地方でも商業伐採が盛んになった。中央政府は，ジャカルタの大手企業の一つであるジャヤンティ・グループの系列会社ジャヤンティ・ジャヤ社にバリト地方の大規模森林事業権を交付し，ジャヤンティ・ジャヤ社は地元の地理や流通に詳しいスライマンを下請業者として雇い入れた。スライマンは，バリト川上流の木材伐採キャンプから積出港のあるバンジャルマシンまでの丸太の河川輸送を任された。このとき，スライマンは伐採キャンプで切り出された丸太以外にも，当局の許可なく地元住民が伐採した丸太を買い付け，ジャヤンティ・ジャヤ社の事業許可証を用いて合法な丸太とともに搬送し，バンジャルマシンの木材業者に売却した。

　合法・違法な木材ビジネスによって富を蓄積したスライマンは，さらに事業を拡大し，石炭事業やアブラヤシ・プランテーション開発，都市部での薬局事業なども手がけるようになった。こうしたバリト地方での事業を円滑に行うため，スライマンはバリト地方の各県の官僚や軍人，警察官たちとも懇意になった。スライマンが石炭事業を手掛けていた南バリト県では，当時南バリト県知事を務めていたアスマウィ・アガニと懇意になり，アスマウィ・アガニが経営するトラック運送会社にスライマンのハスヌル・グループの系列会社が採掘した石炭の運搬を依頼した。スライマンとアスマウィ・アガニは同じバクンパイ

---

10) 本節で述べるスライマンの経歴と台頭過程は，Morishita (2011) に基づく。

族であり，二人の間には単なる官民の癒着だけでなく，バクンパイ族としての同族意識もあった。スライマンは，アスマウィ・アガニが定年を迎えると，彼をハスヌル・グループの重役として迎え入れた[11]。

(2) 地方政界への進出

　実業家として成功を収めたスライマンは南カリマンタン州政界にも進出し，1990年代には地方政界で頭角を表すようになった。スライマンはゴルカルの南カリマンタン州支部に所属し，スハルト時代は財務部長を務めていた。またゴルカル以外にも官製の青年組織であるパンチャ・マルガ青年団（Pemuda Panca Marga）やパンチャシラ青年団の州支部幹部を務め，さらには，父親が元国軍兵士であったことから軍人子弟を組織化した軍恩給者子弟フォーラム（Forum Komunikasi Putra Putri Purnawirawan Indonesia, FKPPI）にも所属していた。他にも民族団体であるバクンパイ家族協会（Kerukunan Keluarga Bakumpai）の会長を務めるなど，南カリマンタン州の政治・社会組織において指導的地位に就くようになり，これらの組織を通して幅広い人脈と動員力を持つようになった。スライマンは1998年にはゴルカル党州支部長に選出され，さらに1999年にはゴルカル党の推薦で国民協議会の地方代表議員にも任命されて，国政に進出した。

(3) 地方首長の擁立

　インドネシアに地方分権化が導入されると，スライマンはバリト地方の政治・経済的利権をさらに求めるようになった。スライマンは地方首長選挙に懇意の地方役人や地元実業家を出馬させ，彼らに選挙資金を提供して地方首長を擁立するようになった。その手始めが前述の2000年1月の州知事選挙であった。さらにスライマンは州知事に当選した友人のアスマウィ・アガニとともに，少なくとも6県の県知事選挙で特定の候補者に選挙資金を提供し，県知事を擁立した[12]。ムルン・ラヤ県知事のウィリー・ヨセフ（在任期間：2003～2013），北バリト県知事のアフマド・ユリアンシャ（在任期間：2003～2013），

---

11) 地元NGOへの筆者インタビュー（2005年4月8日，バンジャルマシン）

南バリト県知事のバハルディン・リサ（在任期間：2001〜2011），東バリト県知事のザイン・アルキン（在任期間：2003〜2013），東コタワリンギン県知事のワヒュディ・カスプル・アンワル（在任期間：2000〜2010），西コタワリンギン県知事のアブドゥル・ラザック（在任期間：2000〜2005）である。この6人の県知事のうち4人がスライマンやアスマウィ・アガニと同じバクンパイ族の出身であった。また，ワヒュディ・カスプル・アンワルとアブドゥル・ラザックは，それぞれスハルト時代に東コタワリンギン県の森林局長，地方開発企画庁長官を務めており，その役職を通して地元の実業家や伐採業者たちと懇意であったことがうかがえる（表4.4参照）。彼らはスライマンのほかにも，次節で述べるアブドゥル・ラシッドなどコタワリンギン地方の地元実業家からも選挙資金の提供を受けており，その資金力によって県知事選挙では圧倒的な勝利を収めた[13]。

また2001年に南バリト県知事に当選したバハルディン・リサは，県知事就任後，県政府人事において同じバクンパイ族の役人を県政府の要職に引き立てた。たとえば州森林局カハヤン支所長だったアフマド・ユリアンシャは南バリト県森林局長に任じられ，北バリト県教育文化局長だったザイン・アルキンは南バリト県官房長に起用された（表4.4参照）。アフマド・ユリアンシャとザイン・アルキンは，その後，2003年の北バリト県知事選挙と東バリト県知事選挙においてそれぞれ県知事に当選している。スライマンとアスマウィ・アガニが彼らに選挙資金を提供したのは言うまでもない。

他方，ムルン・ラヤ県知事のウィリー・ヨセフはキリスト教徒のダヤック人であり，バリト川上流域の主要部族の一つであるシアン族の出身である。ウィリー・ヨセフは闘争民主党北バリト州支部長であり，ゴルカル党のスライマンとは政党基盤が違う。しかし，ムルン・ラヤ県で木材会社を経営するウィリー・ヨセフは，スライマンの経営するハスヌル・グループのアブラヤシ・プランテーション開発におけるビジネス・パートナーであった。スライマンがム

---

12) 各県への選挙資金の運搬には，州知事の公用車が使用された。スライマンとアスマウィ・アガニが候補者に提供した選挙資金は，1県につき5億ルピア（約600万円）であったといわれる。地元NGOへの筆者インタビュー（2005年4月8日，バンジャルマシン）。

13) アブドゥル・ラザックは3人の県知事候補者がいる中で県議会30票中23票を獲得した。またワヒュディ・カスプル・アンワルは8人の県知事候補者がいる中で県議会40票中15票（第2回投票では上位2組の争いで26票）を集めて県知事に当選した。

ルン・ラヤ県でアブラヤシ・プランテーション開発に着手した時，地元住民との土地交渉においてムルン・ラヤ地方の社会・政治的有力一家の出身であるウィリー・ヨセフがスライマンに協力したのである[14]。

(4) さらなる政治・経済的利権を求めて —— 自治体新設運動の推進

　スライマンの政治・経済的野心は地方首長の擁立だけにとどまらなかった。地方分権化後のインドネシアでは自治体新設運動が各地で盛んになったが，スライマンもバリト地方を一つの州として中カリマンタン州から分立させ，バリト地方の政治・経済的コントロールをより一層強めようと試みた。しかし1999年に制定された地方行政基本法（1999年第22号法）では新州設立に3つ以上の県・市自治体が必要とされ，さらに2004年の法改正（2004年第32号法）によって新州設立には5つ以上の県・市自治体が必要となった。1999年当時のバリト地方には北バリト県と南バリト県の2県しかなく，新州の設立にはまず新県の設立が必要であった。

　1999年，スライマンは北バリト県北部のムルン・ラヤ地方を新県として分立させるため，ムルン・ラヤ県新設委員会を発足させた。ムルン・ラヤ地方にはハスヌル・グループが経営するアブラヤシ・プランテーションがあり，スライマンにとって経済的権益が大きい地方であった。スライマンはバクンパイ族のネットワークや地方政界の人脈，アブラヤシ・プランテーション開発のビジネス・ネットワークなどを利用して中央政界から地方政界まで各方面の有力者に協力を依頼した。その結果，ムルン・ラヤ県新設委員会には中央政府とのパイプ役としてバクンパイ族出身のゼイン・マウラニ国家情報調整庁長官（当時），州政府とのパイプ役としてウィリー・アンナニア・ガラ元州知事が参加したほか，北バリト県の県議会議員や県政府役人，ムルン・ラヤ地方のダヤック人の各部族の慣習長などが名を連ねた。スライマンの尽力は実を結び，ムル

---

14) ウィリー・ヨセフの祖父は地元の慣習長，父親は元郡長であり，ヨセフ一家への地元住民からの社会的信頼は厚い。スライマンはプランテーション用地を調達する際，ウィリー・ヨセフの協力によって1平方メートル当たり150ルピア（約18円）の安価で住民から土地を買い取ったといわれる（地元のNGOへの筆者インタビュー　2005年4月8日，バンジャルマシン）。アブラヤシ・プランテーションの土地価格は地域によって異なるが，参考までに，西カリマンタン州シンタン県とクタパン県では1平方メートル当たり500～1500ルピア（約60～180円）とされる（Investment Coordinating Board and Japan International Cooperation Agency 2005: 4）。

ン・ラヤ県構想は1999年末に北バリト県議会の承認を獲得し，2000年には州議会からも承認を取り付けた。そして2002年にはムルン・ラヤ県が中央政府の承認を得て，正式に発足した[15]。この新県の県知事に就任したのが，スライマンのビジネス・パートナーであったウィリー・ヨセフであった。

また，スライマンはムルン・ラヤ県新設運動を開始すると同時にバリト・ラヤ州新設運動にも着手した。新州バリト・ラヤ構想は，バリト川流域に位置する中カリマンタン州東部（現在の北バリト県，南バリト県，ムルン・ラヤ県，東バリト県）と南カリマンタン州のバリト・クアラ県を合併して新州を創設する構想である。バリト・ラヤ州新設運動にもスライマンの社会・経済・政治的ネットワークが使われ，ゼイン・マウラニ国家情報調整庁長官や州知事となったアスマウィ・アガニ，スライマンが選挙資金を提供したバリト地方の県知事たちが支持を表明した。しかし，この新州構想は州都の設定をめぐって中カリマンタン州側の4県と南カリマンタン州側のバリト・クアラ県が対立したため，暗礁に乗り上げた。さらに2005年には中央とのパイプ役であったゼイン・マウラニが他界し，アスマウィ・アガニ州知事も2008年の州知事選挙で敗北したため，現在では新州バリト・ラヤ構想の実現は遠のいている。しかしスライマンは2008年以降も，懇意の県知事たちとともにバリト・ラヤ州設立に向けてバリト地方の各県の意見調整を続けている（*Banjarmasin Post*, 10 March 2004, *Kalteng Post*, 26 June 2012）。

6.5　タンジュン・リンガ・グループ会長アブドゥル・ラシッド[16]

地方分権化後の中カリマンタン州において，社会・経済・政治的影響力を持つようになったもう一人の地元実業家は，州西部（コタワリンギン地方）を拠点とするタンジュン・リンガ・グループのアブドゥル・ラシッド会長である。アブドゥル・ラシッドとは一体どのような人物なのか。

---

15) ムルン・ラヤ県新設委員会についてはムルン・ラヤ県政府のウェブサイトを参照。
16) 以下に述べるアブドゥル・ラシッドの経歴については，1999年国民協議会議員プロフィール集（Yayasan API 2001: 1039）に基づく。

(1) コタワリンギン地方の木材マフィア

　アブドゥル・ラシッドは，1958年に西コタワリンギン県の県都パンカラン・ブンに生まれたマレー人の地元実業家である。アブドゥル・ラシッドは地元の高校を卒業後，中カリマンタン州で大規模な森林事業権を有していた林業公社インフタニに雇われて，西コタワリンギン県や東コタワリンギン県，南バリト県において木材の伐採・搬送を請け負うようになった。アブドゥル・ラシッドは，事業権区域の木材が枯渇してくると，インフタニの設定した年間木材生産目標を満たすために，事業権区域に隣接する保護林や国立公園に侵入して違法伐採を行い，また，余剰木材の密輸によって自らの富も蓄積した。特に1997年から1998年にかけては，アジア通貨危機によってインドネシア・ルピアが暴落し，マレーシア・リンギとの間に大幅な木材価格差が生じたことから，アブドゥル・ラシッドはマレーシアへの木材密輸によって巨万の富を築いた[17]。

　合法・違法な木材ビジネスによって富を蓄積したラシッドは，パンカラン・ブンを拠点にタンジュン・リンガ・グループを設立し，製材，合板加工，アブラヤシ・プランテーション開発，造船，海運業などに進出した。タンジュン・リンガ・グループは1990年代末までにはジャカルタとシンガポールに支店を持つ大企業に成長した。しかし，国内外の環境NGOや内陸部の一部住民は，タンジュン・リンガ・グループによる国立公園での違法伐採や事業権区域での乱伐による環境破壊を非難した。特に1999年末から2000年代初めにかけては，オーストラリアのメディアがタンジュン・リンガ・グループの違法伐採と環境活動家への暴力行為を取り上げたため，アブドゥル・ラシッドに対する国際的批判が高まった。アブドゥル・ラシッドは環境NGOの報告書において「木材マフィア（timber mafia）」と呼ばれるようになり，その悪名が国際的に広がった（Environmental Investigation Agency and Telapak Indonesia 2000）。

　違法伐採の元締めとして悪名高いアブドゥル・ラシッドであったが，地元の労働者や一部の住民からは，地元の雇用創出に貢献したとして支持されてもい

17）　アブドゥル・ラシッドのタンジュン・リンガ・グループによる違法伐採については，特に西コタワリンギン県のタンジュン・プティン国立公園での木材伐採が悪名高い。タンジュン・リンガ・グループの違法伐採については，Environmental Investigation Agency and Telapak Indonesia (2000) に詳しい。

た。また，タンジュン・リンガ・グループは社会貢献事業も行い，たとえばイスラム教の犠牲祭（イドゥル・アドハ）ではタンジュン・リンガ・グループの事業地周辺の村々やモスクに牛50頭を献上するなど，地元での社会的信頼の獲得・強化にも努めている（*Borneo News*, 17 November 2010）。その一方で，森林開発に反対する地元住民に対しては，屈強な部下たちを送り込んで，時には暴力的手段も用いて住民の抗議運動を抑え込んできた[18]。

(2) ラシッド・ファミリーの政界進出

　アブドゥル・ラシッドがコタワリンギン地方の社会・経済的影響力を拡大する中，アブドゥル・ラシッドの4歳年上の兄ルスランはゴルカル政治家として地方政界に影響力を持つようになった。ルスランは2003年にゴルカル党西コタワリンギン県支部長に就任し，2004年にはゴルカル党州支部の中央執行部長にも任じられた。西コタワリンギン県においてゴルカル党は民主化・地方分権化後も県議会第1党の座を維持し，1999年の総選挙では県議会30議席中10議席，2004年の総選挙でも10議席を獲得した[19]。ラシッド・ファミリーの影響力は県議会第2党の闘争民主党にも及んでおり，闘争民主党西コタワリンギン県支部長にはアブドゥル・ラシッドの従兄アグスティルが就任している[20]。

　1999年，アブドゥル・ラシッドはルスランやアグスティルの働きかけによって国民協議会の地方代表議員に任命され，国政に進出した（Yayasan API 2001: 1039）。首都ジャカルタで中央政財界との人脈を築いたアブドゥル・ラシッドは，特にゴルカル党の実業家出身の政治家たちと親しくなった。中でも大手企

---

18) しかし，タンジュン・リンガ・グループによる住民への暴力行為は，アブドゥル・ラシッドが地元メディアのダヤック・ポス紙や地元の新聞記者を買収しているため，表沙汰になることはない。地元NGOへの筆者インタビュー（2005年4月8日，バンジャルマシン）。

19) しかし2009年の総選挙では，ゴルカル党の議席獲得数は5議席にとどまり，県議会第1党の座はいずれも6議席を獲得した民主主義者党と闘争民主党に奪われた。西コタワリンギン県政府ウェブサイトを参照。

20) 闘争民主党は，1999年総選挙では8議席，2004年総選挙では6議席を獲得して西コタワリンギン県議会の第2党となった。また闘争民主党西コタワリンギン県支部の書記を務めるラフマット・ナスティオン・ハムカは，タンジュン・リンガ・グループの若手社員である。ラフマット・ナスティオン・ハムカは2004年総選挙で西コタワリンギン県議会議員に当選し，さらに2009年総選挙では州議会議員に当選した（*Banjarmasin Post*, January 20, 2005, *Radar Sampit*, January 23, 2007）。

業バクリー・グループを率いるアブリザル・バクリーとメディア・グループを率いるスルヤ・パロとはビジネス関係を構築し，2007年にはバクリー・グループとタンジュン・リンガ・グループ，2008年にはメディア・グループとタンジュン・リンガ・グループがコタワリンギン地方でのアブラヤシ・プランテーション開発の合弁事業に着手した（Morishita 2008）。

(3)　地方首長の擁立

　地方分権化後，アブドゥル・ラシッドは中央政財界との人脈づくりだけでなく，地方首長の擁立にも力を注いだ。アブドゥル・ラシッドは少なくとも5県の県知事選挙と州知事選挙において懇意の役人に選挙資金を提供したといわれる。選挙資金の提供を受けた地方首長候補者の多くは，スハルト時代にアブドゥル・ラシッドが林業公社の下請業者として木材ビジネスを展開していた西コタワリンギン県，東コタワリンギン県，南バリト県の当時の地方首長や森林局長，地方開発企画庁長官たちであった。2000年に実施された州知事選挙では元南バリト県知事のアスマウィ・アガニ，西コタワリンギン県知事選挙では元東コタワリンギン県森林局長のアブドゥル・ラザック，東コタワリンギン県知事選挙では元東コタワリンギン県地方開発企画庁長官のワヒュディ・カスプル・アンワルが，アブドゥル・ラシッドから選挙資金の提供を受けたといわれる。また，2003年に実施されたカティンガン県，スルヤン県，スカマラ県の県知事選挙では，それぞれ元東コタワリンギン県地方開発企画庁事務局長のドゥエル・ラウィン，地元実業家のダルワン・アリ，元南バリト県地方開発企画庁事務局長のナワウィ・マフムダに選挙資金を提供したといわれる[21]。また2003年のグヌン・マス県知事選挙で当選したジュダエ・アノンは，元西コタワリンギン県地方開発企画庁長官であり，彼もアブドゥル・ラシッドから選挙資金の提供を受けた可能性がある（表4.4参照）。

(4)　違法木材ビジネスの保護政策

　アブドゥル・ラシッドから選挙資金の提供を受けた県知事たちは，県知事権限を用いて地方条例を制定し，違法な木材伐採・搬送を事実上認めるような政策を実施するようになった。たとえば2000年に東コタワリンギン県が制定し

た県条例第14号では，木材搬送に必要な船積書類を持たない木材運搬船でも，県財務局に罰則料を支払えば東コタワリンギン県の港から出港を許可すると定められた[22]。また東コタワリンギン県知事のワヒュディ・カスプル・アンワルは，この条例によって東コタワリンギン県から出港した木材「密輸」船がジャワの入港先で受け入れられるよう，入港地の自治体政府に県代表団を派遣し，東コタワリンギン県条例への理解と東コタワリンギン県からの木材「密輸」船の入港を許可するよう説得に回った[23]。

また西コタワリンギン県では，インドネシア海軍によってタンジュン・リンガ・グループの違法行為が摘発された際，県を挙げてタンジュン・リンガ・グループを保護する運動が展開された。事件の経緯は以下のとおりである。

2001年11月，ジャワ島東海岸沖でタンジュン・リンガ・グループが雇用する3隻の木材運搬船が，船積書類不備の疑いでインドネシア海軍に拿捕された。3隻の木材運搬船は，中カリマンタン州から中国へ向けて木材を輸送する途中であった。インドネシア海軍は船員とともにタンジュン・リンガ・グループの社員であるラフマット・ナスティオン・ハムカを責任者として拘束し，事情聴取のため国家警察に身柄を引き渡した。この事件に対して，タンジュン・リンガ・グループの本社があるパンカラン・ブンでは，約6000人の抗議集会が開かれ，拿捕された船舶の西コタワリンギン県への帰還と，西コタワリンギン県の地裁での裁判の実施が訴えられた。また，西コタワリンギン県議会議員や地元の実業家たちはジャカルタでロビー活動を展開し，ムハマド・プラコサ林業大臣（当時）やハリ・サバルノ内務大臣（当時），ダイ・バフティアル警察長官（当時）らと面会した。西コタワリンギン県知事アブドゥル・ラザックも中央政府に対して地裁での公判を求める書簡を提出した。2002年5月，西コタワリンギン県からの抗議運動を受けて，ダイ・バフティアル警察長官はメガ

---

21) 地元NGOへの筆者インタビュー（2005年4月8日，バンジャルマシン）。
22) アスマウィ・アガニ州知事も，罰則料収入の一部を州政府と中央政府に分配することを条件にこの県条例を承認した。県条例の施行後，東コタワリンギン県の政府収入は大幅に増加し，2000年4月から6月までのわずか3ヶ月間で約240億ルピア（約2億8000万円）が木材業者から県政府に支払われた（Casson 2001: 10-13）。しかし同県条例は，中央政府が反対したため後に廃止になった。
23) 東コタワリンギン県政府の要請に対し，東ジャワ州ブリタル県政府は2000年9月に，「違法」木材1立方メートルにつき8万5000ルピア（約1000円）を徴税するという条件で，東コタワリンギン県からの木材「密輸」船の入港を認めた（Casson 2001: 13）。

ワティ大統領（当時）に対して3隻の木材運搬船は貨物の責任を負うものではないとの報告書を提出した。数日後，船舶と乗組員は拘束を解かれた（*Jakarta Post*, 15 November 2001 : *Radar Sampit*, 16 February 2007）。

　タンジュン・リンガ・グループによる木材の密輸が当局の摘発を免れた背景には，おそらく警察の無能や汚職といった単なる国家機構の機能不全の問題だけでなく，アブドゥル・ラシッドが地方政界の顔役であったことや彼がジャカルタの経済界にとって重要なビジネス・パートナーであったことが関係していたと考えられる。たとえば上述のように，中央政財界の有力者であるアブリザル・バクリーとスルヤ・パロは，中カリマンタン州のアブラヤシ・プランテーション開発においてアブドゥル・ラシッドのタンジュン・リンガ・グループと合弁事業を立ち上げていた。アブドゥル・ラシッドが違法伐採や木材密輸の容疑で逮捕されることになれば，コタワリンギン地方で大規模な商業伐採やアブラヤシ・プランテーション開発を手掛けるジャカルタの大手企業は，また新たなビジネス・パートナーを探さなければならない。しかし，アブドゥル・ラシッドのようにある程度の資金力と労働力を確保でき，さらには地元住民や地方政界にも顔が利く地元実業家はそういない。インドネシアでは2001年から中央政府主導で違法伐採の取り締まりが行われているが，中小規模の木材業者が逮捕されることがあっても，その元締めたちが司法当局の追及を免れているのは，アブドゥル・ラシッドのように地方政界や中央政財界に顔が利く地方有力者たちがその背後にいるためであると考えられる[24]。

　以上のスライマンとアブドゥル・ラシッドの台頭過程からは，地方分権化後の中カリマンタン州の政治的特徴として，スハルト時代に林業公社やジャカルタの大手企業の下請けをしていた地元業者たちが，合法・違法な木材ビジネスを通して次第に社会・経済的影響力を拡大し，地方分権化後はスハルト時代に築いた資金力を使って懇意の地方役人やビジネス・パートナーを地方首長に擁立し，政治的にも台頭するようになったことが分かる。では，こうした地元実業家の社会・経済・政治的台頭に対して，1980年代半ばまで地方政界にそれなりの影響力を持っていたナジュ族を中心とするキリスト教徒のダヤック人エリートたちは，どのように対抗しようとしたのだろうか。

---

24) 中央政府による違法伐採の取り締まりとその評価については，Environmental Investigation Agency and Telapak Indonesia（2007）を参照。

6.6　キリスト教徒のダヤック人政治エリート

　1980年代半ば以降，キリスト教徒のダヤック人たちは1987年にティリック・リウ元州知事が他界したことで，政治的・精神的指導者を失った状態にあった。また地方政府の要職から外されるようになったため，ムスリムの地方役人のように地元実業家と懇意の関係を結ぶことができなかった。そうした中，1990年代からキリスト教徒のダヤック人たちの社会的支持を集めるようになったのが，地元パランカラヤ大学で教鞭をとっていたナジュ族出身のウソップであった。ウソップ本人はイスラム教に改宗していたが，ウソップの父は神学校の教師であり，また，ウソップの妻はキリスト教徒のダヤック人であった。またウソップの義理の祖父は州中部の慣習長たちをまとめる大慣習長であったため，ウソップは州中部のナジュ族を中心にキリスト教徒のダヤック人たちの信頼を獲得するようになった[25]。ウソップは2000年の州知事選挙の有力候補者の一人であり，第2章で述べた民族紛争の扇動者でもあった。以下では，ウソップの経歴を通して，キリスト教徒のダヤック人政治エリートたちが，地方分権化後の地元実業家と彼らと懇意のムスリムの地方政治エリートたちの台頭に対して，どのように対抗しようとしたのかをみていきたい。

(1)　ウソップの社会的台頭

　ウソップは1936年にカプアス県ブラワンに生まれたナジュ族出身のダヤック人である。ウソップはジョグジャカルタの高校に進学後，1955年にインドネシア大学文学部に入学した。しかし1年後には中退してジャカルタのジャーナリズム専門学校（在学期間1957～1958）や国立演劇学校（在学期間1958～1959）に通うようになり，さらに1962年にはインドのデリー大学に留学した。1965年に学士号を取得すると，今度はデリー総合大学に進学し，1967年に修士号を取得した。ウソップは修士号取得後，ニュー・デリー国際法律専門学校に入学し，1969年まで在籍した。またジャカルタとニュー・デリーでは，学

---

25)　地元NGOへのインタビューに基づく（パランカラヤ，2004年2月17日）。

費と生活費を稼ぐため，学業のかたわら新聞社やラジオ局にも勤務した。ウソップは1970年代前半にインドから帰国し，故郷の中カリマンタン州に戻ってパランカラヤ大学に就職した（MPR RI Secretariat General and Internatoina IDEA 2005）。

　1993年，ウソップは中カリマンタン州のダヤック人が社会・経済・政治的に不当な扱いを受けているとして，ダヤック人の地位向上を目指す社会組織LMMDD-KTを設立した。スハルト体制下ではLMMDD-KTのように特定の民族の利益を優先する組織の結成が厳しく制限されていたが，当時ウソップはゴルカル州支部の広報部長であり，また，州政府は州人口の4割以上を占めるダヤック人を政治的に取り込む必要があったことから，LMMDD-KTの設立を承認したと考えられる。

　LMMDD-KTは1990年代後半には中カリマンタン州の全県に支部を持つようになり，様々な青年組織とも連携してダヤック人の若者からも支持を獲得した（Klinken 2007：8, 129）。LMMDD-KTの組織力は地元の政治家や役人たちにも無視できないものとなり，ダヤック人政治エリートの中にもLMMDD-KTに所属する者が現れるようになった。たとえば1999年時点でLMMDD-KT東コタワリンギン県支部には，東コタワリンギン県地方開発企画庁長官のワヒュディ・カスプル・アンワル（LMMDD-KT県支部相談役会副議長），県官房長補佐官のドゥエル・ラウィン（LMMDD-KT県支部政治委員会議長），県地方開発企画庁インフラ局長のフェドリック・アッセル（LMMDD-KT県支部書記）が名を連ねていた。また，バリト地方では2000年にウィリー・ヨセフ闘争民主党ムルン・ラヤ支部長がLMMDD-KTのムルン・ラヤ支部長に就任した[26]。

(2) LMMDD-KT の政治的限界

　LMMDD-KTを通じてダヤック人の支持基盤を確立したウソップは，2000年の中カリマンタン州知事選挙に立候補した。ウソップはそれまで所属していたゴルカル党を離れて当時州議会の第1党であった闘争民主党に移籍し，闘争

---

26) ワヒュディ・カスプル・アンワル，ドゥエル・ラウィン，ウィリー・ヨセフはそれぞれ地方分権化後に東コタワリンギン県知事，カティンガン県知事，ムルン・ラヤ県知事に当選した。彼らのLMMDD-KTでの役職については，県・市政府所蔵の地方首長プロフィールを参照した。

民主党の公認候補として出馬した。副州知事候補としてペアを組んだのは，キリスト教徒のナジュ族で闘争民主党州支部長のアトゥ・ナランであった。ウソップとナランのペアは，州議会議員24人に対して1人につき1億ルピア（約125万円）を支払ったといわれるが，前述のようにスライマンやアブドゥル・ラシッドなど地元の大物実業家から選挙資金の提供を受けていたアスマウィ・アガニ候補の資金力には敵わなかった（Klinken 2002: 80）。2000年の州知事選挙において，ウソップは4票差で州知事の座を逃した。

　他方，LMMDD-KT東コタワリンギン県支部幹部であるワヒュディ・カスプル・アンワルは2000年の東コタワリンギン県知事選挙で当選を果たした。しかし彼はスライマンやアブドゥル・ラシッドなど地元実業家からも資金提供を受けており，県知事に当選できたのはLMMDD-KTの組織力というよりも地元実業家から提供された選挙資金のおかげであった。そのため，ワヒュディ・カスプル・アンワルはLMMDD-KTメンバーに特に恩義を感じず，県政府人事ではLMMDD-KTメンバーを要職に取り立てなかった。県政府の要職に任命されたのはワヒュディ・カスプル・アンワルと同じ宗教的背景を持つムスリムの役人たちであった。この県政府人事に不満を持ったキリスト教徒のLMMDD-KTメンバーたちが起こしたのが，2000～2001年の民族紛争であった（International Crists Group 2001）。

　民族紛争後，暴力的動員力を誇示したキリスト教徒のダヤック人政治エリートたちは，LMMDD-KT幹部を中心に県知事ポストを獲得するようになった。LMMDD-KTの東コタワリンギン県支部政治委員会議長であったドゥエル・ラウィンは2003年にカティンガン県知事に当選し，また，LMMDD-KTムルン・ラヤ支部長であったウィリー・ヨセフもムルン・ラヤ県知事に当選した。さらに2003年のラマンダウ県知事選挙では，パランカラヤ大学時代からウソップと親しいブスタニ・マムッド元パランカラヤ大学講師が県知事に当選した。ブスタニ・マムッドは，1996年にLMMDD-KTがダヤック人の慣習長を集めて開催した会議において議長を務めた人物である（第3章参照）。また，ムスリムが県知事を務める自治体においては，キリスト教徒の役人にも県行政の要職が分配されるようになり，紛争への関与で逮捕されたフェドリック・アッセルは，スルヤン県の国民統一局長に任じられた。

　しかし，ドゥエル・ラウィンとウィリー・ヨセフは地元実業家のスライマンやアブドゥル・ラシッドからも資金提供を受けており，県知事選挙で当選した

のは，LMMDD-KT の組織力というよりも地元実業家との結びつきによるところが大きかった。また，LMMDD-KT の幹部たちが県知事ポストを獲得できたのは内陸部の経済的利権の小さい，低開発県ばかりであった。結局のところ，中カリマンタン州の地方政治エリートが経済的利権の大きい，資源開発が盛んな自治体の地方首長ポストを獲得するには，地元実業家の資金力と社会・経済的ネットワークに頼らざるを得ず，暴力を政治的手段として用いた LMMDD-KT には政治的限界があった。

6.7 直接選挙制導入後の政治的展開

(1) 2005 年州知事選挙におけるキリスト教徒のダヤック人州知事の誕生

　地方首長の直接選挙制が導入された 2005 年，LMMDD-KT の組織力に頼らずに地方首長ポストを獲得したキリスト教徒のダヤック人が現れた。2005 年の州知事選挙で当選した前国会議員のテラス・ナランである。州知事選挙に出馬した州知事候補者は 5 人おり，テラス・ナランのほかに，前州知事のアスマウィ・アガニ，前州官房長のニヒン，前州議会議長のファウジ・ザイン，そして LMMDD-KT 代表のウソップが出馬していた（表 6.2 参照）。有権者による直接投票の結果，テラス・ナランが得票率 44.0 ％を獲得し，圧倒的優位で当選を果たした。地元実業家スライマンの後ろ盾を持つアスマウィ・アガニはテラス・ナランに 20 ％以上もの得票率の差を付けられ，また，LMMDD-KT の組織力を持つはずのウソップは 4.5 ％の得票率しかなく最下位に終わった。テラス・ナランと他の 4 人の候補者の大きな違いは，テラス・ナランが唯一のキリスト教徒のダヤック人候補者だったことである。この選挙結果は，直接選挙制の導入によって，キリスト教徒のダヤック人政治エリートがスハルト時代以前の政治的影響力を取り戻したことを示しているのだろうか。
　答えは否である。テラス・ナランにも地元実業家からの支援があった。ただし，直接選挙においては地元実業家の支援だけでは十分でなく，州内の有権者に広く届く社会・経済・政治的ネットワークを持っていなければならない。直

表6.2 2005年州知事選挙における正副州知事候補者の民族・宗教・職業・得票率

	候補者氏名	民族*	宗教	職業等	得票率
1	(正) テラス・ナラン	ナジュ族	キリスト教	国会議員	44.0%
	(副) アフマド・ディラン	ジャワ人	イスラム	州事務局補佐	
2	(正) アスマウィ・アガニ	バクンパイ族	イスラム	現職州知事	20.6%
	(副) カハヤニ・アンデレン	ダヤック人	イスラム	州警察署長	
3	(正) ニヒン	ナジュ族	イスラム	州官房長	20.3%
	(副) ヌサ・トゥンダン	ナジュ族	キリスト教	国会議員	
4	(正) ファウジ・ザイン	ダヤック人	イスラム	州議会議長	10.8%
	(副) ハルヤント・ガラン	ダヤック人	キリスト教	大学教員 LMMDD-KT	
5	(正) ウソップ	ナジュ族	イスラム	地方代表議会議員, LMMDD-KT	4.5%
	(副) リンコ・ノルキン	不詳	イスラム	州議会議員	

＊出身部族が判明している者については部族名で表している。
(出所：中カリマンタン州政府ウェブサイトを参照：http://www.kalteng.go.id/INDO/rekapilkada2005gub.htm)

接選挙制導入後のインドネシア各地の地方首長選挙を分析したアスピナル (Aspinall 2011: 307-309) によると，地方首長直接選挙では自治体内により広範なパトロン・クライアント・ネットワークを持つ候補者が有利である。テラス・ナランは5人の州知事候補者たちの中で唯一のキリスト教徒であったが，州人口に占めるキリスト教徒の割合は18.6％しかなく，テラス・ナランはキリスト教徒以外からも票を集めたことが分かる。テラス・ナランがペアを組んだ副州知事候補のアフマド・ディランは候補者の中で唯一のジャワ人であり，テラス・ナランはジャワ人有権者からも票を集めたと推測できる。有権者の民族構成は公開されていないが，州人口に占めるジャワ人の割合をみると21.6％であり[27]，中カリマンタン州のキリスト教徒とジャワ人の割合を合計すると，テラス・ナランの得票率とほぼ一致する。しかし，テラス・ナランはキリスト教徒やジャワ人の人口が比較的少ない自治体でも得票率が高かった。たとえばスルヤン県でのテラス・ナランの得票率は47.9％だったが，スルヤン県のキリスト教徒は県人口の8.2％，ジャワ人は17.9％を占めるに過ぎない[28]。

---

27) 2010年人口センサス (Badan Pusat Statistik 2010: 36-41) より筆者算出。
28) スルヤン県でのテラス・ナランの得票率は州政府が公表した選挙結果 (Pemerintah Provinsi Kalimantan Tengah 2005) を参照。

テラス・ナランは一体どのようにして票を集めたのか。テラス・ナランは大学時代をジャカルタで過ごし，卒業後はジャカルタで弁護士をしていたため，スハルト時代から中カリマンタン州の社会・経済・政治的ネットワークを構築してきた他の候補者に比べて不利なはずであった。しかし，テラス・ナランは中カリマンタン州中部の有力ファミリーの出身であり，兄アトゥ・ナランは闘争民主党の州支部長であった。アトゥ・ナランは2000年の州知事選挙でウソップとペアを組んで副州知事に立候補した人物である。また，テラスの祖父アウグストはカプアス県マンドマイ地方の慣習長であり，地元の教会指導者でもあった。父親のワルデナルは地元実業家であり，インドネシア独立後に植民地時代のオランダ企業を接収して木材や石油などの流通を扱う会社を設立した。さらに叔父のワルマンはインドネシア独立闘争期に共和国軍兵士として戦い，独立後はダヤック慣習評議会の議長を務めた人物である[29]。ナラン・ファミリーはスライマンやアブドゥル・ラシッドほどの資産家ではなかったが，州知事選挙では，闘争民主党の集票マシーンやダヤック慣習評議会の社会的影響力，キリスト教会ネットワーク，ビジネス・ネットワークなど州全体に広がる社会・経済・政治的ネットワークを利用することができた。
　また，州西部のコタワリンギン地方の地方権力アクターであるアブドゥル・ラシッドは，以前からテラス・ナランの兄アトゥ・ナランと協力関係を築いていたようであり，テラス・ナランはアブドゥル・ラシッドが影響力を持つ西コタワリンギン県で45.1％の得票率を獲得した。アブドゥル・ラシッドは2000年にタンジュン・リンガ・グループの違法伐採問題をめぐって州議会特別聴取会に召喚されたが，その時，特別聴取会の議長を務めたのが当時州議会副議長であったアトゥ・ナランであった。アブドゥル・ラシッドは特別聴取会を欠席したが，州議会は本人不在のままタンジュン・リンガ・グループへの全面的支持を表明した（*Banjarmasin Post*, 4 November 2000）。また，アブドゥル・ラシッドの従兄アグスティルは闘争民主党の西コタワリンギン県支部長であった。
　他方，州知事選挙で敗北した前州知事のアスマウィ・アガニは，州東部のバリト地方の地方権力アクターであるスライマンの後援を受け，利用できる社会・経済・政治的ネットワークとしては，アスマウィ・アガニ本人が州支部長を務めるゴルカル党の集票マシーン，スライマンが会長を務めるバクンパイ家

29）　地元NGOへのインタビューに基づく（バンジャルマシン，2005年7月29日）

族協会のネットワーク,州政府の官僚ネットワーク,スライマンとアスマウィ・アガニが擁立したバリト地方の県知事たちが持つ官僚ネットワーク,ビジネス・ネットワークなどが利用できた。しかし,そうしたアスマウィ・アガニの社会・経済・政治的ネットワークは州東部に偏っていたため,州全体に広がる社会・経済・政治的ネットワークをもつナラン・ファミリーには集票力において及ばなかった。

(2) テラス・ナランの支持基盤の拡大と2010年州知事選挙

　州知事就任後のテラス・ナランは,石炭輸送鉄道の建設計画など州のインフラ開発に力を注ぐ一方(Morishita forthcoming),社会的にはダヤック人指導者としての地位の確立を目指した。2008年には全国ダヤック慣習協議会(Majelis Adat Dayak Nasional, MADN)の会長に就任し,カリマンタン各州のダヤック人慣習長とつながりを持つようになった。MADNはダヤック人の社会,経済,健康,教育の向上を目指し,カリマンタン各州にそれぞれあるダヤック慣習評議会を下部組織に組み入れた,インドネシア全国及ボルネオ島全土のダヤック人を代表する組織である(*Menara News*, 2 September 2013)。テラス・ナランはこのMADNの会長として,中カリマンタン州のダヤック慣習評議会だけでなく,他の州のダヤック慣習評議会の指導者たちとも交流をもつようになった。また,テラス・ナランは州行政においてもダヤック人の権利を保護する立場を明確に示し,ダヤック人の慣習地の権利を保障する州知事令(2009年州知事令13号)などを発布した[30]。

　経済開発とダヤック人の権利の保障を施政の柱としたテラス・ナランであったが,2010年の州知事選挙において有権者の支持率は伸びなかった。テラス・ナランの得票率は前回よりも1.7％落ちた42.3％であった(*Tempo Interaktif*, 15 June 2010)。それでもテラス・ナランが再選できたのは,ライバル候補者たちの票がバクンパイ族を中心とするゴルカル党内の政争によって割れたためである。

　2010年の州知事選挙ではテラス・ナランのほかに,前プラン・ピサウ県知

---

[30] しかし2009年州知事令13号が保障するのは個人の慣習地の権利であり,共有地の権利については保証されていない(Pusat studi Hukum dan Kebijakan Indonesia 2009: 3-4)。

表6.3　2010年州知事選挙における正副州知事候補者の民族・宗教・職業・得票率

		候補者氏名	民族＊	宗教	職業等	得票率
1	（正）	テラス・ナラン	ナジュ族	キリスト教	現職州知事	42.3 %
	（副）	アフマド・ディラン	ジャワ人	イスラム	現職副州知事	
2	（正）	アフマド・アムル	バンジャル人とバクンパイ族の混血	イスラム	プラン・ピサウ県知事	37.7 %
	（副）	バハルディン・リサ	バクンパイ族	イスラム	南バリト県知事	
3	（正）	アフマド・ユリアンシャ	バクンパイ族	イスラム	北バリト県知事	15.8 %
	（副）	ディディック・サルミヤディ	ジャワ人	イスラム	退役軍人 元東コタワリンギン県知事 国会議員	
4	（正）	ユアンドリアス	カティンガン族	キリスト教	元国軍特殊部隊	4.3 %
	（副）	バスキ	ジャワ人	イスラム	職業不詳	

＊出身部族が判明している者については部族名で表している。
（出所：*Tempo Interaktif* 15 June 2010）

事のアフマド・アムル，前北バリト県知事のアフマド・ユリアンシャ，国軍の特殊部隊に所属していたユアンドリアスが出馬していた（表6.3参照）。このうち，アフマド・アムルとアフマド・ユリアンシャはバクンパイ族出身であり，いずれもゴルカル党の地方幹部であった。

　ゴルカル党の候補者選定では，当初，州東部のバリト地方の県知事でスライマンとの結びつきが強いアフマド・アムルとアフマド・ユリアンシャ，州西部のコタワリンギン地方の県知事でアブドゥル・ラシッドとの結びつきが強いアブドゥル・ラザックとワヒュディ・カスプル・アンワルの4人が有力視されていた（*Kompasiana*, 24 January 2010）。アブドゥル・ラザックはバクンパイ族出身でゴルカル党州支部長でもあり，アブドゥル・ラザックが州知事候補になっていれば，アブドゥル・ラシッドからの資金援助とゴルカル党やバクンパイ族のネットワークを使って最多得票を集めたかもしれない。

　しかし，アブドゥル・ラザックは公認候補に選ばれなかった。ゴルカル党は，世論調査機関インドバロメーターによる事前支持率調査をもとにアフマド・ユリアンシャを公認候補に決定した（*Kompasiana*, 24 January 2010）。アブドゥル・ラシッドと親しいアブドゥル・ラザックとワヒュディ・カスプル・ア

ンワルは副州知事候補にさえも選ばれず,ゴルカル党の副州知事候補に選ばれたのは,スハルト時代の東コタワリンギン県知事(1995～2000)で2010年当時は国会議員であった退役軍人のディディック・サルミヤディであった。ディディック・サルミヤディは民主主義者党の州支部長でもあった。

アブドゥル・ラザックがゴルカル党の公認を得られなかった背景には,ゴルカル党総裁アブリザル・バクリーの影響があったのかもしれない。公認候補の決定には党中央執行部の承認が必要である。当時,アブリザル・バクリー総裁は,アブドゥル・ラシッドがバクリー・グループとのアブラヤシ・プランテーション合弁事業に合意しておきながら,2009年のゴルカル党総裁選でアブリザル・バクリーのライバルだったスルヤ・パロのメディア・グループとも合弁事業を進めていることに不満を持っていた(*Kompasiana*, 20 May 2010)。アブドゥル・ラシッドと懇意のアブドゥル・ラザックが州知事に当選すれば,中カリマンタン州でのアブドゥル・ラシッドの政治的影響力がさらに増すことになる。アブリザル・バクリー総裁はアブドゥル・ラシッドの政治的伸張を避けるために,アブドゥル・ラシッドの政治的影響力が小さいバリト地方の有力政治家であるアフマド・ユリアンシャを公認に望んだのかもしれない。このことが背景となって,アブドゥル・ラシッドは州知事選挙においてテラス・ナランを支持したとも考えられる。

ゴルカル党の公認を得たアフマド・ユリアンシャは,スライマンと懇意の県知事であったが,スライマンはゴルカル党中央執行部の影響力が強いアフマド・ユリアンシャよりも,党公認を逃したアフマド・アムルの支持に回った。スライマンが会長を務めるバクンパイ家族協会がアフマド・アムルへの支持を表明したのである(*Palangka Post*, 8 March 2010)。アフマド・アムルはゴルカル党を離党し,イスラム系諸政党(開発統一党,国民信託党,民族覚醒党,月星党,ウラマー覚醒党)と新党のグリンドラ党とハヌラ党から公認を獲得した。また,アフマド・アムルとペアを組んだ副州知事候補は,スライマンと懇意である前南バリト県知事でバクンパイ族出身のバハルディン・リサであった。アフマド・アムルの支持政党である7党の集票力は,合計すればアフマド・ユリアンシャを公認するゴルカル党と民主主義者党の集票力に匹敵した[31]。また,ゴル

---

[31] これら7政党は,2009年総選挙において合計すると22万1599票を中カリマンタン州で獲得した。これに対して,闘争民主党の獲得票数は21万7606票,ゴルカル党と民主主義者党の獲得票数はそれぞれ12万4344票,11万3738票であった(Komisi Pemilihan Umum 2009)。

カル党員の中には公認を逃したアフマド・アムルに投票した者もいた（*Tribun News*, 11 Juni 2010）。それはすなわち，テラス・ナランのライバル候補者の票が割れたことを意味していた。

州知事選挙において，スライマンが推していたアフマド・アムルは得票率37.7％を集めたが，テラス・ナランが闘争民主党の集票マシーンや村レベルまで広がるダヤック慣習評議会のネットワーク，キリスト教会ネットワーク，州政府の官僚ネットワーク，ナラン・ファミリーやおそらくアブドゥル・ラシッドのビジネス・ネットワークなどを利用して集めた得票数には敵わなかった。

(3) キリスト教徒のダヤック人政治エリートの政治的限界

2010年の州知事選挙で再選を果たしたテラス・ナランであったが，先にも述べたように，キリスト教徒のダヤック人政治エリートがスハルト時代以前の政治的影響力を取り戻したわけではなかった。地方分権化後のインドネシアでは県・市自治体に各種行政権限が移譲されたため，県・市行政に対する州知事の影響力には限界がある。また，民主的選挙制度の下では州知事が表立って県知事・市長選挙に介入することが難しい。県・市自治体においては，やはり地元に緊密な社会・経済・政治的ネットワークを持つ地元実業家の影響力が強い。テラス・ナランの兄で闘争民主党州支部長のアトゥ・ナランもそのことを理解しており，地方首長選挙ではキリスト教徒のダヤック人に限らず地元に強い支持基盤を持つ候補者であれば，闘争民主党の公認候補として承認した[32]。

すでに第4章でみたように，2013年の時点でキリスト教徒のダヤック人が地方首長を務める自治体は，内陸部の4県（カティンガン県，グヌン・マス県，ラマンダウ県，ムルン・ラヤ県）だけである。いずれの県もインフラ整備の遅れにより経済開発が進んでいない。他方で，州東部のバリト地方ではスライマンの後援を受けた候補者たちが県知事に当選・再選し，彼らが県知事二期目を終

---

32) たとえば2011年の南バリト県知事選挙では，闘争民主党はバクンパイ族出身のファリド・ユスランを公認候補とした。南バリト県では県人口の25.6％をキリスト教徒が占めているが，闘争民主党がキリスト教徒のダヤック人候補者を立てることはなかった。バクンパイ族の社会・経済・政治的紐帯は強く，ファリド・ユスランは県知事就任後，スライマンが会長を務めるバクンパイ家族協会の南バリト県支部長に就任した（*Tribun Kalteng*, 27 July 2011）。

えた後の県知事選挙でもバクンパイ族の役人や実業家，前県知事の家族などが県知事に当選している。また州西部のコタワリンギン地方では，アブドゥル・ラシッドの後援を受けた県知事の多くが2期を務め，その後の県知事選挙では前県知事の家族が県知事に当選している例がみられる（表4.4参照）。

しかし，アブドゥル・ラシッドの本拠地である西コタワリンギン県では，アブドゥル・ラシッドと直接のビジネス関係を持たない地元実業家ウジャン・イスカンダルが2005年の県知事選挙で県知事に当選した。その背景には，タンジュン・リンガ・グループの強引なプランテーション開発に対する一部の地元住民の反発や，アブドゥル・ラシッドとのビジネスに不満を持つゴルカル党総裁のアブリザル・バクリーの影響力があったといわれる[33]。

しかし，今日の中カリマンタン州では東カリマンタン州のように中央政界による政治と資源のコントロールが強まったというわけではない。ウジャン・イスカンダル県知事の下で，アブドゥル・ラシッドの会社が所有する各種事業権が剥奪されたわけではなく，タンジュン・リンガ・グループは，西コタワリンギン県においてアブラヤシ・プランテーション開発事業をますます拡大している（*Borneo News*, 10 November 2013）。また，ウジャン・イスカンダル県知事自身も地元実業家の出身であり，コタワリンギン地方で地元実業家の政治的影響力が強いことに変わりはない。中央政財界の有力者たちは，中カリマンタン州で社会・経済的影響力を持つ地元実業家の中から，自らの政治的パートナーを選んでいるだけである。

以上にみるように，地方分権化後の中カリマンタン州ではスハルト時代の森林事業地を中心に，地元実業家が社会・経済・政治的影響力を強めた。彼らは中央政財界の有力者とも協力関係を築き，今日の主要産業であるアブラヤシ・

---

33) ウジャン・イスカンダルは2005年の県知事選挙で初当選し，2010年の県知事選挙でも再選を果たした。アブドゥル・ラシッドが後援していた県知事候補者は，2005年は前西コタワリンギン県知事のアブドゥル・ラザック，2010年はアブドゥル・ラシッドの甥のスギアントであった。また2010年の県知事選挙では，ゴルカル党総裁アブリザル・バクリーがゴルカル党県支部長でアブドゥル・ラシッドの兄ルスランに対し，スギアントではなくウジャンを党の公認候補にするよう指示した。ルスランは指示に従ったが，県知事選挙中はゴルカル党県支部長の活動を凍結した。アブリザル・バクリー党総裁は，アブラヤシ・プランテーション事業をめぐってアブドゥル・ラシッドに不満があり，アブドゥル・ラシッドではなくウジャン県知事と協力関係を結ぶことで西コタワリンギン県のアブラヤシ・プランテーション開発に進出することを目論んだといわれる（*Kompasiana*, 20 May 2010）。

プランテーション開発や石炭産業の利権を貪っている。逆に言えば，中央政財界は地元の有力実業家を無視して中カリマンタン州の政治とビジネスに関与することはできないのである。他方，スハルト時代に政治的に周縁化されていたキリスト教徒のダヤック人政治エリートたちは，州知事選挙ではナラン・ファミリーの持つ広範な社会・経済・政治的ネットワークによって勝利を得たものの，県レベルでは，開発利権の少ない内陸部の県知事ポストを獲得しただけである。また，州知事選挙においては地元実業家の協力も不可欠である。こうしたことから，中カリマンタン州の権力と利権をめぐる競争は，今後も地元実業家が有利に進めるものと考えられる。

第7章

西カリマンタン州の地方政治・経済構造
―群雄割拠する中小規模の地方有力者たち

扉写真

　西カリマンタン州サンガウ県の県議会議事堂（2003年12月4日，サンガウ。筆者撮影）。2003年のサンガウ県知事選挙では，議事堂内で県議会議員による投票が行われる中，議事堂前に各候補者の支持者が数百人集まり，にらみ合いを続けた。地方分権化後の西カリマンタン州では地方首長候補者たちが住民からの支持を演出するために，こうした住民動員をよく行うようになった。

本章では，西カリマンタン州における経済構造と地方分権化後の政治構造の関係性をみていきたい。スハルト時代の西カリマンタン州の主要産業は中カリマンタン州と同じ木材産業であったが，ここでは中カリマンタン州の地元実業家のように複数の県に跨って社会・経済・政治的影響力を持つ大物実業家は成長しなかった。地方分権化後の西カリマンタン州で地方首長ポストを獲得したのは，スハルト時代から県政府や郡役所で働いていた地元出身の地方役人たちであった。しかも彼らは，スハルト時代の正副地方首長や地方官房長，地方議会の議長といったトップクラスの県政治エリートでもなかった。元郡長が県知事選挙に当選した例も多くみられる。西カリマンタン州では，なぜこういったスハルト時代の県・郡レベルの地方政治エリートたちが地方権力を握るようになったのか。以下では，西カリマンタン州の社会的特徴，地方分権化以前の政治構造，地方経済構造を確認した上で，西カリマンタン州の地方権力アクターとして最も典型的といえる，郡長から州知事にのし上がったコーネリスの台頭過程をみていきたい。そこから地方分権化後にみられるようになった西カリマンタン州の政治構造とその地方経済構造との関係性を探っていきたい。

7.1　西カリマンタン州の社会的特徴とスハルト時代の政治構造

(1)　ダヤック人の民族的流動性

　スハルト時代の西カリマンタン州の社会的特徴は，ダヤック人とマレー人の拮抗であった。2000年の人口センサスをみてもダヤック人が州人口の33.1％，マレー人が32.4％を占めている（*Kalimantan Review* 95: 20）。しかし，2010年の人口センサスでは，ダヤック人が大幅に増えて州人口の50.1％を占めるようになった。他方でマレー人は州人口のわずか18.5％にまで減少している（Badan Pusat Statistik 2010: 26-41）。これは2000年から2010年までの間にダヤック人の出生率が急激に高まったからでも，州外で就学・就労していたダヤック人が大量に西カリマンタン州に戻ってきたからでもない。ダヤック人とマレー人の人口比率が10年間で大きく変化した背景には，スハルト時代にダ

ヤック人が婚姻等でイスラム教に改宗した場合,「マレー人」の民族範疇に再分類されてきたことがある。

　この,ダヤック人がイスラム教に改宗すると「マレー人に入る（masuk Melayu)」という西カリマンタン州の社会的慣行は,1996〜1997年の民族紛争でダヤック人の社会・政治的影響力が強まると次第に崩れていった。イスラム教徒の「元」ダヤック人たちがマレー人であると名乗るのをやめ,再びダヤック人と名乗るようになったのである（Pasti 2003: 125-126)。2010年の人口センサスでは,そうしたイスラム教徒の「元」ダヤック人たちによるダヤック人への回帰が統計上にも反映されたとみられる。2010年の人口センサスにおける西カリマンタン州の宗教構成をみると,キリスト教徒が州人口の34.3％を占めており,2000年の人口センサスにおけるダヤック人の割合に近い数値を示している。言い換えれば,2010年の人口センサスに記載されたダヤック人のうち2割程度はイスラム教徒であり,もともとはマレー人と名乗っていたと考えられる。

　このことから西カリマンタン州のダヤック人は,ダヤック人という民族範疇に固執せず,その時々の社会・政治情勢に合わせて民族的アイデンティティを使い分けていることがうかがえる。そして2000年代以降の西カリマンタン州では,ダヤック人と名乗ることがマレー人と名乗るよりも,あらゆる社会・経済・政治的機会を得るためにより有効であると考えられるようになったことがうかがえる。では一体なぜ,2000年代以降の西カリマンタン州ではダヤック人であることが有利であると判断されるようになったのか。

(2)　地方分権化以前の政治構造

　第3章でみたように,スハルト時代の西カリマンタン州ではダヤック人であることが政治的に不利であった。スハルト時代以前は,中カリマンタン州と同じようにキリスト教宣教団から西洋式教育を受けたダヤック人の子弟たちが近代政治エリートとして成長し,インドネシア独立後の州政治を担っていた。しかしスハルトが政権を握ると,ダヤック人の地方首長たちは更迭され,その後は州知事には軍人,県知事・市長には軍人・警察官あるいはマレー人の役人が任命されるようになった。こうした中でダヤック人の中にはイスラム教に改宗してマレー人となり,地方首長ポストや地方政府の要職ポストに就こうとする

者がでてくるようになった（第3章参照）。

　他方で，イスラム教に改宗することなく地方政府で働いていたダヤック人政治エリートたちは，政治的に優遇されていたマレー人政治エリートに対抗して，部族の違いを超えて「ダヤック人」としての政治的集団意識を強めていった。しかし，西カリマンタン州には中カリマンタン州のダヤック人組織LM-MDD-KTを率いるウソップのような強力な社会的指導者は現れなかった。詳細は後述するが，西カリマンタン州では1990年代に州政府がダヤック人勢力を取り込むために官製のダヤック人組織を設立し，ダヤック人の州・県政府役人やゴルカル地方幹部たちを束ねてしまったためである。

　また，西カリマンタン州ではマレー人全体を牽引するような民族指導者も現れなかった。マレー人組織としては1997年にマレー文化慣習協議会（Majelis Ada Budaya Melayu, MABM），1999年にポンティアナック王国の末裔を長とするマレー血統慣習協会（Lembaga Adat dan Kekerabatan Melayu: Lembayu）が設立されたが，これらの組織も州知事の影響下で組織されていた。こうしたマレー人組織には思惑の異なるマレー人政治エリートたちがひしめき合っていたため，幹部間の主導権争いや派閥争いが絶えず，マレー血統慣習協会では幹部人事をめぐる対立の末に一部のメンバーが脱会して別の組織を結成した（Davison 2008: 149–153）。こうした状況下では，マレー人を一つにまとめるような社会的指導者が現れる余地はなかった。

　こうした中で1990年代半ば以降は，州政府によるダヤック人政治勢力の取り込みがさらに進み，ダヤック人政治エリートにも地方首長ポストが分配されるようになった。そして1996年末から1997年初めに民族紛争が起きてからは，ダヤック人の社会・政治的影響力がさらに増大し，ダヤック人政治エリートたちの地方首長ポストの取り分も増えた（第3章参照）。こうしたことからマレー人と名乗っていた「元」ダヤック人たちは，今後はマレー人であるよりもダヤック人である方が社会・政治的に有利であると判断するようになり，再び自分たちをダヤック人と名乗るようになったと考えられる。しかし，社会・政治的影響力を高めたダヤック人たちが経済的影響力をも手に入れることはなかった。そもそも西カリマンタン州には，民族に関係なく，州内で広範な経済的影響力を持つ地元実業家がいない。それは一体どういうことか。この答えを知るために，次に西カリマンタン州の経済構造をみていきたい。

7.2　西カリマンタン州の経済構造

(1)　木材産業を担う華人業者たち

　スハルト時代における西カリマンタン州の主要産業は木材産業であり，1995年の主要輸出品目では合板などの木材製品が州輸出総額の 71.1 ％を占めていた。またゴムも重要産品であり，州輸出総額の 24.6 ％を占めていた (Morishita 2006: 130)。ゴム産業の担い手は小自作農であり，ゴム・プランテーションの 9 割以上が小自作農プランテーションであった (Investment Coordinating Board and Japan International Cooperation Agency 2005: 11)。他方，木材産業の担い手は，中央政府から森林事業権を交付された林業公社インフタニや国防省系財団ヤマケル，スハルトの政商プラヨゴ・パングストゥのバリト・パシフィック・グループ，ジャカルタの大手企業ブヌア・インダ社などであり，地元企業に大規模な森林事業権が交付されることはほとんどなかった[1]。しかし，こうしたジャカルタの大手企業は森林事業の操業にあたって，現場の地理や流通に詳しい地元業者を必要とし，西カリマンタン州では地元の経済活動を担う華人が現地での木材伐採や搬送を請け負った[2]。

　しかし，中カリマンタン州の木材業者とは異なり，西カリマンタン州の華人業者たちは違法な木材ビジネスで巨万の富を築くことができなかった。違法伐採の元締めがマレーシア・サラワク州の華人業者だったためである。サラワクの華人業者は，資金力においてもサラワクの木材市場へのアクセスにおいても西カリマンタン州の華人業者を凌駕していた[3]。サラワクの華人業者たちは国

---

1)　インドネシア林業実業家組合（APHI）が所蔵する森林事業権保有企業リストによると，2002年時点で西カリマンタン州には 36 の森林事業権保有企業があり，そのうちポンティアナックに本社がある企業は 5 社のみで，残りは全てジャカルタに本社を置く企業である。森林事業権保有企業リストは APHI のウェブサイトで閲覧できる。

2)　たとえば，西カリマンタン州政府発行の企業ディレクトリ（Provincial Department of Industry and Trade Office West Kalimantan 出版年不詳）をみると，木材加工輸出（合板，家具など）を扱う 80 社のうち，経営者が華人名の会社は少なくとも 21 社ある。また，ウィジャヤ姓などインドネシア人の姓を名乗る華人も多いことから，実際の華人系企業数はさらに多いと推測できる。

境を越えて西カリマンタン州の住民や伐採労働者たちが違法に伐採した木材を買い付け，国境地帯の製材所で加工し，サラワクに密輸した。1997〜1998年のアジア通貨危機の際にも，西カリマンタン州からサラワクに木材を密輸して莫大な利益を得たのはサラワクの華人業者たちであった（*Sinar Harapan*, 15 July 2005）。西カリマンタン州の華人業者たちは，サラワクの華人業者に違法木材ビジネスの旨みをさらわれ，中カリマンタン州の木材業者のように莫大な富を築くことができなかった。そのため，西カリマンタン州ではスハルト時代に木材ビジネスを通して広範な社会・経済的影響力を持つ大物実業家が成長しなかったのである。

(2) 新たな産業の発展とその担い手

さて，2000年代になるとアブラヤシ・プランテーション開発も西カリマンタン州の主要産業となった。西カリマンタン州におけるアブラヤシ・プランテーションの総面積は，2003年では34万9101ヘクタールであったが，2012年には106万251ヘクタールにまで拡大した[4]。こうした大規模なアブラヤシ・プランテーションを所有するのは，国営企業やジャカルタ大手企業，外国企業（中国，マレーシア，シンガポール，タイ）などであり，地元企業は十分な資金力がないため，アブラヤシ・プランテーション開発にほとんど参入できないでいる[5]。そうした中，地元でアブラヤシ・プランテーション開発の恩恵を受けているのは，専ら地方首長たちである。地方首長たちはプランテーション事業の許可を交付する見返りに，企業に対して政治献金を要求し，選挙資金を調達したり私腹を肥やすようになった（Indonesia Corruption Watch 2013: 12）。

また，2000年代末からはボーキサイトの生産・輸出が急激に伸びた[6]。2003年の主要輸出品目では木材製品が州輸出総額の63.5％，ゴム製品が30.9％を

---

[3] またマレーシアでは華人にも政治的権利が保障されており，華人政党が存在する。サラワク華人は，議会や行政機関に政治的代表者を持たないカリマンタンの華人とは違い，インドネシア当局と何かあったとしても，サラワクの華人政治家から政治的庇護を受けることができた。
[4] 西カリマンタン州農園局ウェブサイトを参照。
[5] インドネシア投資調整庁の資料によると，西カリマンタン州で操業するアブラヤシ企業は2012年時点で69社あり，そのうち少なくとも16社が外資系企業の現地子会社，49社がジャカルタに本社を持つ企業の子会社である（Badan Koordinasi Penanaman Modal 2012）。

占めていたのに対し，2010 年の主要輸出品目では，ゴム製品が州輸出総額の 34.0 %，ボーキサイトが 32.4 %，木材製品が 20.0 %を占めている（Investment Coordinating Board and Japan International Cooperation Agency 2005 : 2-11, BPS Provinsi Kalimantan Barat 2011: 3）。ボーキサイト採掘事業は地方首長の大きな利権となり，2009 年に鉱業権（KP）に代わって導入された鉱業事業許可（Izin Usaha Pertambangan）のほとんどは国営企業やジャカルタの大手鉱業企業に交付された。しかし鉱業事業許可の一部は地方首長の家族名義の会社にも交付された（Indonesia Corruption Watch 2013: 12）。しかし，こうした「地元」企業は事業許可を取得後，株式をジャカルタの大手企業に売却しており，ボーキサイト産業の発展は地元企業の成長にはつながっていない[7]。アブラヤシ・プランテーション開発と同様に，単に地方首長が政治資金や私腹を肥やす手段になっている。

(3) 跋扈する労働者ボスたち

　西カリマンタン州の木材産業やアブラヤシ・プランテーション開発，ボーキサイト採掘は，地方首長の私腹を肥やしても，地元実業家の社会・経済・政治的影響力の伸張には結びついていない。しかし，こうした開発事業は別のタイプの社会有力者を生み出した。それが地元の労働者ボスたちである。木材産業やアブラヤシ・プランテーション開発では，伐採キャンプやプランテーションで働く労働者の監督役や，開発に反対する地元住民との交渉にあたる人材が必要である。中カリマンタン州ではそうした業務も地元実業家が担っていたが，西カリマンタン州では華人業者ではなく地元住民と同じ民族出身者，特に地元出身の労働者のリーダー格の人物が重用された。地元住民の多くは森林開発に反対していたが，住民の中には企業側に付いて伐採労働やアブラヤシ・プラン

---

6) 西カリマンタン州のボーキサイト生産・輸出が伸びた背景には，2009 年にリアウ群島州ビンタン島にある国内最大のボーキサイト鉱山が閉山したことがある。ビンタン島の鉱山閉鎖を受けて，西カリマンタン州西部に大規模な埋蔵量を持つボーキサイトの鉱山開発が本格化した。国営鉱山企業アネカ・タンバン社のウェブサイトを参照。

7) 西カリマンタン州でボーキサイトの鉱業事業許可を持つ企業は 2011 年時点で 49 社ある。そのうちの一つは地元の華人系企業プトラ・マイニング・グループであるが，大規模な採掘を行っているのは国営鉱山企業アネカ・タンバン社やジャカルタ大手のハリタ・グループ，ヌサパティ・プリマ社などである（Kementerian Energi dan Sumer Daya Mineral 2012: 75）。

テーション労働に従事する者もいる。労働者たちは伐採キャンプの近くの娯楽場でカラオケやギャンブル，酒に興じ，中には喧嘩っ早い者もいる。ジャカルタの大手企業はそうした労働者たちをまとめる顔役に給料と身分を保証し，現場の監督官を任じた。伐採キャンプや大規模プランテーションの用心棒となった労働者リーダーたちは，地元の住民代表者らが土地問題で抗議に訪れると，酒や言葉で巧みに懐柔し，それでも反対姿勢を変えない場合は暴力で威嚇するなどして，次第に森林開発地域における社会的影響力を強めていった。しかし彼らの動員力は限られており，それぞれの労働者リーダーが集めることができるのはせいぜい200〜300人，多くても1000人程度である[8]。

　以上のように，スハルト時代の西カリマンタン州では広範な社会・経済的影響力を持つ地方有力者が成長せず，中小規模の企業経営者や伐採キャンプの労働者ボス，アブラヤシ・プランテーションの用心棒，ダヤック人組織やマレー人組織の幹部を務める地方政治エリートなど，中小規模の社会・経済・政治的影響力を持つ人々が県レベルで群雄割拠するようになった。こうした中で，地方分権化後は2008年の州知事選挙で当選したコーネリスのように，スハルト時代には郡長レベルの役人であった人物でさえも地方首長ポストを獲得できるようになった。むしろ西カリマンタン州の場合は，郡長レベルの役人こそ地方首長ポストを獲得するのに有利であったと言った方がいいかもしれない。それは一体どういうことか。以下で詳しく見ていきたい。

7.3　2008年州知事選挙

　2008年1月，西カリマンタン州の州都ポンティアナックにある州議会議事堂では，コーネリス新州知事とクリスティアンディ・サンジャヤ新副州知事の就任式が行われた。コーネリスはダヤック人の前ランダック県知事，クリスティアンディは華人でポンティアナック市のキリスト教系高等専門学校の元校長であった。西カリマンタン州においてダヤック人が州知事に就任するのは実

---

8)　サンガウ県国営アブラヤシ・プランテーション監督官ニコ・ボルネオ氏への筆者インタビュー（2004年1月31日，ポンティアナック）。

表 7.1　2008 年州知事選挙における正副州知事候補者たちの民族・前職・得票率

		候補者氏名	民族	前職	得票率
1	(正)	ウスマン・ジャファル	マレー人	州知事	30.9 %
	(副)	カディル	ダヤック人	副州知事	
2	(正)	ウスマン・サプタ	マレー人	国民協議会副議長	15.7 %
	(副)	イグナティウス・リオン	ダヤック人	州官房長補佐官	
3	(正)	アキル・モフタル	マレー人	国会議員	9.7 %
	(副)	メチェル	ダヤック人	地方代表議会議員	
4	(正)	コーネリス	ダヤック人	ランダック県知事	43.7 %
	(副)	クリスティアンディ	華人	高等専門学校校長	

出所：現地新聞報道及び有識者への聞き取り調査から筆者作成。

に 42 年ぶりであり，また，華人が州政府の高位ポストに就任するのは今回が初めてであった。この歴史的瞬間に立ち会うため，議事堂周辺には州内から数千人に上るコーネリスの支持者が集まり，議事堂前に設置されたスピーカーから聞こえてくる就任式の様子に熱心に聞き入った（*Kompas*, 14 January 2008）。

　一体なぜコーネリスが州知事に当選することができたのか。2007 年 11 月に行われた州知事選挙では，現職の州知事や副州知事，国会議員，国民協議会の元副議長など，国政や州行政の担い手たちが多く立候補していた。その中でコーネリスは唯一の県知事出身の候補者であった。当時の州知事候補者は 4 人おり，前州知事のウスマン・ジャファル，元国民協議会副議長のウスマン・サプタ，国会議員のアキル・モフタル，前ランダック県知事のコーネリスがその面々であった（表 7.1 参照）。

　ウスマン・ジャファルは，当時の州議会第一党のゴルカル党とイスラム系諸政党（開発統一党，民族覚醒党，国民信託党，福祉正義党，改革星党）の公認候補であり，さらにはキリスト教系の福祉平和党からも公認を受けていた。また，ウスマン・サプタはユドヨノ大統領（当時）の支持母体である民主主義者党と，愛国党や地方統一党といった六つの小政党から公認を獲得していた。アキル・モフタルは月星党や民族民主統一党など八つの小政党から公認を得ていた。コーネリスの公認政党は，コーネリス自身が州支部長を務める闘争民主党のみであった（*DetikNews*, 27 November 2007）。

　闘争民主党は当時，州議会第 2 党であったが，西カリマンタン州で闘争民主

党の人気はさほどなく，2004年総選挙での得票率は17.6％であった。他方で州議会第1党のゴルカル党の得票率は24.5％であった。また，ライバル候補であるウスマン・ジャファルはジャカルタのラティフ・グループの幹部を務める実業家であり，また，ウスマン・サプタはポンティアナックでホテル業を営む実業家であった。おそらく彼らの方がコーネリスよりも豊富な選挙資金を持っていた。

コーネリスの強みは州知事候補の中で唯一のダヤック人であるということだった。しかし，コーネリスはダヤック人の間で人気がある政治指導者では必ずしもなかった。ダヤック人政治エリートたちは，後述するように暴力的なコーネリスの人となりに好意を持てず，コーネリスと距離を置く者が多かった[9]。また，マレー人の州知事候補者たちはペアを組む副州知事候補に知名度の高い州レベルのダヤック人政治エリートを選んでいた（表7.1参照）。コーネリスとペアを組んだ副州知事候補のクリスティアンディは，候補者の中で唯一かつ初の華人候補であったが，特に資金力や知名度が高いわけではなかった。

しかし，州知事選挙の蓋を開ければ，コーネリスとクリスティアンディのペアが43.7％もの得票率で圧勝した。ほかの候補者よりも政党の動員力や知名度，資金力などが劣っていたコーネリスがなぜ当選することができたのか。この州知事選挙では，候補者のエスニシティが選挙の結果を左右する重要な要素であったと考えられる[10]。コーネリスの得票率は，州人口の約3割を占めるダヤック人（イスラム教徒の「元」ダヤック人を含まない）と州人口の8～9％を占める華人の票をほぼ全て集めたものに匹敵する。民族別の投票データはないが，実際にダヤック人票と華人票を多く集めたのだろう。コーネリスが特に票を集めた自治体は，ダヤック人人口の多いブンカヤン県，ランダック県，サンガウ県，スカダウ県，シンタン県，ムラウィ県，カプアス・フル県と，華人人口の多いシンカワン市であった[11]。他方，コーネリスに敗北したウスマン・ジャファルは，マレー人人口の多いポンティアナック市，ポンティアナック

---

9) たとえば，筆者が2003年のサンガウ県知事就任式を見学した際，招待された各県のダヤック人役人たちは式典前にコーヒーショップ（warung kopi）に集まっていた。その店の奥の席にはコーネリス（当時ランダック県知事）とフランシスクス・ヒガン（当時カプアフ・フル副県知事）がコーヒーを飲んでいたが，彼らにほかのダヤック人役人が声をかけることはほとんどなかった。

10) Maulidiya (2010) も，コーネリスの勝因がダヤック人有権者の伝統的指向によるもの（ダヤック人有権者はダヤック人候補者を好む）であったと分析している。

県,サンバス県で最多票を獲得していた（*Antara News*, 26 November 2007）。ポンティアナック市,ポンティアナック県,サンバス県は,いずれもダヤック人人口がきわめて少ないところであり,市・県人口に占めるダヤック人の割合はそれぞれ4.6％,9.1％,4.4％しかない（表4.7参照）。

西カリマンタン州のダヤック人有権者たちにとって,42年ぶりにダヤック人州知事が誕生する機会を逃す手はなかったのだろう。また華人にとっては初めて華人の副州知事が誕生するチャンスであった。

2008年の州知事選挙においてエスニシティが決定的要因となったのは,どの州知事候補者も西カリマンタン州の二大社会・政治勢力であるダヤック人とマレー人の社会的亀裂を架橋する社会・経済・政治的ネットワークを持っていなかったためと考えられる。スハルト時代はジャワ人の軍人州知事が両勢力の政治的庇護者となり,その時々の社会・政治情勢に合わせて,それぞれの勢力に地方首長ポストや地方政府の要職を分配していた。また西カリマンタン州では地方経済の担い手が華人であるため,ビジネス・ネットワークや公共事業をめぐる利権ネットワークにはマレー人官僚と華人ビジネスマン,あるいはダヤック人官僚と華人ビジネスマンの結びつきはあっても,ダヤック人とマレー人が直接つながることはほとんどなかった[12]。

さらに地方分権化後は,第4章でみたように,ダヤック人とマレー人の民族分布に沿って新県設立が相次いだため,ダヤック人の多い県ではダヤック人が正副県知事に就任し,マレー人の多い県ではマレー人が正副県知事に選ばれるようになった。そのため,ダヤック人県知事（あるいはマレー人県知事）が県政

---

11) 各県のダヤック人人口（イスラム教徒を除く）については2010年人口センサスのキリスト教徒の割合を参照すると,ブンカヤン県では県人口の57.3％,ランダック県では83.4％,サンガウ県では65.1％,スカダウ県では60.6％,シンタン県では62.2％,ムラウィ県では47.4％,カプアス・フル県では40.2％をダヤック人が占める。またシンカワン市では華人が信仰する仏教（市人口の29.7％）,キリスト教（同13.2％）,儒教（同3.0％）の割合が高い。

12) 例外として,西カリマンタン州では数少ないマレー人実業家の一人であるシャリフ・ママン・アルカドリが,ダヤック人のコーネリウス・キムハ元ポンティアナック県知事（在任期間：1999-2004）に資金援助をしていた。ママンは,スハルト時代の州知事で国軍出身のスマディ（在任期間：1967-1972）の娘婿であり,ポンティアナック市内の最高級ホテル,カプアス・パレス・ホテルのオーナーであった。1990年代にはカプアス・パレス・ホテルを売却し,ポンティアナック市郊外とポンティアナック県でアブラヤシ・プランテーションの経営に携わるようになった。ママンは,アスパル・アスウィン州知事（在任期間：1993-2003）が後援するポンティアナック県知事のコーネリウス・キムハと懇意になり,プランテーション事業に対して政治的庇護を得ていた。ママン本人への筆者インタビュー（2004年1月25日,ポンティアナック）。

府の要職をダヤック人役人だけでなくマレー人役人にも分配することで，両民族の政治的パトロンになるといった戦略がとれなくなった。こうしたことから，西カリマンタン州にはダヤック人とマレー人が民族的亀裂を超えて交わる社会・経済・政治的ネットワークが構築されなかったと考えられる。

7.4 　カリスマ的民族指導者の不在

　ではダヤック人同士あるいはマレー人同士の社会・政治的紐帯は強いのだろうか。答えは否である。本章第一節で述べたように，西カリマンタン州ではスハルト時代に州政府がダヤック人政治勢力とマレー人政治勢力を「上から」取り込んだため，州全体に広範なネットワークを持つ民族組織はあるものの，そこから強力なリーダーシップを持つ民族指導者が輩出されなかった。

(1) 　ダヤック人指導者ウファーン・ウライの死

　第3章で述べたように，インドネシア独立からスハルトが政権を掌握するまで，西カリマンタン州の政治権力を握っていたのはダヤック人州知事ウファーン・ウライを中心とするダヤック人政治エリートであった。しかしスハルト時代になるとダヤック人政治エリートは親スカルノ派とみなされ，地方政府の要職から尽く更迭された。1967年以後，西カリマンタン州の州知事にはジャワ人将校が任命されるようになり，県知事や市長，地方政府の要職には軍人・警察官やマレー人役人が任命されるようになった。ダヤック人役人は1990年代半ばまで地方政府の要職に任命されることはなく，ダヤック人口の多い地方の郡長や，文書館館長といった州・県政府の閑職，県官房長代行などの名目だけの役職に追いやられた。

　そうした中，1967年に州知事を更迭されて以来，州政府に協力するようになったダヤック人の政治的・精神的指導者であるウファーン・ウライが1986年に他界し，ダヤック人は政治的求心力を失った。この時，ウファーン・ウライを通してダヤック人の政治的支持を確保していた州政府は，ダヤック人の政治的支持を維持するために，新たな手段を講じなければならなくなった（Davidson 2008: 108)。

(2) ダヤック人組織の設立

　州政府がダヤック人の新たな支持基盤として目を付けたのは，ダヤック人の社会・文化的組織であった。1981年，当時ゴルカル党員だったメチェルを中心にダヤック人知識人たちがパンチュル・カシ財団を設立し，ダヤック人の教育・福祉向上を目指す活動を開始した。スハルト体制下では民族や宗教，人種，階層に関する諸問題（SARA問題）を扱うことが事実上禁止されていたが，州政府はこのSARA問題に抵触しそうな団体の活動を承認した[13]。パンチュル・カシ財団は，セミナーや出版物等を通してダヤック人が社会・経済・政治的に周縁化されている状況を訴え，社会・経済・政治的地位の向上に向けてダヤック人全体の意識を高めようとした。しかし組織としての規模は小さく，1990年代末の民族紛争や地方分権化後の地方首長選挙において，パンチュル・カシ財団が住民動員の担い手となることはなかった（Davidson 2008: 108-117）。

　また州政府は1985年から西カリマンタン州の県・郡レベルにダヤック慣習評議会（Dewan Adat Dayak, DAD）を設置し，各DADの幹部にはダヤック人慣習長だけでなく県政府のダヤック人役人やゴルカルのダヤック人幹部を起用した（Davidson 2008: 108, Tanasaldy 2012: 251）。さらに1994年には州都ポンティアナック市にも州レベルのダヤック人組織であるダヤック慣習協議会（Majelis Adat Dayak: MAD）を設置し，初代議長には当時スハルト体制下で初のダヤック人県知事に就任したヤコブス・ラヤンが選ばれた（Tanasaldy 2012: 251）。このように西カリマンタン州のダヤック人組織は州内に広範な組織的ネットワークを持つものの，その設立過程をみると分かるように，強力なリーダーシップを持つ指導者が設立した組織ではなく，民族組織としては求心力に欠けていた。

---

13) スハルト政権下では，治安の脅威として，民族，宗教，人種，階層の問題を触発する行動は，団体の設立や言説の流布も含めて厳しく制限されていた（Thung 2004）。しかし西カリマンタン州では，パンチュル・カシ財団によって「ダヤック」を標榜する下部組織の設立が相次ぎ，1990年にはダヤック学調査開発研究所（Institute of Dayakology Research and Development: IDRD），1993年にはダヤック文化組織ベラ・バヌア・タリノ協会（Lembaga Bela Banua Talino: LBBT）が設立された（Davidson 2008: 108-117）。

（3）マレー人組織の設立

　また州政府はダヤック人政治勢力の取り込みだけでなく，それまでの政治的パートナーであったマレー人政治勢力にも政治的便宜を図った。マレー人役人たちは副州知事やポンティアナック県知事，クタパン県知事のポストを分配され，また，マレー人組織の設立においても州政府からの後援を獲得した。しかし，前述のように州知事のお墨付きで発足したマレー文化慣習協議会やマレー血統慣習協会では，幹部人事をめぐってマレー人指導者たちの間で不和が生じ，組織としてのまとまりがなかった（Davidson 2008: 130-132, 151）。
　コーネリスは，まさにこうした強力な社会的リーダーの不在のおかげで，地方首長ポストを獲得する機会を得たと言える。これらの組織には思惑の異なる地方エリートたちがひしめき合い，また，地方分権化後の地方首長選挙では，ダヤック人同士あるいはマレー人同士で争うことが多くなったため，同じ組織のメンバーでも異なる候補者を支持することがよくあった。そのため，地方首長選挙において特定の候補者が組織メンバー全体を動員することは難しかった。では，州内に広範な社会・経済・政治的ネットワークを持つ地方有力者がいない西カリマンタン州では，どのような政治的手段が地方首長ポストを獲得する上で有効だったか。以下では，コーネリスの台頭過程をみることで，この問いに迫りたい。

7.5　コーネリスの台頭過程

　スハルト時代のコーネリスは，ポンティアナック県の郡長であった。その彼が2001年にランダック県知事選挙で当選し，2008年には州知事選挙に当選した。まず彼はどのようにして県知事になったのか。
　さきに確認しておくが，西カリマンタン州では，スハルト時代の郡長が地方分権化後に県知事に就任することは決してめずらしくない。第4章でみたように，地方分権化後の西カリマンタン州では，四つの県（ランダック県，シンタン県，スカダウ県，クタパン県）において元郡役人が県知事に当選している。県

知事選挙には国会議員や州議会議員，州政府の局長クラス以上の役人といった中央や州レベルの政治エリートたちも立候補しているが，そうした候補者で県知事に当選したのは 2007 年に州議会議員からカヨン・ウタラ県知事に当選したヒルディ・ハミドと，同じく 2007 年に国会議員からクブ・ラヤ県知事に当選したルスマン・アリぐらいである（表 4.6 参照）。

ではこうした，スハルト時代には政治権力から遠く離れた存在であった県・郡レベルの役人たちが，地方分権化後の県知事選挙で最も有利に選挙戦を進めることができたのはなぜだろうか。

(1)　スハルト時代のコーネリス

コーネリスは，1953 年に西カリマンタン州サンガウ県で生まれた。父親は元国軍兵士である。コーネリスは高校卒業後，州都ポンティアナックにある内務行政官養成学校（APDN）に入学し，地方行政官の道を目指した。1978 年に内務行政官養成学校を卒業したコーネリスは，すぐにポンティアナック県マンドール郡（現ランダック県）の村落開発担当官に任じられ，1986 年まで同職を務めた。その後もコーネリスはポンティアナック県の郡役場を転々とし，1989 年から 1995 年にかけてはムンジャリン郡（現ランダック県）の郡長，1995 年から 1999 年まではムニュケ郡（現ランダック県）の郡長に任命された[14]。

これらの郡において，コーネリスは政府系組織の支部幹部も務めた。ゴルカルの下部組織であるインドネシア改革青年団（AMPI）のマンドール郡支部長（1979～1986），官製の軍人子弟組織であるインドネシア軍恩給者子弟フォーラム（FKPPI）のムンジャリン郡支部員及びナバン群支部員（1989～1995），同じく FKPPI のムニュケ郡相談役（1995～2003）などである。また，ムンジャリン郡とムニュケ郡ではゴルカルの郡支部幹部も務めている。これらの組織活動を通して，コーネリスはポンティアナック県の郡レベルにおいて政治・社会的ネットワークを持つようになり，そこである程度の知名度と社会的動員力を持つようになった。

---

14)　コーネリスの経歴や所属組織については，ランダック県政府が所属するコーネリスのプロフィールに基づく。

(2) 県議会議事堂焼き討ち事件

　コーネリスの政治的躍進のきっかけとなったのは，1999年のポンティアナック県知事選挙である。1999年2月，ポンティアナック県において地方分権化後初めての県知事選挙が行われた。当時の県知事選挙はスハルト時代の旧来の選挙法に基づいて行われ，候補者選定では県議会指導部が県知事候補者を選定した。当時コーネリスはポンティアナック県ムニュケ郡の郡長を務め，候補者名簿の草案の段階では候補者の一人に名前が挙げられていた。コーネリスは県知事就任への期待に胸を膨らませたが，県議会指導部が選んだ最終候補者は州経済開発・協同組合局長のアグス・サリム，前県知事のヘンリ・ウスマン，州観光局総務部長のコーネリウス・キムハの3人であった。アグス・サリムとヘンリ・ウスマンはマレー人，コーネリウス・キムハはダヤック人であった。

　最終候補者リストから外れたコーネリスは納得がいかず，県議会に対してきわめて暴力的な抗議運動を展開した。1998年11月，候補者名簿からコーネリスの名が消えたその日から，ポンティアナック県の県議会議事堂には荒々しい男たちが入れ替わり立ち替わり訪問し，コーネリスを県知事候補に加えるよう要求した。男たちの多くは当時コーネリスが郡長を務めていたムニュケ郡の住民であった。県議会議員たちは身の危険を感じるようになり，12月には議事堂周辺を警察官と国軍兵士約30人が警備に当たるようになった。しかしコーネリスの支持者たちは，警備が手薄な金曜日のイスラム礼拝時を狙い，ついに暴力的手段に訴えた。1999年2月5日，約100人の男たちを乗せたトラックとバスが議事堂前に乗り付け，乗っていた男たちが議事堂内に押し入った。彼らは議事堂内を荒らし回り，重要書類を破り捨て，石油を撒き散らした。そして数秒後，議事堂は炎に包まれた（*D&R* 1999: 25）。

　コーネリス支持者による逸脱した抗議行動にも関わらず，ポンティアナック県知事選挙は議事堂焼き討ちのわずか5日後に実施された。県議会議員45名による投票の結果，コーネリウス・キムハとアグス・サリムが同数の20票を集め，最終決定は州知事を通して内務大臣に一任されることになった。そしてダヤック人のコーネリウス・キムハが県知事に任命された。ポンティアナック県で31年ぶりにダヤック人の県知事が誕生し，西カリマンタン州のダヤック人たちは大いに熱狂した（*Akcaya Pontianak Post*, 6 April 1999）。

コーネリウス・キムハが県知事に当選した背景には，当時州知事を務めていたアスパル・アスウィンの政治的思惑があったと考えられる。アスウィン州知事は，スハルト体制下で州知事に任命された国軍出身のジャワ人であり，西カリマンタン州には血縁も地縁もなかった。スハルト体制崩壊後，民主化の中で全国的に国軍の政治参加に対する批判が高まる中，アスウィン州知事は政治的生き残りをかけて地元に支持基盤をつくる必要があった。アスウィン州知事は，これまでマレー人役人に分配してきたポンティアナック県知事ポストをダヤック人役人に分配することで，ダヤック人の支持を集めようとしたと考えられる[15]。

　暴力的抗議を展開したコーネリスは，警察から議事堂焼き討ちの「証人」として事情聴取を受けたが，逮捕されることはなかった（D&R 1999: 25）。それどころかコーネリスは，1999 年に州鉱業局監督部長に取り立てられた。おそらくアスウィン州知事が，怒りの収まらないコーネリスの暴力的動員によって治安がさらに悪化することを恐れたのだろう。郡長から州政府の部長ポストへの異動は，きわめて異例の人事であった。

(3)　ランダック県知事選挙での当選

　州政府役人となったコーネリスは，1999 年にポンティアナック県から新県ランダックが分離すると，今度はランダック県知事選挙への出馬に意欲を燃やした。ランダック県は人口の 8 割以上をダヤック人が占め，また，コーネリスが郡役人を務めたマンドール郡やムニュケ郡，ムンジャリン郡を含んでいる。コーネリスが県知事ポストを狙うにはきわめて有利な県であった。

　しかし，コーネリスの持つ県内での知名度と住民動員力だけでは県知事選挙を制することはできない。当時の県知事選挙は間接選挙制であり，県議会議員の投票によって県知事が選ばれた。当時はインドネシア各地で候補者による議員買収が横行し，2000 年 4 月に行われたカプアス・フル県知事選挙でも，当

---

[15]　アスウィン州知事によるダヤック人の県知事擁立は，2000 年 1 月のシンタン県知事選挙においてもみられた。シンタン県知事選挙では，候補者選定の時点で，当時州文書館長を務めていたダヤック人のエルヤキン・シモン・ジャリルの名前のみが挙げられていた。しかし，アスウィン州知事が県知事選挙に介入できたのは，このシンタン県知事選挙までであり，地方議会による間接選挙制が導入されると，州知事が県知事選挙に介入する余地はほぼなくなった。

選したアバン・タンブル・フシン候補者（前県議会議長）が議員1人につき5000万ルピア（当時の為替レートで約65万円）を供与していた（*Kompas* 17 April 2000; 18 April 2000, *Gatra* 29 April 2000）。コーネリスが出馬したランダック県知事選挙でも各候補者が議員買収を行うことは容易に予想され，コーネリスも選挙資金を調達する必要があった。

　コーネリスはどのようにして選挙資金を調達したのか。一般に，西カリマンタン州の地方首長選挙では，地元の中小企業家たちが候補者に資金提供を行う場合が多い。企業家たちは，自分たちが県知事に擁立したい人物に資金援助を申し出て，出馬を要請する場合もあれば，資金提供者を探す候補者から支援を求められる場合もある。すでに述べたように，西カリマンタン州には，中カリマンタン州のような大物実業家がおらず，また東カリマンタン州のように中央政財界から潤沢な選挙資金が提供されることもない。そのため，西カリマンタン州の地方首長選挙には大口資金提供者がおらず，候補者たちは複数の地元企業家たちのもとを回り，当選後の様々な便宜や庇護を約束して資金を集めなければならない[16]。推測の域を出ないが，コーネリスもランダック県知事選挙への出馬に先立ち，地元の華人企業家たちに当選後の見返りを約束して選挙資金を調達したと考えられる。また，屈強な部下たちを引き連れて企業家たちに資金援助を強要したのかもしれない。

　また，民主化・地方分権化後の県知事選挙では選挙資金の調達だけでなく，政党の公認を得る必要もある。コーネリスは1999年にゴルカル党から闘争民主党に鞍替えしていたが，闘争民主党の公認候補はダヤック慣習評議会の元議長であるウタンであった。幸い，コーネリスはゴルカル党の公認を得ることができ，ゴルカル党ランダック県支部長のニコデムス・ネヘンとペアを組んで県知事選挙に出馬した。

　2001年のランダック県知事選挙では，コーネリスのほかに4人の県知事候補が出馬した。上述のウタンのほか，前ランダック県知事代行のアグス・サリム，州鉱業局スタッフのティトゥス・ニャロン，州議会議員のマカリウス・シントンである。アグス・サリム以外の県知事候補者はダヤック人であり，マレー人のアグス・サリムもペアを組む副県知事候補にはダヤック人で州政府役

---

[16] 元ブンカヤン県知事候補のダヤック人県役人への筆者インタビュー（2004年11月5日，シンカワン）。

表 7.2　2001 年ランダック県知事選挙における正副県知事候補の民族・前職等

		候補者氏名	民族	前職等
1	（正）	コーネリス	ダヤック人	州鉱業局監督部長
	（副）	ニコデムス・ネヘン	ダヤック人	ゴルカル党県支部長
2	（正）	ウタン	ダヤック人	ダヤック慣習評議会議長
	（副）	アドリアヌス・シド	ダヤック人	県政府役人
3	（正）	アグス・サリム	マレー人	ランダック県知事代行
	（副）	カルティウス	ダヤック人	州政府役人
4	（正）	ティトゥス・ニャロン	ダヤック人	州鉱業局スタッフ
	（副）	サイヤン	ダヤック人	県議会議員
5	（正）	マカリウス・シントン	ダヤック人	州議会議員
	（副）	ソマン	ダヤック人	州政府役人

出所：*Kompas*, 17 July 2001

人のカルティウスを選んでいた（表 7.2 参照）。

　ランダック県知事選挙当日は，警察と国軍が各候補者の支持者たちの暴徒化を恐れて，選挙会場のランダック県庁舎を厳重に警備した。県庁舎に通じる道は全て封鎖されて検問が行われた。それでも県庁舎周辺には選挙を一目見ようと朝から多くの住民が集まり，その規模は 1000 人近くに達した。群衆の多くはコーネリス支持者であった（*Kompas*, 17 July 2001）。県知事選挙は 2 段階で投票が行われ，第 1 回投票ではウタンが県議会 35 票中 14 票を獲得して第 1 位となり，コーネリスは 9 票を獲得して第 2 位となった。この上位 2 組が決選投票に駒を進め，コーネリスが 18 票を集めて，16 票を獲得したウタンに逆転し，コーネリスが念願の県知事の座を手に入れた。第 1 回投票でウタンに入らなかった票が，決選投票ではほぼ全てコーネリスに集まったとみられる。コーネリスの当選が確定した瞬間，会場周辺に集まっていた群集は熱狂的な叫び声を上げて喜び合い，中には議場に入って泣きながらコーネリスを抱きしめる者もいた（*Kompas*, 17 July 2001, *Kalimantan Review* 72: 24）。

(4)　県知事から州知事へ

　ランダック県知事に就任したことで，コーネリスは県政府の行政権限に付随

する様々な利権を手に入れた。推測の域を出ないが，コーネリスは選挙資金の提供者たちに見返りとして公共事業の請負やアブラヤシ・プランテーション事業許可を交付し，また，新規でアブラヤシ・プランテーション開発に参入する企業には事業許可を交付する条件として政治献金を要求したと考えられる[17]。そうしたアブラヤシ・プランテーション開発企業の一部は，土地の皆伐によって得られる木材を目当てにしており，皆伐後の土地は放置された[18]。

　コーネリスは県知事の持つ利権によって容易に資金調達ができるようになり，2006年には直接選挙制の下で実施されたランダック県知事選挙にも出馬を表明した。当時コーネリスは闘争民主党の州支部長を務めており，闘争民主党の公認候補として出馬した。コーネリスのほかには前ランダック県財務局長のシャフダン・アンゴイなど3人の県知事候補者が出馬していたが，コーネリスは県知事時代に蓄積した資金力や県政府の官僚ネットワーク，闘争民主党の集票マシーン，現職県知事としての知名度などを活かし，48.3％の得票率でほかの候補者を圧倒した（*Radar Online*, 16 November 2010）。

　2006年のランダック県知事選挙を制したコーネリスは，翌2007年の州知事選挙にも出馬する意向を示し，県知事再選からわずか一年で県知事を辞任した。闘争民主党州支部長であるコーネリスは，政党の公認を得るために奔走する必要はなかった。選挙キャンペーンでは，はじめからダヤック人有権者に狙いを定め，キャンペーン・ポスターや地方遊説ではダヤックの民族衣装を着用し，遊説先の演説では「今こそダヤック人が州政府のトップとなるべきだ」と訴えた[19]。コーネリスの選挙キャンペーンは功を奏し，州知事選挙では得票率43.7％を獲得して州知事当選を果たした。

　州知事就任後のコーネリスは中央政界にも手を伸ばし，2009年の総選挙では娘のカロリン・マルグレット・ナタサを闘争民主党の国会議員候補として出馬させた。当時27歳のカロリンは約22万票を集めて国会議員に当選した。父親であるコーネリスの集票力がうかがえる（森下2010：96）

---

17)　Almas Sjafrina et al.（2013: 12）にはクタパン県の事例が報告されている。
18)　2011年時点でランダック県にはアブラヤシ・プランテーション事業許可をもつ企業が44社あるが，そのうち実際にアブラヤシ・プランテーションを造成したのは28社だけである（*Kalimantan-News.com*, 8 October 2011）。
19)　コーネリスの選挙対策チームが作成したVCDの内容は以下のURLからYouTubeで閲覧できる。http://www.youtube.com/watch?v=K73rmIzI25Y

(5) 経済的影響力の拡大

　州知事に就任したコーネリスがまず取り組んだことは，アブラヤシ・プランテーション開発に対する州政府の影響力を強化することであった。コーネリスの州知事就任後，州政府はこれまでに交付されたアブラヤシ・プランテーション事業許可の見直しを始めた。すでに事業許可が交付された事業地のうち，実際にプランテーションが造成された土地面積が事業地面積全体の3分の1しかなかったためである。2011年，州政府はプランテーションの造成がいまだにみられない企業については事業許可を取り消す可能性があると発表した (*Suara Pembaruan*, 27 June 2011)。しかし，州政府の発表では事業許可の取り消しを決定する前に事業地の調査を行うとも述べており，州政府による調査の際に「みかじめ料」を収めれば事業許可の継続が許されることが示唆された。
　またコーネリスは，マレーシア系のアブラヤシ・プランテーション企業に対して強く批判するようになった。マレーシア・サラワク州の国境地帯に広がるアブラヤシ・プランテーションが，国境を跨いで西カリマンタン州の管轄域にまで広がっていたためである。また，西カリマンタン州で操業するマレーシア企業の一部はプランテーション用地をめぐって地元住民と土地紛争を起こしていた (Potter 2008)。コーネリスは，マレーシア政府が国境問題に応じなければ西カリマンタン州で操業するマレーシア系企業を全て国営化 (nasionalisasi) するとまで言い出した (*Republika*, 4 November 2011)。しかし，この「国営化」発言が中央政府の了承を得ていたわけではない。コーネリスの発言は，マレーシア企業に対する宣戦布告というよりも，西カリマンタン州の住民に向けて自らが住民の利益代表であることを示すものだったと考えられる。
　またコーネリスは，マレーシア系企業だけでなく西カリマンタン州で操業する全てのアブラヤシ・プランテーション企業への締め付けを強化した。2013年，州政府は州内の全てのアブラヤシ・プランテーション企業に対して，アブラヤシ企業家組合 (Gabungan Pengusaha Kelapa Sawit, Gapki) の西カリマンタン州支部に加入することを求めた (*Antara News*, 21 November 2013)。その目的は，県知事たちから事業許可の交付を受けたアブラヤシ・プランテーション企業を州政府の目の届く範囲に置くことにあったと考えられる。州政府が求めたのは，アブラヤシ企業家組合の県支部への加入ではなく，州支部への加入であっ

たからである。

　コーネリスがアブラヤシ・プランテーション企業に対する影響力を強めようとした背景には，次期州知事選挙に向けて，より多くの企業から政治献金を集めようとしたからではないかと考えられる。2012年の州知事選挙に立候補したコーネリスの選挙資金は，公式発表だけでも8兆5210億ルピア（約766億円）に達した。ほかの州知事候補者たちの選挙資金はコーネリスに遥かに及ばず，州知事候補者の中で2番目に選挙資金が多かったアワン・タンブル・フシンでも1兆8010億ルピア（約162億円）を調達するのが限界であった（Kompas, 5 September 2012）。

7.6　2012年州知事選挙 ── 県政治エリートたちの権力争い

　2012年9月，コーネリスは再び州知事選挙に出馬した。今回の州知事選挙では，もはや中央政界からも州政界からも候補者が立たなかった。コーネリスのほかに州知事候補となったのは，国軍出身で前第12地域軍管区（中・西カリマンタン州管轄）参謀長のアルミン・アリ・アンヤン，前クタパン県知事のモルケス・エフェンディ，前カプアス・フル県知事のアバン・タンブル・フシンの3人であった（表7.3参照）。4人の州知事候補者のうち3人が県知事出身であった。またダヤック人の州知事候補者はコーネリスだけであったが，アルミン・アリ・アンヤンはダヤック人とマレー人の混血であった。

　コーネリスは闘争民主党や民主主義者党など5政党から公認を獲得し，アルミン・アリは開発統一党，ハヌラ党，月星党の3党，モルケス・エフェンディはゴルカル党や国民信託党など5政党，アバン・タンブル・フシンはグリンドラ党を筆頭に17の小政党から公認を得ていた（*VIVA News*, 28 September 2012）。表7.3をみても分かるように，闘争民主党州支部長はコーネリス，ゴルカル党州支部長は前クタパン県知事のモルケス・エフェンディ，グリンドラ党州支部長は前カプアス・フル県知事のアバン・タンブル・フシンであり，西カリマンタン州では政党の州支部長を県知事が務めている。このことから，西カリマンタン州の県政治エリートたちは政党を通して州政界にも影響力を伸ばすようになったことがうかがえる。

表7.3 2012年州知事選挙における正副州知事候補者たちの民族・職業・得票率

		候補者氏名	民族	前職等	得票率
1	（正）	コーネリス	ダヤック人	州知事	52.1 %
	（副）	クリスティアンディ	華人	副州知事	
2	（正）	アルミン・アリ・アンヤン	ダヤック人とマレー人の混血	第12地域軍管区参謀長	25.2 %
	（副）	ファタン・ラシッド	マレー人	州防災局長 サンバス県知事の弟	
3	（正）	モルケス・エフェンディ	マレー人	前クタパン県知事 ゴルカル党州支部長	15.4 %
	（副）	ブルハヌディン・ラシッド	マレー人	サンバス県知事	
4	（正）	アバン・タンブル・フシン	マレー人	カプアス・フル県知事，グリンドラ党州支部長	7.3 %
	（副）	バルナバス・シミン	ダヤック人	インドネシア・キリスト教会会議議長	

出所：現地新聞報道及び有識者への聞き取り調査から筆者作成。

　こうした県知事出身の政党州支部長たちは，自らを公認候補に指名して州知事の座を狙った。また，正副州知事候補者のペアをみると，2008年の州知事選挙とは違い，ダヤック人政治エリートとマレー人政治エリートがペアを組むことがほぼなくなった。コーネリス以外の候補者たちは，コーネリスがダヤック人票を集めることを見込んで，マレー人票を集中させることとダヤック人票を切り崩すことを狙ったとみられる。またコーネリスのライバル候補者たちは，自らが州支部長を務める政党の集票マシーンのほかに，軍人ネットワークや県レベルの官僚ネットワーク，キリスト教会ネットワークなどを利用するため，そうしたネットワークをもつ地方政治エリートたちと正副州知事候補のペアを組んでいた。

　しかしコーネリスの集票力に適う者はいなかった。選挙の結果は，コーネリスが前回よりも8.4％高い52.1％の得票率を得ての圧勝であった。県ごとの投票結果をみると，コーネリスは9県（ブンカヤン県，クタパン県，クブ・ラヤ県，ランダック県，ムラウィ県，ポンティアナック県，サンガウ県，スカダウ県，シンタン県）とシンカワン市で最多得票を集め，第2位のアルミン・アリはポンティアナック市，モルケス・エフェンディはサンバス県とカヨン・ウタラ

県，アバン・タンブル・フシンはカプアス・フル県でのみ得票率が高かった（*VIVA News*, 28 September 2012）。

7.7　西カリマンタン州の政治的特徴

(1)　暴力の使用

　以上のコーネリスの台頭過程からは，西カリマンタン州の政治的特徴として以下の2点がみえてくる。一つは，地方分権化後の権力闘争では，特に県レベルにおいて資金力のほかに暴力や住民動員力が政治的手段として利用されていることである。地方首長選挙における暴力の使用は，1998年のポンティアナック県知事選挙だけでなく，2000年のカプアス・フル県知事選挙でもみられた。ここでは選挙結果の公表後，敗北候補者の支持者たちが県議会議事堂を破壊するという暴挙に及んだ。カプアス・フル県知事選挙に出馬した候補者は，前県議会議長のアバン・タンブル・フシン，国会議員のアキル・モフタル，前県知事のヤコブス・ラヤン，前副県知事のアバン・ラムリの4人であった。ダヤック人のヤコブス・ラヤンを除き，他の候補者は全てマレー人であった（*Kompas*, 2000.4.17）。

　県議会での投票の結果，当選したのは25票中13票を集めたアバン・タンブル・フシンであったが，投票結果が公表された直後に議事堂の周辺にいた約1000人の群衆の一部が暴徒化した。群衆は議事堂の外に設置されたテレビ・モニター2台を破壊し，議場になだれ込んだ。議場はパニックに陥り，議員や候補者，選挙の立会人たちは議場の裏口から急いで避難した。議事堂を占拠した群集は机や椅子，窓ガラスなどを破壊し，議事堂前にあった公用車3台と数百の椅子に火を付け，駆け付けた消防車までをも破壊した。この暴動で13人の議員が負傷し，3台の公用車と議事堂内部が破壊された。群集の非難の矛先は，当選したアバン・タンブル・フシン候補者であり，アバン・タンブル・フシンが議員を買収した疑いがあるというものだった。これに対して，アバン・タンブル・フシンは議員買収の疑いを否定し，暴動は敗北したアキル・モフタ

ル候補者の支持者によるものであると主張した（*Kompas*, 2000. 4. 17; *Kompas*, 2000. 4. 18; *Gatra*, 2000. 4. 29: 75）[20]。

　ポンティアナック県やカプアス・フル県のような暴動には発展しないまでも，西カリマンタン州の県知事選挙では，各候補者が「住民からの支持」を演出するために選挙当日に「支持者」たちを動員し，投票会場を取り囲むことが多々あった。そうした住民動員は 2003 年のサンガウ県知事選挙においてもみられ，ここでは前県議会議長のドナトゥス・ジャマン県知事候補のために数百人規模の群衆が集まり，ほかの候補者の支持者たちと議事堂前でにらみ合った。ドナトゥス・ジャマン候補者のために群衆を組織したのは，サンガウ県の国営アブラヤシ・プランテーションで監督官を務めるダヤック人のニコ・ボルネオであった。彼はプランテーション労働者のまとめ役として地元に数百人規模の動員力を持つ，サンガウ県の社会的有力者の一人であった[21]。また，暴力の使用は直接選挙制が導入されてからも起きており，2010 年のブンカヤン県知事選挙とクタパン県知事選挙では，開票速報で敗北が濃厚となった候補者の支持者たちが選挙委員会の事務所や車を破壊した（International Crisis Group 2010: 22）。

(2)　県知事の地方ボス化

　地方分権化後の西カリマンタン州のもう一つの政治的特徴は，県知事に就任した人々が県行政を通して社会・政治的影響力を手に入れただけでなく，県行政に付随する各種利権を通して地元の中小企業を凌ぐ経済力を身に付けたことである。たとえばクタパン県では，モルケス・エフェンディ県知事（在任期間：2000 ～ 2010）が小規模な木材伐採許可やアブラヤシ・プランテーション事業許可，鉱業事業許可の交付権限を利用して企業から政治献金を集めるようになった。クタパン県にはモルケス・エフェンディの息子ヤシル・アンシャリ名義の鉱業会社が少なくとも 4 社あり，鉱業事業許可が交付されている。ヤシル・アンシャリは事業許可の取得後，企業の株式をジャカルタ大手鉱業企業に

---

20)　アキル・モフタルはカプアス・フル出身の国会議員であり，官制の青年組織であるパンチャシラ青年団の中央幹部を務めていた。また 2008 年からはインドネシア憲法裁判所の裁判官を務め，2013 年に同裁判所長官に就任した。インドネシア憲法裁判所のウェブサイトを参照。

21)　ニコ・ボルネオ氏への筆者インタビュー（2004 年 1 月 31 日，ポンティアナック）。

売却した（Almas Sjafrina et.al. 2013: 12-13）。おそらくこうした各種事業許可を利用した県知事ファミリーの資金調達は，クタパン県だけでなくほかの県でもみられると考えられる。

　さらに一部の県知事は資金力を政治的影響力の拡大に利用し，政党の州支部長ポストを手に入れて州政界にも進出するようになった。2009年のゴルカル党州支部長選挙では，クタパン県知事でゴルカル党クタパン県支部長のモルケス・エフェンディとカプアス・フル県知事でゴルカル党カプアス・フル県支部長のアバン・タンブル・フシンが争い，勝利したモルケス・エフェンディが当時州議会議長をしていたズルファルディとゴルカル党州支部長を交代した（*Merdeka.com*, 22 November 2009）。敗れたアバン・タンブル・フシンはゴルカル党を離れ，新党グリンドラ党に入党し州支部長に就任した。モルケス・エフェンディとアバン・タンブル・フシンはともに2012年の州知事選挙で自らを党の公認候補に選び，州知事選挙に出馬している。

　以上のことから，本章をまとめると，西カリマンタン州では中小規模の社会・経済的影響力を持つ有力者が県レベルに群雄割拠するため，地方分権化後は中央政界や州政界の政治エリートよりも県レベルで幅広い人脈を持つ県政治エリートの方が，地元の社会・経済的有力者の協力を集めるのに有利になった。しかし，そうした県政治エリートたちが集められる選挙資金には大差がなかったため，地方首長ポストをめぐっては資金力だけでなく暴力も政治的手段として使用され，県政治エリート間の鍔迫り合いが展開された。しかし，ひとたび県知事に当選すると，当選者は県知事の持つ各種事業権の交付権限を通して地元有力者を凌ぐ社会・政治・経済的影響力を持つようになった。そうした県知事たちが政党の州支部長ポストを獲得して州政界や中央政界にも進出するようになり，まるで下剋上のように西カリマンタン州の地方権力エリートに上り詰めたといえるだろう。

　また，こうした県政治エリート間の競争は県レベルではダヤック人同士あるいはマレー人同士で行われるため，県知事選挙で候補者の民族的背景が重要になることはない。民族的要素が重要になるのは今のところ州知事選挙のみである。しかし，もし次期州知事選挙で複数のダヤック人が州知事に立候補すれば，州レベルの権力闘争においても民族的要素は重要でなくなり，県レベルの権力闘争のように互角の資金力や暴力的動員力を持つ候補者たちが熾烈な選挙

戦を繰り広げるようになるだろう。

終 章

資源産出地域における政治と暴力

扉写真

　総選挙での投票の様子（2009年4月9日，ジャカルタ。筆者撮影）。民主化から15年以上が経過したインドネシアにおいて，国政においても地方政治においても統治者の質の問題が今後も課題であり続けるだろう。

本書では，インドネシアのカリマンタンの事例を通して，資源産出地域でみられる政治的競争と暴力の関係性を探ってきた。天然資源が豊富なインドネシアでは，1990年代末に民主化・地方分権化が導入され，それまで中央政府が握っていた各種の行政権限が地方政府に大幅に移譲された。それにともなって地方政府の持つ経済的利権もこれまでになく増大した。地方分権化後の地方首長選挙では地方政治エリートたちによる熾烈な権力争いがみられるようになり，政治的手段として暴力も使用されるようになった。しかし，自治体によっては地方政治エリート間の権力闘争において暴力的行為がほとんどみられないところもあった。こうした，権力闘争における暴力の使用の有無を規定する要因を探るため，本書では暴力的な権力闘争がほぼみられない東カリマンタン州と暴力が政治的手段として使用される中・西カリマンタン州を比較した。これらの州はインドネシアの中でも特に天然資源が豊富な地方であり，3州の地方政治・経済構造を分析することで，天然資源が政治的競争における暴力の有無にどのような影響を与えているかを考察した。

　東・中・西カリマンタン州の政治・経済構造の分析から明らかになったことは，資源産出地方ではスハルト時代の中央集権体制の下で天然資源の開発利権にアクセスしていた人々や，開発利権にアクセスしていた人々と親しい間柄にある人々が，地方分権化後に地方首長ポストを獲得するようになったということである。インドネシアでは天然資源の種類によって，誰がどのように開発利権にアクセスできるかが異なる。石油・天然ガスや石炭といった鉱物資源は中央政府の一元的管理下にあり，実際の開発事業は大規模な資本や重機，技術者等を持つ外資系企業が主に担ってきた。地元企業は十分な資金力や重機，技術者等を持たず，鉱業事業に参入することは難しかった。森林資源は中央政府が森林事業権の交付権限を握り，林業公社や国内の大手林業企業に大規模な森林事業権が分配されていたが，現場での木材伐採・搬送では地元業者が下請けとして雇われた。そのため，森林資源が豊富な地方では，地方経済界にも森林開発の恩恵がもたらされた。こうした天然資源の開発利権へのアクセスの違いが，各州の経済構造の形成に影響を与え，地方分権化後の地方政治構造にも違いをもたらした。

　東カリマンタン州には，石油・天然ガスや石炭という国家にとって経済的に重要な鉱物資源がある。石油・天然ガスは地方分権化後も中央政府の管理下におかれ，開発利権は石油公社や外国企業，一部の国内大手企業がほぼ独占し

た。石炭は，地方分権化の影響を受けて地方首長にも鉱業権の交付権限が与えられたが，鉱業権を交付されたのは国内外の大手企業であった。こうした中で，地方分権化後の東カリマンタン州ではスハルト時代から中央政財界の有力者たちと強い結びつきを持つ州政治エリートたちが，中央政財界の庇護者たちから潤沢な選挙資金の提供や政治的支援を受けて，石油・天然ガス基地や大規模な炭鉱のある県・市自治体の地方首長ポストを獲得するようになった。しかし，民主化後のインドネシアでは総選挙や大統領選挙のたびに中央政界で権力再編が起きる。そのため東カリマンタン州の地方首長たちは，中央政界の再編によってひとたび政治的庇護者が影響力を失うと，彼らもまた地方政界での地位を脅かされる傾向にある。それゆえに，地方首長のライバルたちは地方首長選挙で敗北しても中央政界の再編によって自らが次の地方首長になることを期待できる。暴力的手段に訴えてでも地方首長の座を奪う必要はないのである。

　中カリマンタン州ではスハルト時代から木材産業が盛んであり，2000年代以降は石炭開発やアブラヤシ・プランテーション開発も発展した。スハルト時代には，地元業者たちが大手林業企業の下請けとして大規模な商業伐採事業の恩恵に与り，1997～1998年のアジア通貨危機の際にはマレーシアに木材を密輸して莫大な富を蓄えた。地方分権化後は，そうした地元実業家がスハルト時代に築いた資金力や地方政界の人脈，社会・経済的ネットワークなどを活用して，懇意の地方役人やビジネス・パートナーなどを地方首長に擁立するようになった。他方で，インドネシア独立直後の政治勢力であったキリスト教徒のダヤック人たちは，スハルト時代に政治的に周縁化され，地方分権化後も上述の地元実業家の影響力に圧倒されている。キリスト教徒のダヤック人たちは2001年初頭の民族紛争で暴力的動員力を誇示し，ある程度の政治的影響力を持つようになったが，地方首長ポストを獲得できたのは経済開発が遅れる内陸部の県だけであった。キリスト教徒のダヤック人の中には比較的広範な社会・経済・政治的ネットワークを持つ者もいるが，やはり地元実業家の協力なしには経済開発が進む自治体の地方首長ポストを獲得することは難しい状況である。

　西カリマンタン州では，中カリマンタン州と同じように木材産業やアブラヤシ・プランテーション開発が盛んである。しかし，ここには中カリマンタン州のような大物実業家はいない。大手林業企業の下請けとなった地元の華人業者たちが，木材密輸ビジネスの旨みを国境を接するマレーシア・サラワク州の華人業者に横取りされてしまったからである。そのため，西カリマンタン州の華

人業者たちは莫大な富を蓄積することなく，中小規模の地元実業家にとどまった。また西カリマンタン州では，伐採キャンプやプランテーションで働く地元労働者の顔役たちが現場の用心棒として企業から重用され，その中から小規模な暴力的動員力を持つ社会的有力者が成長した。こうして西カリマンタン州では，県レベルで中小規模の社会・経済的有力者たちが群雄割拠するようになった。地方分権化後の権力闘争では，こうした地方有力者たちとスハルト時代からつながりを持つ県政治エリートたちが地方首長ポストをめぐって鎬を削るようになった。

　以上のような特徴を持つ東・中・西カリマンタン州の地方政治・経済構造を比較すると，権力闘争において暴力が政治的手段として使用されるのは，十分な資金力がない地方政治エリート，より正確にいえば，資金力をもたらす天然資源の開発利権にアクセスできない者や，開発利権にアクセスできる者から資金の提供を受けられない者が，地方首長選挙に出馬した場合，あるいは僅差で敗北した場合に多いということである。それなりの資金力を持つ者が地方首長選挙に出馬し敗北した時には，暴力が使用されることはほぼない。

　民主化・地方分権化後のインドネシアでは，地方首長ポストをめぐる地方政治エリート間の競争が激化したため，選挙キャンペーンのためのイベント費用や支持者の動員，広報費用などにかなりの選挙資金を必要とする。票の買収をしようと思えばさらに費用がかさむ。地方首長選挙への出馬を決意するまでに十分な資金力を蓄える機会がなかった者は，選挙資金をかき集めなければならず，選挙キャンペーンが終わった頃には手持ちの財産が大幅に減ってしまう。そこで資金力に欠ける候補者が当選を狙う場合，潤沢な資金力がなくても利用可能であり，かつ，効果が期待できそうな暴力に頼るのだと考えられる。また，十分な資金力を持たない候補者が僅差で敗北した場合にも，当選者の不正を暴力的抗議によって訴えて繰り上げ当選を狙ったり，住民動員力を見せつけて当選者から地方政府の要職を分配してもらうことを狙ったりすると考えられる。

　しかし，直接選挙制導入後の地方首長選挙では，中・西カリマンタン州の州知事選挙が示すように，候補者の中で最も潤沢な選挙資金を持たない者でも当選できるようになった。資金力に欠ける候補者は州内の社会・経済・政治的ネットワークを上手く活用して，より多くの有権者の票を獲得する方法を見出せばいいのであり，あえて暴力に頼る必要はない。資金力にばかり頼って当選

しようとする候補者よりは，より多くの住民の意思を反映させることにもなるだろう。そう考えると，直接選挙制は地方政治エリート間の権力闘争において暴力の使用を抑制するために有効な制度であるかもしれない。ただし，県知事選挙や市長選挙になると州知事選挙よりも有権者数が少なくなるため，直接選挙制の下でも，資金力が最も重要な当選のための要素になるかもしれない。したがって，単に直接選挙制を導入すれば権力闘争における暴力の使用が減るということではない。重要なのは，当選のために必要な条件が，候補者の資金力のみになってしまわないことである。

またカリマンタンの事例は，政治的競争の中で暴力が使用されたとしても，それがより大規模な暴力的紛争に発展する場合とそうでない場合の条件が何であるかを示唆している。最も重要な条件は，地方社会を構成する諸集団の中で政治権力（とそれに付随する経済的利権）にアクセスする機会が全くない集団がいるかどうかであろう。たとえば，特定のエスニック・グループに地方首長ポストを得る機会が全くない場合，既存の国家体制からの分離独立を求める動きが起こるかもしれない。カリマンタンの場合はスハルト時代以前から，ほとんどのエスニック・グループに平等とはいえないものの地方首長ポストを得る機会があった。ただし，西カリマンタン州のダヤック人政治エリートと中カリマンタン州のキリスト教徒のダヤック人政治エリートは，スハルト時代に地方首長ポストに与る機会があまりに少なかったため，民族紛争を起こした。しかし，その目的は暴力的動員力を誇示して政治的影響力を高めることにあり，既存の政治制度を破壊することではなかった。そのため，西・中カリマンタン州の民族紛争は数か月で収束したと考えられる。

また，民族紛争後は県・市自治体の数が増えたことで地方首長ポストの数も増え，西・中カリマンタン州の主要なエスニック・グループ全てが，以前よりも地方首長ポストを獲得する機会を持つようになった。そうすると今度はエスニック・グループ内で地方首長ポストをめぐる競争が始まり，もはやエスニック・グループとしてのまとまりは地方権力闘争において有効な政治的利益集団の単位ではなくなった。そのため，同じエスニック・グループに属する候補者間できわめて小規模な暴力的対立がみられることがあっても，エスニック・グループ間で暴力的紛争が起きる可能性はほとんどなくなったと考えられる。

以上のことから，資源産出地域において政治的競争に絡んだ暴力的紛争が起きないようにするためには，その地域の全ての主要な社会集団が，天然資源の

開発利権にアクセスできる者でも開発利権にアクセスできない者でも，また，開発利権にアクセスできる者と親しい関係にない者でも，それなりに地方権力とそれに付随する経済的利権に与る機会を持てるような政治・選挙制度の設計と政治運営を行うことが重要であると考える。そうした場合，天然資源の開発利権にアクセスできる者が十分な地方権力を持つことができない場合もでてくるが，彼らが開発利権に引き継ぎアクセスできる状態が保障されるのであれば地方権力アクターに対抗することはないだろう。

　ただし，地方権力アクターが天然資源の管理のあり方や地域住民のことをどれぐらい考慮して日々の施政を行っているのか，単に私腹を肥やしたいだけなのか，という統治者の質の問題については，上述したような政治的競争のルールづくりとその徹底だけでは解決できない。紛争や暴力の問題が解決したとしても，その次には地方政治の担い手に求められる質を考える必要があるだろう。この課題については，東・中・西カリマンタン州を比較してもなかなか答えがみつからない。インドネシアのいずれの州でも地方首長たちの汚職や企業との癒着が問題視されているからである。また，地元住民の中にもさまざまな利益集団があり，地元住民を一括りにすることはできない。それぞれに異なる思惑があり，異なる指導者像を持っている。ここに紛争研究を超えた政治課題があるといえるだろう。

あとがき

　本書は，2006年3月に京都大学大学院アジア・アフリカ地域研究研究科に提出した博士論文『スハルト体制崩壊後のインドネシア地方政治 ── 西・中部・東カリマンタンの利権を握るのはどういった人たちか ── 』を大幅に加筆修正したものである。また，本書の第5章と第6章の一部は，コーネル大学東南アジアプログラムが発行する *Indonesia* Vol.86 とオーストラリアに拠点をおくインドネシア資源・情報プログラム（IRIP）が発行する *Inside Indonesia* Edition 104 掲載の拙稿をもとに日本語で書き改めたものである。

　インドネシアでのフィールド調査と日本での博士論文の執筆時には，日本学術振興会特別研究員（DC: 2003～2005 年度）として特別研究員奨励費をいただいた。また，博士号取得後のフィールド調査では日本財団アジア・フェローシップ（2006年7月～2007年3月）と日本学術振興会特別研究員（PD: 2007～2009年度）として特別研究員奨励費をいただいた。これらの研究助成のおかげで，2003年から継続してインドネシアでフィールド調査を行うことができた。記して御礼申し上げます。

　本書の執筆時には，京都大学東南アジア研究所の特定研究員（文部科学省特別経費事業「東南アジアにおける持続型生存基盤研究」）として執筆に専念できる最良の研究環境をいただいた。厚く御礼申し上げます。また本書の出版にあたっては，平成26年度「京都大学総長裁量経費 若手研究者に係る出版助成事業」の支援をいただき，査読段階では京都大学東南アジア研究所出版委員会，編集段階では京都大学学術出版会の鈴木哲也編集長に大変お世話になった。地域研究叢書のレフェリーの先生方には有益で建設的なコメントを数多くいただき，改訂稿と最終稿の執筆により一層の意欲を持って取り組むことができた。厚く御礼申し上げます。また最終稿の執筆では，改訂稿をさらに大幅に変更す

ることになったが，大学院時代の同期でもある東南アジア研究所の中西嘉宏先生に最終稿のチェックをしていただいた。中西先生には提出締切り間際まで，まるでマラソンの伴走者のように最後までお付き合いいただいた。いつも的確なコメントと温かいエールをいただき，心より感謝申し上げます。また本書で使用した写真の一部は，京都大学の山田勇名誉教授にご提供いただいた。筆者の突然のお願いをご快諾いただき，お忙しいにもかかわらず本書に合う写真を一緒に探していただいた。心より厚く御礼申し上げます。

　筆者がインドネシア政治研究を志すようになったきっかけは，学部時代に読んだインドネシアのマルク諸島で起きた宗教紛争の報道記事と，白石隆先生の『新版 インドネシア』であった。学部3年生まで文化人類学を目指していた筆者が，1年間のスコットランド留学から帰国して突然「紛争研究がしたい，政治研究がしたい」と言い出したにも関わらず，当時の指導教官であった神戸大学の須藤健一先生は，筆者の思いを温かく受けとめてくださった。ご寛容に心より感謝申し上げます。また筆者に『新版 インドネシア』を読むよう勧めてくださったのは，神戸大学時代の副指導教官であった貞好康志先生であった。本を読んで感銘を受けた筆者は，それがきっかけで，当時京都大学東南アジア研究所におられた白石先生のご指導を受けられる京都大学大学院アジア・アフリカ地域研究研究科への入学を目指すようになった。合格の知らせを受け取った時の喜びと興奮はいまでも覚えている。

　白石先生には厳しくも温かいご指導を賜った。入学当時は研究者の卵であることの自覚さえなかった筆者に，東南アジア研究者として生きることの意味を教えてくださり，鍛えてくださった。心より深く感謝申し上げます。白石ゼミは毎回知的格闘技のようであり，自分の発表がない時でも，いつもとても緊張した。発表がうまくいかなかった時はかなりの絶望感に襲われたが，その分，（滅多になかったが）発表がうまくいった時はとても嬉しかった。その時に得た一つ一つの小さな自信の積み重ねが，いま筆者の何ものにも代え難い財産になっている。

　博士論文の副指導教官だったアジア・アフリカ地域研究研究科の玉田芳史先生，白石先生が政策研究大学院大学に移られた時に指導教官をご快諾くださった東南アジア研究所の水野広祐先生にも厚く御礼申し上げます。博士号取得後も京都大学にいた筆者は，玉田先生，水野先生，そして東南アジア研究所の清水展先生，河野泰之先生，速水洋子先生に大変お世話になり，様々なご指導ご

鞭撻を賜った。厚く御礼申し上げます。

　白石ゼミの先輩方や同期の友人たち，東南アジア研究所のいまはなき北棟にあった院生室の友人たち，当時東南アジア研究所図書室におられた北村由美先生とは，当時も今も，アドバイスをもらったり，おいしいごはんを一緒に食べたり，たわいもない話をしたりしている。そうしたことが研究を続けるための心の支えになっている。また東南アジア研究所におられたパトリシオ・アビナレス先生，現在も東南アジア研究所におられるキャロライン・ハウ先生には，出会った時から現在まで家族のように接していただいている。研究のことでも何でも悩み事があった時はアビナレス先生やハウ先生と話すと，いつも前向きになることができた。心より感謝申し上げます。

　インドネシアでのフィールド調査では，インドネシア科学院（LIPI）のイクラル・ヌサ・バクティ氏にカウンター・パートになっていただいた。調査当初は日本でインドネシア語の勉強をしていたとはいえ，言葉の壁が厚かった。またカリマンタンに直接知り合いがいなかったため，調査のためにまず誰に連絡をとればいいのか分からなかった。そんな筆者のために，インドネシア語を丁寧に教えてくださったナショナル大学インドネシア語プログラムのウミ先生，カリマンタンに住む知り合いを紹介してくれたジャカルタの友人たち，カリマンタンでお世話になった方々，筆者のつたないインドネシア語でのインタビューに快く応じてくれた方々に深く感謝申し上げます。特に中カリマンタン州の調査では，筆者一人で政治に関する調査をするのは大変危険だということで地元のNGOグループに大変お世話になった。彼らのカリマンタンでの安全上の問題により，ここで団体名や個人名を記すことはできないが，心より感謝申し上げます。また西カリマンタン州では，県政府役人の方々に家族ぐるみでお世話になった。記して御礼申し上げます。

　2009年にジャカルタを訪れた際には，マレーシア人ジャーナリストのエイミー・チュウ氏の紹介で，幸運にもリアス・ラシッド元地方自治担当国務相にインタビューすることができた。多忙なリアス・ラシッド元大臣へのインタビュー時間は15分しかなかったが，筆者がこれまで行ったインタビュー調査のなかで一番充実した時間を過ごすことができた。インタビューが苦手であった筆者が，初めてインタビューを楽しいと思えた瞬間であった。これもひとえに，気さくで率直なリアス・ラシッド元国務相のおかげである。心から御礼申し上げます。

　最後に，これまで筆者が研究を続けてこられたのは家族の理解と支えのおか

げである。大学院への進学と，危険がないとは言い切れないインドネシアへのフィールド調査を「がんばりなさい」と応援してくれた両親に感謝します。そして，本書の執筆中に限らず，いつも人生の先輩として的確な助言をしてくれる夫と，筆者の原動力であり，いつもたくさんの笑顔で筆者を元気にしてくれる娘に心から感謝します。

2015 年 3 月
森下明子

参照資料・引用文献一覧

【参照資料】

1　政府刊行物

(統計局資料)

Biro Pusat Statistik（1996）*Penduduk Indonesia 1995*. Jakarta: Biro Pusat Statistik.

Badan Pusat Statistik（2001）*Penduduk Indonesia: Hasil Sensus Penduduk Tahun 2000 , Seri L2.2*. Jakarta: Badan Pusat Statistik.

Badan Pusat Statistik（2010）*Kewarganegaraan, Suku Bangsa, Agama, dan Bahasa Sehari-hari Penduduk Indonesia: Hasil Sensus Penduduk 2010*. Jakarta: Badan Pusat Statistik.

BPS Provinsi Kalimantan Barat（2011）"Perkembangan Ekspor dan Impor Kalimantan Barat Desember 2010 ," *Berita Resmi Statistik* No.06 /02 /61 /Th.XIV. Pontianak: BPS Provinsi Kalimantan Barat.

BPS Provinsi Kalimantan Tengah（2012）*PDRB Penggunaan Kalimantan Tengah 2007-2011* . Palangka Raya: BPS Provinsi Kalimantan Tengah.

BPS Provinsi Kalimantan Timur（2012）*Statistik Ekspor Kalimantan Timur 2012* . Samarinda: BPS Provinsi Kailmantan Timur.

BPS Provinsi Kalimantan Timur（2013）*Produk Domestik Regional Bruto Menurut Lapangan Usaha Provinsi Kalimantan Timur Tahun 2008-2012*. Samarinda: BPS Provinsi Kailmantan Timur.

(地方政府統計資料)

Pemerintah Provinsi Kalimantan Barat. *Kalimantan Barat Dalam Angka*. Pontianak: Pemerintah Provinsi Kalimantan Barat.
　1986, 1992, 1997, 1998, 1999

Pemerintah Provinsi Kalimantan Tengah. *Kalimantan Tengah Dalam Angka*. Palangka Raya. Pemerintah Provinsi Kalimantan Tengah.
　1983, 1986, 1987, 1988, 1989, 1990, 1991, 1992, 1994, 1995, 1996, 1998, 1999, 2007

Pemerintah Provinsi Kalimantan Timur. *Kalimantan Timur Dalam Angka*. Samarinda. Pemerintah Provinsi Kalimantan Timur.
　1985, 1991, 1995, 2000

2　新聞・雑誌

Akcaya Pontianak Post
Antara News
Banjarmasin Post
Borneo News
D&R
Detik News

Gatra
Gerbamg Kaltim
Jakarta Post
Kalimantan-News.com
Kalimantan Review
Kaltim Post
Kalteng Post
Kompas
Kompasiana
Koran Kaltim
Majalah Bongkar
Menara News
Merdeka.com
National Geographic News
Palangka Post
Radar Online
Radar Sampit
Republika
Samarinda Pos
Sinar Harapan
Suara Pembarnan
Tempo
Tempointeraktif
The Edge
The Star
Tribun Kalteng
VIVA News
Warta DPRD Kutai Kartanegara

3　ウェブサイト資料

アネカ・タンバン社（PT Aneka Tambang Tbk）
　　http://www.antam.com/index.php?option=com_content&task=view&id=21&Itemid=30（2013年10月閲覧）
インドネシア憲法裁判所（Mahkamah Konstitusi Republik Indonesia）
　　http://www.mahkamahkonstitusi.go.id/index.php?page=web.ProfilHakim&id=8（2013年12月閲覧）
インドネシア統計局（Badan Pusat Statistik）
　　http://sp2010.bps.go.id/index.php/site/tabel?tid=321&wid=6100000000（2014年1月閲覧）
　　http://sp2010.bps.go.id/index.php/site/tabel?tid=321&wid=6200000000（2014年1月閲覧）
インドネシア林業実業家組合（Asosiasi Pengusahaan Hutan Indonesia: APHI）
　　http://www.aphi-pusat.com/members/hoh-kalteng.htm（2005年11月閲覧）

http://www.aphi-pusat.com/members/hoh-kalbar.htm（2005年11月閲覧）
中カリマンタン州政府
    khttp://www.kalteng.go.id/INDO/rekapilkada2005gub.htm（2005年7月閲覧）
中カリマンタン州ムルン・ラヤ県政府
    http://www.kabmurungraya.go.id/murungrayakab/page/112/sejarah.htm（2005年7月閲覧）
中カリマンタン州西コタワリンギン県政府
    http://www.kotawaringinbaratkab.go.id/index.php?option=com_content&view=article&catid=39%3Aberita-umum&id=131%3Adapat-bantuan-motor-enam-kecamatan-diminta-tingkatkan-kualitas-lingkungan&Itemid=92（2013年4月閲覧）
西カリマンタン州農園局（Dinas Perkebunan Provinsi Kalimantan Barat）
    http://disbun.kalbarprov.go.id/web/index.php/statistik/menu-perkembangan-komoditi-perkebunan/perkembangan-komoditi-kelapa-sawit-per-tahun（2014年2月閲覧）

【引用文献】

<u>邦語文献</u>
アンダーソン，ベネディクト（1987）『想像の共同体』東京：リブロポート。
井上治（2001）「インドネシアの分離独立運動——アチェとパプアの事例」『アジア研究』47(4)：4-22。
井上真（2004）『コモンズの思想を求めて——カリマンタンの森で考える』東京：岩波書店。
大村啓喬（2010）「天然資源と内戦の発生に関する研究動向」『国際公共政策研究』15(1)：181-195.
岡本幸江（2004）『インドネシアの森は誰のもの？——違法伐採はなぜ起きるのか』東京：インドネシアNGOネットワーク。
岡本正明（2001）「インドネシアにおける地方分権について——国家統合のための分権プロジェクトの行方」『地方行政と地方分権——報告書』東京：国際協力事業団，国際協力総合研究所，3-46頁。
岡本正明（2004）「地方分権化後インドネシアの中央地方関係——自治体への箍を締め始めた中央政府の諸政策について」『インドネシアの将来展望と日本の援助政策』東京：国際金融情報センター，55-71頁．
岡本正明（2005）「分権・分離モデルから弱い集権・融合モデルへ——新地方分権制度と内務省の勝利」，松井和久・川村晃一編『2004年インドネシア総選挙と新政権の始動——メガワティからユドヨノへ』明石書店，343-362頁。
岡本正明（2007）「自治体新設運動と青年のポリティクス——ゴロンタロ新州設立運動（1998年～2000年）に焦点を当てて」『東南アジア研究』45(4)：140-164頁。
岡本正明（2008）「細分化する地域主義とその後のポリティクス——民主化・分権化後のインドネシアから」『地域研究』8(1)：128-143。
岡本正明（2012）「逆コースを歩むインドネシアの地方自治——中央政府による「ガバメント」強化への試み」，船津鶴代・永井史男編『東南アジア——変わりゆく地方自治と政治』千葉：ジェトロ・アジア経済研究所，27-66頁。
奥島美夏（2004）「北カリマンタン州分立運動の源流——現代国家成立期におけるインドネ

シア・マレーシア国境地方の経験」『JAMS News』29：12-25頁．
佐藤百合（2008）「インドネシアの石油産業――産油国から消費国へ，国家独占から市場競争へ」，坂口安紀編『発展途上国における石油産業の政治経済学的分析――資料編』千葉：アジア経済研究所，107-143頁．
椙沢英雄（2004）「『ゴロン・ロヨン』概念の誕生と変容――植民地末期からスカルノ期まで」『アジア経済』45（2）：2-29．
川村康之・柳原透（1998）「インドネシア国軍の二重機能原則とその形成過程」『経済志林』66（1）：251-279．
ゲルナー，アーネスト（2000）『民族とナショナリズム』東京：岩波書店．
篠田英朗（2005）「アフリカにおける天然資源と武力紛争――「内戦の政治経済学」の観点から」，IPSHU研究報告シリーズ研究報告No.35　小柏葉子編『資源管理をめぐる紛争の予防と解決』広島：平和科学研究センター，153-172頁．
白石隆（1996）『新版 インドネシア』東京：NTT出版．
白石隆（1997）『スカルノとスハルト――偉大なるインドネシアをめざして』東京：岩波書店．
白石隆（1999）『崩壊インドネシアはどこへ行く』東京：NTT出版．
白石隆（2000）『海の帝国――アジアをどう考えるか』東京：中公新書．
白石隆（2007）「序――インドネシア政治をどう考えるか」『東南アジア研究』45（1）：3-11．
白石隆（2009）「分権と成長の民主主義――インドネシアの試み」『アスティオン』（71）：107-126．
新エネルギー・産業技術総合開発機構（2009）「平成20年度海外炭開発高度化等調査「インドネシア東カリマンタン州における石炭増産計画に対応する輸送インフラ整備のあり方に関する調査」報告書」川崎：新エネルギー・産業技術総合開発機構．
田中耕司（1987）「熱帯雨林機構化の農民農業――東南アジアの場合」『熱帯農業』31（2）：132-137．
田中耕司（2000）「フロンティア世界としての東南アジア――カリマンタンをモデルに」，坪内良博編『地域形成の論理』京都：京都大学学術出版会，55-83頁．
津守佳代子（1995）「権威主義と経済成長――インドネシアのケース」『アジア研究』41（2）：1-30．
富田与（2005）「民主主義下のパトロン・クライアント関係――リマ市エル・アグスティノ区の事例研究から」，遅野井茂雄・村上勇介編『現代ペルーの社会変動』京都：京都大学地域研究統合情報センター．
永田信・井上真・岡祐泰（1994）『森林資源の利用と再生――経済の論理と自然の論理』東京：農山漁村文化協会．
西芳実（2002）「止められなかった紛争――1998年～2000年におけるアチェ紛争激化の展開と構造」，武内進一編『アジア・アフリカの武力紛争』（共同研究会中間成果報告）千葉：アジア経済研究所，159-175頁．
東方孝之（2011）「拡大するインドネシアの公的部門――地方分権化に伴う公務員数の増加について」アジア経済研究所海外研究員レポート，千葉：アジア経済研究所．
深尾康夫（1999）「中央エリートの内部対立と州知事選挙――1990年代前半インドネシアの

事例」『亜細亜大学国際関係紀要』8（2）：91-134.
深尾康夫（2003）「ポスト・スハルト時代地方政治の構図——リアウ群島州分立運動の事例から」，松井和久編『インドネシアの地方分権化』千葉：アジア経済研究所，77-158頁。
本名純（1999）「国軍——改革と権力闘争の狭間で」，佐藤百合編『インドネシア・ワヒド政権の誕生と課題』千葉：アジア経済研究所，40-57頁。
本名純（2002）「支配から参加へ——民主化適応の国軍政治」，佐藤百合編『民主化時代のインドネシア——政治経済変動と制度改革』千葉：アジア経済研究所，139-198頁。
本名純（2005）「ポスト・スハルト時代におけるジャワ3州の地方政治——民主化・支配エリート・2004年選挙」『アジア研究』51（2）：44-62。
本名純・川村晃一（2010）『2009年インドネシアの選挙——ユドヨノ再選の背景と第2期政権の展望』千葉：アジア経済研究所。
プラスティヤワン，ワヒュ（2007）「ポスト・スハルト期における政治経済——リアウ州における政府間対立，1998-2004年」『東南アジア研究』45（1）：120-136。
松井和久・川村晃一編（2005）『インドネシア総選挙と新政権の始動——メガワティからユドヨノへ』千葉：アジア経済研究所。
松尾雅嗣（2005）「資源紛争の再検討」，小柏葉子編『資源管理をめぐる紛争の予防と解決』IPSHU研究報告シリーズ研究報告 No.35, 5-19頁。
松村智雄（2012）「インドネシア西カリマンタンにおける1967年華人追放事件の経緯」『アジア地域文化研究』8：91-111。
三竹直哉（2014）「多民族国家における民主化の再検討」『駒澤大學法學部研究紀要』72：59-96。
村井吉敬編（1999）『スハルト・ファミリーの蓄財』東京：コモンズ。
村井吉敬（2001）「地方騒乱を考える——マルク紛争の背景」『インドネシア政治・社会・経済の現状と見通し』国際金融情報センター。
森下明子（2007）「ポスト・スハルト時代のインドネシア国会議員——2004年総選挙後の変化と連続性」『東南アジア研究』45（1）：57-97。
森下明子（2009）「カリマンタンの社会，経済，政治——なぜ民族紛争が起きたのか」『インドネシア・ニュースレター』69：2-14。
森下明子（2010）「2009年国会議員にみるインドネシアの政党政治家と政党の変化」，本名純・川村晃一編『2009インドネシアの総選挙——ユドヨノ再選の背景と第2期政権の展望』千葉：アジア経済研究所，91-108頁。
山本信人（2005）「中スラウェシ州ポソ県政治の構造的特性——『宗教』暴動・造られた制度・2004年県議会選挙」『アジア研究』51（2）：84-107。
安中章夫・三平則夫編（1995）『現代インドネシアの政治と経済——スハルト政権の30年』千葉：アジア経済研究所。

インドネシア語文献
Akademi Pemerintahan Dalam Negeri Pontianak（出版年・タイトル不詳）Pontianak: Akademi Pemerintahan Dalam Negeri Pontianak.
Ali, Muh Amir P.（2002）*H. Syaukani H.R.: di tengah kancah kepemudaan dan otonomi daerah*. Yogyakarta: Ombak.

Almas Sjafrina et.al. (2013) *Menguras Bumi, Merebut Kursi: Patronase Politik-Bisnis Alih Fungsi Lahan di Kabupaten Kutai Barat dan Ketapang*. Jakarta: Indonesia Corruption Watch.

Arnaldo, R. (2013) *Pelilaku Memilih pada Pemilihan Kepala Daerah Kabupaten Kuantan Singing tahun 2011 (Studi Kasus Kecamatan Singing)*. 出版社不詳.

Aswin, Aspar (1998) *Pemberdayaan Masyarakat Menyongsong Pasar Bebas: Memori Pelaksanaan Tugas Jabatan Gubernur Kepala Daerah Tingkat I Kalimantan Barat Masa Bhakti 1993–1998*. Pontianak: Pemerintah Propinsi Kalimantan Barat.

Badan Koordinasi Penanaman Modal (2012) *Profile Daerah Kalimantan Barat: Pelaku Usaha*. Jakarta: Badan Koordinasi Penanaman Modal.

Damanik, Rinaldy (2003) *Tragedi Kemanusiaan Poso*. Palu: PBHI & LPS-HAM Sulteng.

Dinas Perkebunan Provinsi Kalimantan Timur (2013) *Mitra Perusahaan Perkebunan*. Samarinda: Dinas Perkebunan Provinsi Kalimantan Timur.

Dinas Pertambangan den Energi Provinsi Kalimantan Tengah (2012) *Perusahaan Tembang Batubara di Kalimantan Tengah*. Palangka Raya: Dinas Pertambangan dan Energi Provinsi Kalimantan Tengah.

Hidayat, Herman (2005) "Kehutanan dan Perdagangan Kayu Ilegal di Nunukan," In Riwanto Tirtosudarmo and John Haba eds., *Dari Entikong Sampai Nunukan: Dinamika Daerah Perbatasan Kalimantan Malaysia Timur (Serawak-Sabah)*. Jakarta: Pustaka Sinar Harapan, pp. 245–276.

Huntington, Samuel P. (1996) *The Clash of Civilizations and the Remaking of World Order*. New York: Simon & Schuster.

Kementerian Energi dan Sumer Daya Mineral (2012) *Kajian Kebijakan Pengembangan Industri Mineral Sebagai Kawasan Ekonomi Khusus*. Jakarta: Kementerian Energi dan Sumer Daya Mineral.

Kementerian Pekerjaan Umum (2009) *Peta Infrastruktur Provinsi Kalimantan Tengah*. Jakarta: Kementerian Pekerjaan Umum.

Komisi Pemilihan Umum (2009) *Hasil Perolehan Suara Peserta Pemilu Tahun 2009 : Partai Politik (DPR RI), Provinsi Kalimantan Tengah*. Jakarta: Komisi Pemilihan Umum.

Komite Pemantauan Pelaksanaan Otonomi Daerah. (2010) *Profile Bupati & Wakil Bupati: Hasil Pemilukada 2010*. Jakarta: Komite Pemantauan Pelaksanaan Otonomi Daerah.

Kristiadi, J. (1996) "Pemilihan Umum dan Perilaku Pemilih di Indonesia," *Prisma* 25 (3): 73–91.

Lembaga Bela Banua Talino (1995) "Siaran Pers terhadap Pembakaran Base-Camp Pembibitan PT. Nityasa Idola di Belimbing, Ledo, Sambas, Kalbar." Pontianak: Lembaga Bela Banua Talino.

Maulidiya, Tisca. (2010) "Analisis Kemenangan Drs. Cornelis, MH dan Drs. Christiandy Sanyaha SH., MM dalam Pilkada Gubernur Kalimantan Barat Tahun 2007 ," Undergraduate Thesis. Universitas Diponegoro.

Maunati, Yakti. (2004) *Identitas Dayak: Komodifikasi dan Politik Kebudayaan*. Yogyakarta: LkiS.

MPR RI Secretariat General and Internatoina IDEA (2005) *Profil Anggota Dewan Perwakilan Daerah 2004–2009*. Jakarta: Sekretariat Jenderal Majelis Permusyawaratan Rakyat RI dan

International IDEA.
Okamoto, Masaaki and Rozaki, Abdur. eds.（2006）*Kelompok Kekerasan dan Bos Lokal di Era Reformasi,*. Yodyakarta: IRE Press.
Pasti, F. Alkap（2003）"Dayak Islam di Kalimantan Barat: Masa Lalu dan Identitas Kini," in Budi Susanto ed. *Identitas dan Postkolonialitas di Indonesia*. Yogyakarta: Kanisius.
Pemerintah Kota Palangka Raya（2003）*Sejarah Kota Palangka Raya*. Palangka Raya,Palangka Raya: Pemerintah Kota Palangka Raya.
Pemerintah Provinsi Kalimantan Tengah（2005）*Desk Pilkada Prop. Kalteng*. Palangka Raya: Pemerintah Provinsi Kalimantan Tengah.
Petebang, Edi and Sutrisno, Eri（2000）*Konflik Etnis di Sambas*. Jakarta: ISAI.
Pusat Studi Hukum dan Kebijakan Indonesia（2009）*Menilai Tanggung Jawab Sosial Peraturan Daerah*. Jakarta: Pusat Studi Hukum dan Kebijakan Indonesia.
Riwut, Tjilik.（1958）*Kalimantan Memanggil*. Djakarta: Pustaka Endang.
Save Our Borneo.（2005）*Daftar Perusahaan Perkebunan Kelapa Sawit di Kalimantan Tengah*. Palangka Raya: Save Our Borneo.
Save Our Borneo（2005）"Table: Daftar Perusahaan Perkebunan Kelapa Sawit di Kalimantan Tengah." Palangka Raya: Save Our Borneo.
Schulte-Nordholt, Henk and van Klinken, Gerry. Eds（2007）*Politik lokal di Indonesia*. Jakarta: Yayasan Obor dan KITLV.
Sudagung, Hendro suroyo（2001）*Mengunai pertikaian etnis: Migrasi swakarsa etnis Madura ke Kalimantan Barat*. Jakarta: Institut Studi Arus Informasi.
Suseno, Nila（1996）*Tjilik Riwut Berkisah: Sumpah Setia Masyarakat Suku Dayak Pedalaman Kalimantan kepada Pemerintah Republik Indonesia*. Yodyakarta: Andi.
Suwarna Abdul Fatah and Imam Baehaqie Abdullah（2003）*Suwarna Abdul Fatah: bangga membangun Kalimantan Timur*. Jakarta: Spirit Komunika.
Syafaruddin Usman Mhd and Isnawita Din（2009）*Peristiwa Mandor berdarah*. Yogyakarta: Media Pressindo.
Tasa, H.M. Ridwan. and Vaturusi, Umar（2003）*Pergumulan H. Achmad Amins*. Jogjakarta: Ombak.
Tim Penyusun dan Penulis Sejarah Kalimantan Tengah（2003）*Sejarah Kalimantan Tengah (Draft 4)*. Palangka Raya: Pemerintah Kota Palangka Raya.
Ukur, Fridolin（1992）"Kebudayaan Dayak: Suatu Tinjauan Umum tentagn Ciri-Ciri Pokok Kebudayaan Suku-Suku Asli di Kalimantan," in Mubyarto et.al. eds. *Perekonomian Rakyat Kalimantan*. Yogyakarta: Aditya Media.
Yayasan API（2001）*Panduan Parlemen Indonesia*. Jakarta: Yayasan API.

英語文献
Ananta, Aris; Arifin, Evi Nurvidya; and Suryadinata, Leo（2005）*Emerging Democracy in Indonesia*. Singapore: Institute of Southeast Asian Studies.
Anderson. Benedict R. and McVey, Ruth（1971）*A Perliminary Analisis of the October 1, 1965 Coup in Indonesia*. Ithaca: Cornell Modern Indonesia Project.

Antlov, Hans (1995) *Exemplary Centre, Administrative Periphery: Rural Leadership and the New Order on Java*. London: Curzon Press.

Aragon, Lorraine V. (2001) "Communal Violence in Poso, Central Sulawesi," *Indonesia* 72: 45-80.

Aspinall, Edward (2002) "Sovereignt, the Successor State, and Universal Human Rights: history and the international structuring of Acehnese nationalism." *Indonesia* 73: 1-24.

Aspinall, Edward (2008) "Place the Displacement in the Aceh Conflict." in Eva-Lotta Hedman. ed., *Conflict, Violence, and Displacement in Indonesia*. Ithaca: Cornell University, pp.55-65.

Aspinall, Edward (2011) "Democratization and Ethnic Politics in Indonesia : Nine Theses". *Journal of East Asian Studies* 11 (2) : 289-319.

Aspinall, Edward and Fealy, Greg. eds. (2003) *Local Power and Politics in Indonesia: Decentralization and Democratisation*. Singapore: Institute of Southeast Asian Studies (ISEAS).

Bakker, Laurens (2009) "Potent Relations. Ethnic Relations and Exclusive Rights in Kalimantan." *Recht der Werkelijkheid* 2009 (3): 125-146.

Ballentine, Karen and Nitzschke, Heiko (2004) *The Political Economy of Civil War and Conflict Transformation*. Wiesbaden: Berghof Research Center for Constructive Conflict Management.

Ballentine, Karen and Sherman, Jake. eds. (2003) *The Political Economy of Armed Conflict: Beyond Greed and Grievance*. Boulder, CO: Lynne Rienner Publishers.

Barr, Christopher. et.all. (2006) *Decentralization of Forest Administration in Indonesia: Implications for Forest Sustainability, Economic Development and Community Livelihoods*, Jakarta: Center for International Forestry Research.

Belkin, Harvey E. and Tewalt, Susan J. (2007) "Geochemistry of Selected Coal samples from Sumatra, Kalimantan, Sulawesi, and Papua, Indonesia," U.S. Geological Survey Open-File Report 2007-1202. Virginia: U.S. Department of the Interior and U.S. Geological Survey.

Brubaker, Rogers (2002) "Ethnicity without Groups," *Archives Europeenes de Sociologie* 43 (2): 163-89.

Buhaug, Halvard. and Rød, Jan Ketil (2006) "Local Determinants of African Civil Wars, 1970-2001." *Political Geography* 25 (3): 315-335.

Casson, Ann (2000) "The Hesitant Boom: Indonesia's Oil Palm Sub-Sector in an Era of Economic Crisis and Political Change," Occasional Paper No.29 . Jakarta: Center for International Forestry Research.

Casson, Ann (2001) *Decentralisation of Policies Affecting Forests and Estate Crops in Kotawaringin Timur District, Central Kalimantan*. Jakarta: Center for International Forestry Research.

Chandra, Kanchan (2006) "What Is Ethnic Identity and Does it Matter?" *Annual Review of Political Science* 9: 397-424.

Chin, Ko-Lin (2009) *The Golden Triangle: Inside Southeast Asia's Drug Trade*. Ithaca: Cornell University Press.

Choi, Nankyung (2011) *Local Politics in Indonesia : Pathways to Power*. London : Routledge.

Collier, Paul. And Hoeffler, Anke (2001) "Greed and Grievance in Civil War." The World Bank.

Retrieved on 6 September 2014 from

http://elibrary.worldbank.org/doi/pdf/10.1596/1813-9450-2355

Collier, Paul and Hoeffler Anke. (2004) "Greed and Grievance in Civil War." *Oxford Economic Paper* 56 (4): 563–96.

Cribb, Robert. (2002) "Unrtsolved Problems in the Indonesian Killings of 1965–1966". *Asian Survey* 42 (4)：550–563.

Crouch, Harold. (1978) *The Army and Politics in Indonesia*. Ithaca：Cornell University Press.

Cribb, Robert. (2000) *Historical Atlas of Indonesia*. Richmond: Curzon Press.

Dahm, Bernhard (1974) "The Parties, the Masses and the Elections," in Oey Hong Lee. ed. *Indonesia after the 1971 Elections*. Hull Monographs on South-East Asia No.5 , London: Oxford University Press, pp. 7–22.

Davidson, Jamie S. (2003) "Primitive Politics: The Rise and Fall of the Dayak Unity Party in West Kalimantan, Indonesia," Working Paper Series No.9, Asia Research Institute and National University of Singapore.

Davidson, Jamie S. (2008) *From Rebellion to Riots: Collective Violence on Indonesian Borneo. Madison*, Wisconsin: The University of Wisconsin Press.

Davidson, Jamie S. and Kammen, Douglas (2002) "Indonesia's unknown war and the lineages of violence in West Kalimantan". *Indonesia* 73: 53–87.

Davison, Jamie S. and Henley, David. eds. (2007) *The Revival of Tradition in Indonesian Politics; The Deployment of Adat from Colonialism to Indigenism*, London: Routledge.

De Nevers, Renée (1993) "Democratization and Ethnic Conflict." in Michael E. Brown. ed., *Ethnic Conflict and International Security*. Princeton, N.J.: Princeton University Press, pp.61–78.

de Soysa, Indra. and Neumayer, Eric (2007) "Resource Wealth and the Risk of Civil War Onset: Results from a New Dataset of Natural Resource Rents, 1970–1999." *Conflict Management and Pease Science* 24 (3): 201–218.

Embassy of the United States of America (2000) *Coal Report: Indonesia 2000*. Jakarta: Embassy of the United States of America.

Enia, Jason. (2008) "Peace in its Wake? The 2004 Tsunami and Internal Conflict in Indonesia and Sri Lanka". *Journal of Public and International Affairs* 19: 7–27.

Environmental Investigation Agency and Telapak Indonesia (2000) *Illegal Logging in Tanjung Putting National Park: An update on The Final Cut Report*. London, Washington DC, and Bogor: Environmental Investigation Agency and Telapak Indonesia.

Environmental Investigation Agency and Telapak Indonesia (2007) *The Thousand-Headed Snake: Forest Crimes, Corruption and Injustice in Indonesia*. London, Washington DC, and Bogor: Environmental Investigation Agency and Telapak Indonesia.

Erb, Maribeth and Sulistiyanto, Priyambudi. eds. (2009) *Deepening Democracy in Indonesia? Direct Elections for Local Leaders (Pilkada)*, Singapore: ISEAS.

Erb, Maribeth; Sulistiyanto, Priyambudi; and Faucher, Carole. eds. (2009) *Regionalism in Post-Suharto Indonesia*. London: RoutledgeCurzon.

Feith, Herbert (1957) *The Indonesian Elections of 1955*. Ithaca: Cornell Modern Indonesia Project.

Feith, Herbert (1962) *The Decline of Constitutional Democracy in Indonesia*. Ithaca: Cornell University Press.

Feith, Herbert (1968) "Dayak Legacy," *Far Eastern Economic Review* 59 (4): 134–135.

Fox, James J. et.al. (2004) "Unfinished Edifice or Pandora's Box? Decentralisation and Resource Management in Indonesia," in Budy P Resosudarmo. ed. *The Politics and Economics of Indonesia's Natural Resources*. Singapore: Institute of Southeast Asian Studies, pp. 92 –108.

Fenton, Steve (1999) *Ethnicity: Racism and Culture*. Maryland: Rowman and Littlefield.

Fearon, James D. and Latin, David D. (2003) "Ethnicity Insurgency and Civil War." *American Political Science Review* 97 (1): 75–90.

Fearon, James D. (2005) "Primary Commodity Exports and Civil War." *Journal of Conflict Resolution* 49 (4): 483–507.

Gaffar, Afan (1992) *Javanese Voters: A Case Study of Election under a Hegemonic Party System*. Yogyakarta: Gadjah Mada University Press.

Geddes, W.R. (1957) *Nine Dayak Nights*. Singapore; Oxford: Oxford University Press.

Gettleman, Jeffrey (2013) "Conflict Minerals: The Price of Precious." *National Geographic*. October 2013, Retrieved on 5 September 2014 from
http://ngm.nationalgeographic.com/2013/10/conflict-minerals/gettleman-text.

Gin, Ooi Kiat (2013) *The Japanese Occupation of Borneo*, 1941–45. London, New York: Routledge.

Gleditsch, Nil Petter (2001) "Resource and Environmental Conflict: The-State-of-the-Art." in Eileen Petzold-Bradley et al. eds., *Responding to Environmental Conflicts: Implications for Theory and Practice*. Dordrecht: Kluwer Academic, pp. 53–66.

Gunn, Geoffrey C. (2000) *New World Hegemony in the Malay World*. Trenton: Red Sea Press.

Haryanto, Ariel (2006) *State-Terrorism and Identity Politics in Indonesia: Fatally Belonging*. London: Routledge, Taylor & Francic Group.

Hadiz, Vedi (2003) "Power and Politics in North Sumatra: The Uncompleted Reformasi." in Edward Aspinall and Greg Fealy eds., *Local Power and Politics in Indonesia: Decentralization & Democratization*. Singapore: Institute of Southeast Asian Studies, pp. 119–131.

Hadiz, Vedi (2010) *Localising Power in Post-Authoritarian Indonesia: A Southeast Asia Perspective*. Stanford: Stanford University Press.

Heidhues, Mary Somers (2003) *Diggers, Farmers, and Traders in the "Chinese Districts" of West Kalimantan, Indonesia*. Ithaca, N.Y.: Southeast Asia Program Publications, Southeast Asia Program, Cornell University.

Homer-Dixon, Thomas F. (1994) "Environmental Scarcities and Violent Conflict: Evidence from Cases." *International Security* 19 (1): 5–40.

Horowitz, Donald L. (1985) *Ethnic groups in Conflict*. Berkeley: University of California Press.

Hui, Yew-Foong (2011) *Strangers at Home: History and Subjectivity among the Chinese from West Kalimantan, Indonesia*. Leidan: Brill.

Human Rights Watch (1997) *West Kalimantan: Communal Violence in West Kalimantan*. Human Rights Watch.

Humphreys, Macartan (2005) "Natural Resources, Conflict, and Conflict Resolution." *Journal of Conflict Resolution* 49 (4): 508-537.

International Crisis Group (2001) "Communal Violence in Indonesia: Lessons from Kalimantan." *ICG Asia Report* 19. Jakarta/Brussels: International Crisis Group.

International Crisis Group (2003) "Indonesia Backgrounder: A guide to the 2004 Elections." *ICG Asia Report* 71. Jakarta/Brussels: International Crisis Group.

International Crisis Group (2010) "Indonesia: Preventing Violence in Local Elections." *ICG Asia Report* 197. Jakarta/Brussels: International Crisis Group.

International Moneraty Fund (2011) *World Economic Outlook Database September 2011*, International Monetary Fund.

Investment Coordinating Board and Japan International Cooperation Agency (2005) *Investment Opportunities Study for East Province of East, West, Central and South Kalimantan: executive Summary for West Kalimantan*. Jakarta: PT Pacific Consulindo International Indoensia.

Kaldor, Mary (1999) *New and Old Wars: Organized Violence in a Global Era*. Cambridge: Polity.

Kartodihardjo, Hariadi (2002) "Structural problems in Implementing New Forestry Policies," in Carol J. Perce Colfer and Ida Aju Pradnja Resosudarmo. eds., *Which Way Forward?: People, Forests, and Policymaking in Indonesia*. Washington, Bogor, Singapore: Resource for the Future, Center for International Forestry Research, and Institute of Southeast Asian Studies, pp. 157-160.

Keen, David (1998) *The Economic Functions of Violence in Civil Wars: Adelphi Paper 320*. Oxford: Oxford University Press.

Kell, Tim (1995) *The Roots of Achenese Rebellion 1989-1992*. Ithaca: Cornell Modern Indonesia Project, Southeast Asia Program, Cornell University.

Kimura, Ehito (2012) *Political Change and Territoriality in Indonesia: Provincial Proliferation*. London: Routledge.

King, Victor (1993) *The Peoples of Borneo*. London: Blackwell. Indonesia in transition:

Kingsbury, Damien and Aveling, Harry, eds. (2003) *Autonomy and Disintegration in Indonesia*. London: RoutledgeCurzon.

Klinken, Gerry van (2002) " 'Indonesia's new ethnic elites", in Henk Schulte Nordholt and I. Abdullah eds., *Indonesia: in Search of Transition*. Yogyakarta: Pustaka Pelajar, pp. 67-105.

Klinken, Gerry van (2004) "Dayak Ethnogenesis and Conservative Politics in Indonesia's Outer Islands," in Henk Schulte Nordholt and Hanneman Samuel. eds. *Rethinking 'Civil Society', 'Region' and 'Crisis'*. Yogyakarta: Pustaka Pelajar, pp. 107-128.

Klinken, Gerry van (2007) *Communal Violence and Democratization in Indonesia; Small Town Wars*. London: Routledge.

Klinken, Gerry van. and Aspinall, Edward (2010) "Building relations: corruption, competition and cooperation in the construction industry", in Edward Aspinall and Gerry van Klinken. eds., *The State and Illegality in Indonesia*. Leiden: KITLV Press, pp.139-163.

Larson, A. (2005) "Democratic Decentralization in the Forestry Sector: Lessons learned from Africa, Asia and Latin America," in Colfer, C. J. P., Capistrano, D. eds., *The Politics of Decen-*

tralization: Forests, Power and People. London: Earthscan, pp. 32–62.

Le Billon, Philippe (2001) "The Political Ecology of War: Natural Resources and Armed Conflict." *Political Geography* 20 (5): 561–584.

Le Billon, Philippe (2005) "The Geography of "Resource Wars"," in Colin Flint. ed., *The Geography of War and Peace: From Death Camps to Diplomats*. Oxford: Oxford University Press, pp.217–241.

Le Billon, Philippe (2008) "Diamond Wars? Conflict Diamonds and Geographies of Resource Wars." *Annals of the Association of American Geographers* 98 (2): 345–372.

Legge, Jhon. D. (1972) *Sukarno: A Political Biography*. London: Allen Lane.

Lev, Daniel S. (2009) *The Transition to Guided Democracy: Indonesian Politics, 1957–1959*. Singapore: Equinox Publishing.

Lindblad, J. Thomas (1988) *Between Dayak and Dutch : The Economic History of Southeast Kalimantan, 1880–1942*. Dordrecht, Holland; Providence, [RI], U.S.A.: Foris Publications.

Lujala, Päivi (2009) "Deadly Combat over Natural Resources: Gems, Petroleum, Drugs, and the Severity of Armed Civil Conflict." *Journal of Conflict Resolution* 53 (1): 50–71.

Lujala, Päivi (2010) "The Spoils of Nature: Armed Civil Conflict and Rebel Access to Natural Resources." *Journal of Peace Research* 47 (1): 15–28.

Macdonald, Geoffrey (2013) *Election Rules and Identity Politics: Understanding the Success of Multiethnic Parties in Indonesia*. Washington, DC: International Foundation for Electoral Systems.

MacKinnon, Kathy et.al. (1996) *The Ecology of Kalimantan: Indonesian Borneo*. Singapore: Periplus Editions (HK) Ltd.

Magenda, Burhan Djabier (1989) *The Surviving Aristocracy in Indonesia: Politics in Three Provinces of the Outer Islands*. Ph.D. Dissertation. Cornell University.

Magenda, Burhan Djabier (1991) *East Kalimantan: The Decline of a Commercial Aristocracy*. Ithaca, Cornell Modern Indonesia Project.

Magenda, Burhan Djabier (2010) *East Kalimantan: The Decline of a Commercial Aristocracy*. Jakarta: Equinox Publishing.

Mallarangeng, Andi A. (1997) "Contextual Analysis on Indonesian Electoral Behavior," Ph.D dissertation, Department of Political Science. Dekalb, Illinois, Northern Illinois University.

Malley, Michael (1999) "Regions: Centralization and Resistance," In Donald Emmerson ed., *Indonesia Beyond Suharto: Polity, Economy, Society, and Transition*. New York: ME Sharpe, pp. 71–105.

Malley, Michael (2003) "New Rules, Old Structures and the Limits of Democratic Decentralization, in Edward Aspinall and Greg Fealy eds., *Local Power and Politics in Indonesia : Decentralization and Democratization*. Singapore: Instisute of Southeast Asian Studies. pp.102–116."

Mansfield, Edward D. and Jack Snyder (2005) *Electing to Fight: Why Emerging Democracies Go to War*. Cambridge: MIT Press.

Matthews, Emily. ed. (2002) *The State of the Forest: Indonesia*. World Resources Institute.

Mietzner, Marcus (2005) "Local Democracy," *Inside Indonesia* 85: 17–18.

Mietzner, Marcus (2007) "Party Financing in Post-Soeharto Indonesia: Between State Subsidies and Political Corruption," *Contemporary Southeast Asia: A Journal of International and Strategic Affairs* No.2: 238-263.

Mietzner, Marcus (2010) "Indonesia's Direct Elections : Empowering the Electorate or Entrenching the New Order Oligarchy?", in Edward Aspinall and Greg Fealy. esd., *Soeharto's New Order and its Legacy : Essays in Honour of Harold Crouch*. Canberra : ANU ePeress, pp.173-190.

Miles, Douglas (1976) *Cutlass and Crescent Moon: A. Case Study of Social and Political Change in Outer Indonesia*. Sydney: Centre for Asian Studies, Sydney University.

Missbach, Antje (2011) *Politics and Conflict in Indonesia: The Role of the Acehnese Diaspora*. New York: Routledge.

Morishita, Akiko (2008) "Contesting Power in Indonesia's Resource-Rich Regions in the Era of Decentralization: New Strategy for the Central Control over the Regions." *Indonesia* 86: 81-107.

Morishita, Akiko (2011) "Prosperous in the provinces." *Inside Indonesia* 104. Retrieved on 11 October 2013 from
http://www.insideindonesia.org/feature-editions/prosperous-in-the-provinces

Morishita, Akiko (近刊) "Political Dynamics of Foreign-invested Development Projects in Decentralized Indonesia: The case from Coal Railway Projects in Kalimantan."

Mujani, Saiful and Liddle, R. William (2010) "Personalities, Parties, and Voters," *Journal of Democracy* 21 (2): 35-49.

Okamoto, Masaaki and Hamid, Abdul (2008) "Jawara in Power, 1999-2007," *Indonesia* 86: 109-138.

Peluso, Nancy Lee (1992) *Rich Forests, Poor People: Resource Conrol and Resistance in Java*. Calofornia: University of California Press.

Peluso, Nancy Lee and Emily Harwell (2001) "Territory, Custom, and the Cultural Politics of Ethnic War in West Kalimantan Indonesia." in Nancy Lee Peluso and Michael Watts. eds., *Violent Environments*. Ithaca: Cornell University Press, pp. 83-116.

Potter, Lesley (2008) "Dayak Resistance to Oil Palm Plantations in West Kalimantan, Indonesia." a paper presented at the 17th Biennial Conference of the Asian Studies Association of Australia, Melbourne. 1-3 July, 2008.

Pugh, Michael and Cooper, Neil with Goodhand, Jonathan (2004) *War Economies in a Regional Context*. Boulder, CO: Lynner Rienner Publishers.

Prasetyawan, Wahyu (2005) "Government and Multinationals: Conflict over Economic Resources in East Kalimantan, 1998-2003," *Southeast Asian Studies* 43 (2): 161-190.

Prasetyawan, Wahyu (2006) "The Unfinished Privatization of Semen Padang: The Structure of the Political Economy in Post-Suharto Indonesia," *Indonesia* 81: 51-70.

Provincial Department of Industry and Trade Office West Kalimantan (出版年不詳) *Information for Business and Buyers*. Pontianak: Provincial Department of Industry and Trade Office West Kalimantan.

Rabushka, Alvin and Kenneth Shepsle (1972) *Politics in Plural Societies*. Columbus, Ohio:

Charles E. Merrill.

Rinakit, Sukardi (2005) *Indonesian Regional Elections in Praxis*. Singapore: IDSS Commentaries.

Robinson, Geoffrey (1998) "Rawan is as Rawan does: the origins of New Order disorder in Aceh." *Indonesia* 66: 127–156.

Robison, Richard and Hadiz, Vedi (2004) *Reorganizing Power in Indonesia: The Politics of Oligarchy in an Age of Markets*. London: Routledge Curzon.

Ross, Michael L. (2001) *Timber Booms and Institutional Breakdown in Southeast Asia*. Cambridge: Cambridge University Press.

Ross, Michael L. (2003) "The Natural Resource Curse: How Wealth Can Make You Poor" in Ian Bannon and Paul Collier. eds., *Natural Resources and Violent Conflict: Options and Actions*. Washington, D.C.: The World Bank, pp.17–42.

Ross, Michael L. (2005) "Resources and Rebellion in Aceh, Indonesia." in Paul Collier and Nicholas Sambanis. eds., *Understanding Civil War*. Washington DC: The World Bank, pp.35–58.

Sakai, Minako (2003) "The Privatisation of Padang Cement: Regional Identity and Economic Hegemony in the New Era of Decentralisation," in Edward Aspinall and Greg Fealy eds., *Local Power and Politics in Indonesia: Decentralization & Democratization*. Singapore: Institute of Southeast Asian Studies, pp. 148–163.

Schiller, Anne (1996) "An "Old" Region in "New Order" Indonsia: Notes on Ethnicity and Religious Affiliation," *Sociology of Relision*, 57 (4): 409–417.

Schulte Nordholt, H. and Klinken, Gerry van. eds. (2007) *Renegotiating Boundaries: local politics in Post-Suharto Indonesia*. Leiden; KITLV.

Schulze, Kirsten E. (2007) "GAM: Gerakan Aceh Merdeka (Free Aceh Movement)," in Marianne Heiberg, et all. eds., *Terror, Insurgency, and the State: Ending Protracted Conflicts*. Philadelphia: University of Pennsylvania Press, pp.83–122.

Schulte Nordholt, Henk. (2004) "Decentralisation in Indonesia : Less State, more democracy?", in John Harriss et al. eds., *Politicising Democracy : The New Local Politics of Democratisation*. Basingstoke/New York : Palgrave Macmillan, pp. 29–50.

Sidel, John T. (1999) *Capital, Coercion, and Crime: Bossism in the Philippines*. Stanford: Stanford University Press.

Sidel, John T. (2004) "Bossism and Democracy in the Philippines, Thailand and Indonesia: Towards and Alternative Framework for the Study of 'Local Strongmen'," in John Harris, et all. eds., *Politicising Democracy: The New Local Politics of Democratisation*. New York: Palgrave Macmillan, pp. 51–74.

Sidel, John T. (2006) *Riots, Pogroms, Jihad: Religious Violence in Indonesia*. Ithaca: Cornell University Press.

Smith, Anthony D. (1986) *The Ethnic Origins of Nations*. Oxford: Blackwell Publishers.

Smith, Glenn and Helene Bouvier (2006), "Crosscutting Issues in the Kalimantan Conflicts", in G. Smith and H. Bouvier. eds., *Communal Conflict in Kalimantan: Perspectives from the LIPI-CNRS Conflict Studies Program*, Jakarta: PDII-LIPI, pp. 207–233.

Snyder, Jack (2000) *From Voting to Violence: Democratization and Nationalist Conflict.* New York: W.W. Norton & Company.

Snyder, Richard (2006) "Does Lootable Wealth Breed Disorder? A Political Economy of Extraction Framework." *Comparative Political Studies* 39 (8): 943–968.

Sulaiman, Muhammad Isa and Klinken, Gerry van (2007) "The rise and fall of governor Puteh" In Henk Schlte Nordholt and Gerry van Klinken. eds., *Renegotiating Boundaries: Local Politics in Post-suharto Indonesia.* Leiden: KITLV Press, pp. 225–254.

Suryadinata, Leo (2002) *Elections and Politics in Indonesia.* Singapore: ISEAS.

Tanasaldy, Taufiq (2012) *Regime Change and Ethnic Politics in Indonesia: Dayak Politics of West Kalimantan.* Leiden: KITLV Press.

Tjondronegoro, Sodiono M. P. (2001) "From Colonization to Transmigration Changing Policies in Poplulation Resettlement." a paper presented at the COE International Seminar, Changing People-Environment Interactions in Contemporary Asia: An Area Study Approach. Kyoto: CSEAS / ASAFAS, Kyoto University. 15–17 November, 2001.

Thung, Ju Lan (2004) "Ethnicity and the civil rights movement in Indonesia," in L.H. Guan ed., *Civil Society in Southeast Asia.* Singapore: ISEAS Publications and Copenhagen: NIAS Press, pp. 217–233.

Turner, S. (2003) "Speaking out: Chinese Indonesians after Suharto." *Asian Ethnicity* 4 (3), pp. 337–351.

Ward, Ken E. (1974) *The 1971 Election in Indonesia: An East Java Case.* Monash Paper on Southeast Asia, no.2. Clayton, Victoria: Center for Southeast Asian Studies.

Wilson, Christopher (2005) *Overcoming Violent Conflict. Volume 5 : Peace and development analysis in Indonesia.* Jakarta: United Nations Development Program and National Development Planning Agency (Badan Perencanaan dan Pembangunan Nasional, Bappenas).

Wilson, Chirs (2012) "Public works and ethnic conflict". *Inside Indonesia* 108. Retrieved on 6 November 2013 from
http://www.insideindonesia.org/weekly-articles/public-works-and-ethnic-conflict

World Bank (2008) *Forests Sourcebook.* Washington DC: World Bank.

World Resources Institute (2002) *The State of Forest: Indonesia.* Washington DC. World Resources Institute.

索引（事項／人名／地名）

■事項・国名

1999 年第 22 号法　34, 87, 91, 92, 156

2004 年第 32 号法　32, 34, 91, 92, 156
IMF →国際通貨基金
KPC →カルティム・プリマ・コール社
LMMDD-KT →中カリマンタン州ダヤック住民評議会連合
PDKT →東カリマンタン州ダヤック同盟

アジア通貨危機　81, 85, 119, 158, 181
アブラヤシ・プランテーション開発　45, 90, 118-119, 134, 148, 153, 155-156, 158-159, 162, 173, 181-182, 195-196
アブラヤシ企業家組合（Gabungan Pengusaha Kelapa Sawit, Gapki）196
イスラム学生連盟（Himpunan Mahasiswa Islam, HMI）66
違法伐採　81, 111, 158, 162, 168, 181
インドネシア・イスラム知識人協会（Ikatan Cendekiawan Muslim Indonesia, ICMI）138
インドネシア改革青年団（Angkatan Muda Pembaharuan Indonesia, AMPI）138, 190
インドネシア共産党　23, 48, 116
インドネシア軍恩給者子弟フォーラム（Forum Komunikasi Putra Putri Purnawirawan Indonesia, FKPPI）154, 190
インドネシア国民党（Partai Nasional Indonesia, PNI）65, 116
インドネシア青年全国委員会（Komite Nasional Pemuda Indonesia, KNPI）138
インドネシア民主党　24, 67, 85, 120
インフタニ→林業公社
エスニシティ　14, 33, 35, 185, 186 →民族
エスニック・グループ　14, 33-34, 100, 103, 131, 145, 208 →民族
　華人　42-43, 46, 47, 50, 147, 180, 183, 186
　クタイ人　42, 45, 67, 77, 95, 116, 120, 123-124, 128
　ジャワ人　14, 42-43, 46, 48, 50, 52, 65, 67, 95, 116, 120, 167, 186, 192
　ダヤック人　7, 13-14, 42-45, 47, 49-52, 54-56, 59, 68, 95, 104, 106, 123, 149, 177-178, 183, 185-186, 188, 195

　ナジュ族　14, 69, 100, 146, 147, 162, 163
　バクンパイ族　14, 67, 100, 104, 110, 145-147, 151, 153-156, 169-172
　バンジャル人　42, 45-46, 65-67, 77, 95, 116, 128
　ブギス人　14, 42-43, 46-47, 50, 67, 77, 95, 116, 119, 124
　マアニャン族　14
　マドゥラ人　7, 13, 49-51, 53-56, 59
　マレー人　42-43, 45-46, 52-53, 77, 104, 106, 177-178, 186
エスニック・ポリティクス　14, 33-34
汚職撲滅委員会　134

開発統一党　24, 67, 139
華人　42-43, 46, 47, 50, 147, 180, 183, 186
家族主義　24-25
カルティム・プリマ・コール社（KPC）　79, 117, 125, 129
　KPC 問題　126
間接選挙制　29, 91, 120, 150, 192
クタイ・カルタヌガラ王国　45-47, 65, 69
クタイ人　42, 45, 67, 77, 95, 116, 120, 123-124, 128
県政治エリート　94, 99, 110, 112, 128, 201 →地方政治エリート
鉱業権（Kuasa Pertambangan, KP）　79, 89, 118, 131, 149
鉱業事業許可（Izin Usaha Pertambangan）　182, 200
国際通貨基金（International Monetary Fund, IMF）　27, 29, 86
国内移民政策（トランスミグラシ）　4, 48-49, 57
国防省系財団ヤマケル　80, 94, 119, 180
国防治安基本法　23
国民協議会（Majelis Permusyawaratan Rakyat, MPR）　23-24, 119, 154
国会（Dewan Perwakilan Rakyat, DPR）　24
ゴルカル　23, 24, 27, 67, 77, 85, 116, 119, 120, 124, 126, 127-130, 133-139, 150, 154-155, 159, 164, 168-171, 184, 185, 188, 190, 193, 197, 201
コンフロンタシ→マレーシア対決政策

231

サリム・グループ　125
資源開発利権→天然資源の開発利権
資源紛争　13 →紛争
自治体新設運動　92, 156
指導される民主主義（guided democracy）　63
地元実業家　81, 94, 99, 110-111, 119, 130, 145, 149, 151, 162, 165-166, 168, 172-173, 206
ジャヤンティ・グループ　80, 147-148, 153
ジャワ人　14, 42-43, 46, 48, 50, 52, 65, 67, 95, 116, 120, 167, 186, 192
自由アチェ運動（Gerakan Aceh Merdeka, GAM）　4, 20, 21, 22
宗教紛争　13-14 →紛争
州政治エリート　8, 93, 110, 112, 115, 121, 132, 136-138, 140, 206 →地方政治エリート
石油・天然ガス上流部門執行機関（Badan Pelaksana Minyak dan Gas, BP Migas）　89
石油・天然ガス下流部門調整機関（Badan Pengatur Hilir Minyak dan Gas, BPH Migas）　89

植民地化　45, 47
人口センサス　42, 95, 105, 115, 146, 178
新州設立運動　32
新州バリト・ラヤ構想　157
森林開発　52, 54, 57-59
森林事業権（Hak Pengusahaan Hutan, HPH）　52, 79, 80, 89, 94, 119, 147, 153, 180, 205
森林資源　40, 77, 79, 82, 88-89, 94, 100-111, 153, 205
森林転換許可（I Izin Pelepasan Kawasan Hutan: IPKH）　135
スハルト体制　18-19, 22, 23, 35, 63
政治エリート→地方政治エリート，ダヤック人政治エリート，マレー人政治エリート
世界銀行　27, 29
石炭　41, 77, 79, 100, 117, 140, 148, 153, 205
　　石炭事業契約（Perjanjian Karya Pengusahaan Pertambangan Batubara, PKP2B）　79
石油　41, 77-78, 81, 88, 111, 112, 117, 140, 205
石油・天然ガス法（2001年第22号法）　89
石油ガス公社（プルタミナ）　17, 20, 41, 78, 88-90, 124, 117
総選挙　85-86

第6地域軍管区　65, 67, 116, 122
タニト・ハルン社　79, 117, 127
ダヤック
　　全国ダヤック慣習協議会（Majelis Adat Dayak Nasional, MADN）　169

ダヤック・ケニャ族慣習連合（Lembaga Adat Dayak Kenyah, LADK）　132
ダヤック慣習協議会（Majelis Adat Dayak: MAD）　188
ダヤック慣習評議会（Dewan Adat Dayak: DAD）　50, 59, 169, 172, 188, 193
ダヤック人　7, 13-14, 42-45, 47, 49-52, 54-56, 59, 68, 95, 104, 106, 123, 149, 177-178, 183, 185-186, 188, 195
ダヤック人政治エリート　53, 60, 67-69, 74, 77, 82, 130-132, 145-147, 150, 163-166, 172, 174, 179, 187, 208
ダヤック統一党（Partai Persatuan Dayak）　72-73
ダヤック同盟　69
タンジュン・リンガ・グループ　151, 157, 158, 161, 168, 173
地方エリート→地方政治エリート
地方行政基本法
　　1974年第5号法　19, 63
　　1999年第22号法　34, 87, 91, 92, 156
　　2004年第32号法　32, 34, 91, 92, 156
地方行政ポスト　17, 18, 25-26, 60
地方経済構造　6, 35
地方権力アクター　6, 8, 14, 27, 29, 30-31, 133, 145, 168, 177, 209
地方首長選挙　6, 29
地方政治エリート　3-5, 110, 111, 133, 140-141, 149, 177, 183, 201, 207
　　県レベルの政治エリート　94, 99, 110, 112, 128, 201
　　州レベルの政治エリート　8, 93, 110, 112, 115, 121, 133, 136-138, 140, 206
地方政治構造　6
地方経済構造　31
地方分権化　3, 8, 26-28, 85-86, 88, 90, 92
地方ボス　9
中央・地方財政均衡法（1999年第25号法）　87
直接選挙制　29, 91, 166, 195, 200, 207-208
天然ガス　41, 77, 81, 88, 111-112, 117, 140, 205
天然資源　4, 5, 10, 16, 17
　　天然資源と暴力的な紛争　15, 17, 50 →紛争
　　天然資源の開発利権　6-7, 18, 26, 31, 60, 63, 82, 90-91, 111, 205
闘争民主党（Partai Demokrasi Indonesia Perjuangan, PDIP）　86, 120, 126-127, 129-130, 133, 139-140, 155, 159, 164, 168, 172, 184, 193, 195, 197
土地の子（putra daerah）　94, 120
トランスミグラシ→国内移民政策

内務行政官養成学校（Akademi Pemerintahan
　　Dalam Negeri, APDN）　74, 190
中カリマンタン州ダヤック住民評議会連合
　　（Lembaga Musyawarah Masyarakat Dayak
　　dan Daerah Kalimantan Tengah: LMMDD-
　　KT）　54-55, 57-58, 164-166
ナジュ族　14, 69, 100, 146, 147, 162, 163

バクンパイ族　14, 67, 100, 104, 110, 145-147,
　　151, 153-156, 169-172
　　バクンパイ家族協会（Kerukunan Keluarga
　　　Bakumpai）　154, 168, 171-172
ハスヌル・グループ　79, 148, 151, 153-154, 156
伐採木材採取許可（Izin Pemungutan Hasil
　　Hutan kayu, IPHHK）　89-90
パトロン・クライアント・ネットワーク　6, 8,
　　23-26, 29, 30, 32, 35, 63, 77-78, 80-81, 90-91,
　　111, 133, 140, 149, 167
バリト・パシフィック・グループ　79-80, 147,
　　180
バンジャル王国　45
バンジャル人　42, 45-46, 65-67, 77, 95, 116, 128
パンチャ・マルガ青年団（Pemuda Panca
　　Marga）　154
パンチャシラ青年団（Pemuda Pancasila）　131,
　　138, 154, 200
パンチュル・カシ財団　52, 188
東カリマンタン州ダヤック同盟（Persekutuan
　　Dayak Kalimantan Timur, PDKT）　123, 130-
　　131
ブギス人　14, 42-43, 46-47, 50, 67, 77, 95, 116,
　　119, 124
プランテーション事業許可（Izin Usaha
　　Perkebunan, IUP）　90, 118, 149, 195, 196, 200
プルタミナ（Pertamina）→石油ガス公社
紛争　13
　　資源紛争　13
　　宗教紛争　13-14
　　天然資源と暴力的紛争　15, 17, 50
　　民族紛争　7, 13-14, 17, 26, 34, 49-51, 54-55,
　　　57-58, 60, 104, 163, 178-179, 188, 206,
　　　208
分離独立運動　4, 7, 13, 18, 20, 22, 25, 57, 87, 208

暴力　13, 14
　　暴力的動員力　52
ボーキサイト　41, 181, 182

マシュミ　72, 73
マドゥラ人　7, 13, 49-51, 53-56, 59
マレー血統慣習協会（Lembaga Adat dan
　　Kekerabatan Melayu: Lembayu）　179, 189
マレーシア対決政策（コンフロンタシ）　46, 48
マレー人　42-43, 45-46, 52-53, 77, 104, 106,
　　177-178, 186
　　マレー人政治エリート　53, 72, 179
　　マレー人青年コミュニケーション・フォー
　　　ラム（Forum Komunikasi Pemuda
　　　Melayu, FKPM）　53
マレー文化慣習協議会（Majelis Ada Budaya
　　Melayu, MABM）　179, 189
民主化　3, 8, 26, 28, 33-34, 85-86, 90, 92
民主主義者党（Partai Demokrat, PD）　86, 133,
　　136-137, 139, 171, 184, 197
民族　13 →エスニシティ
民族覚醒党（Partai Kebangkitan Bangsa, PKB）
　　86
民族紛争　7, 13-14, 17, 26, 34, 49-51, 54-55, 57-
　　58, 60, 104, 163, 178-179, 188, 206, 208 →紛
　　争
木材ブーム　45, 47-48, 80, 153
木材密輸　81, 111, 119, 135, 158, 161-162, 181
木材利用許可（IPK）　135
木材林産物利用事業許可（Izin Usaha
　　Pemanfaatan Hasil Hutan Kayu）　90

焼畑耕作　43-44
ヤマケル→国防省系財団

林業公社（インフタニ）　9, 58, 80, 147, 149, 158,
　　160, 180
林業法（1999年第41号法）　89
林産物採取権（Hak pemungutan Hasil Hutan:
　　HPHH）　89
林地利用事業許可（Izin Usaha Pemanfaatan
　　Kawasan, IUPK）　89

■人名

アスパル・アスウィン　76, 192
アスマウィ・アガニ　79, 99, 149-155, 157, 160-
　　161, 165-166, 168
アトゥ・ナラン　149, 165, 168, 172

アブドゥル・ムイス・ハッサン　65
アブドゥル・ラシッド　149, 151, 155, 157, 159-
　　160, 162, 165, 168, 170-173
アブドゥル・ワハブ・シャフラニエ　66

アブリザル・バクリー　126, 159, 162, 171-173
アワン・ファルク・イシャ　93, 120, 124, 126-128, 130, 132, 136-137, 139-140
イムダアド・ハミド　93, 124, 128, 139-140
ウィリー・アンナニア・ガラ　70, 72, 156
ウスマン・ジャファル　105, 184-185
ウソップ　54, 57-58, 150, 163-166
ウファーン・ウライ　72-74, 187
カディル　74, 76
カラ　136
コーネリス　177, 183-185, 189-190, 192, 196-197
シャウカニ　128-129, 134-137
シャムスル・ムアリフ　135, 138
シャルワン・ハミド　122-123
ジョコ・ウィドド　140
スカルノ　23, 65
スシロ・バンバン・ユドヨノ　86, 134
スハルト　7, 18, 22-24, 85
スライマン　148, 151, 153-157, 165, 166, 168, 170-172
スルヤ・パロ　159, 162, 171
スワルナ・アブドゥル・ファタ　93, 94, 119-131, 133-136
ゼイン・マウラニ　67, 122-123, 134, 156-157
ティリック・リウ　54, 69-70, 72, 103, 146, 163
デビッド・サリム　125
テラス・ナラン　166, 168-169, 171-172
ハッサン・ディ・ティロ　19-20
ハビビ　85-86, 122-123, 138
フェドリック・アッセル　56-57, 165
ボブ・ハッサン　80, 118-119
ムイス・ハッサン　66
ムトジブ　125
メガワティ　31, 86, 129, 133, 161
モハマド・アルダンス　67, 122
ヤコブス・ラヤン　76, 188
ユスフ・カラ　134-135
ユドヨノ　135-137, 139
ヨス・ストモ　80, 127-128
ラフマット・ナスティオン・ハムカ　159, 161
リアス・ラシッド　3, 84
ルスラン　159
レイノウト・シルファヌス　70, 72
ワハブ・シャフラニエ　67

■地名・国名──────────────────

アチェ州　4, 7, 13, 17-22, 25, 53, 59
イリアンジャヤ州　7, 13, 18, 20, 22, 25, 53
インドネシア　3, 17, 22, 24, 26
カリマンタン　4, 5, 39-40, 42, 46
コタワリンギン地方　155, 157, 170, 173
コンゴ民主共和国　3, 5
サンバス県　47, 50, 53
サンピット　56
シエラレオネ　3, 5, 16
ヌヌカン県　47, 94, 119
バリクパパン市　41, 48, 65, 67, 116, 140
バリト川　40-41, 45, 145, 151-153
バリト地方　100, 104, 151-152, 156, 164, 168, 170-172
バンジャルマシン市　152-153
マレーシア　3, 9, 39, 48, 67, 74, 81, 111, 118-119, 135, 158, 180-181, 196
マレーシア連邦　46
ミャンマー　5, 16, 21

著者紹介
森下　明子（もりした　あきこ）
1977年　和歌山県生まれ。2006年，京都大学大学院アジア・アフリカ地域研究研究科（東南アジア地域研究専攻）修了。日本財団アジア・フェロー，日本学術振興会特別研究員（PD），在マレーシア日本国大使館専門調査員，京都大学東南アジア研究所特定研究員などを経て，2014年より京都大学学術研究支援室リサーチ・アドミニストレーター。博士（地域研究）。主なフィールドはインドネシア及びマレーシア政治研究。専門は資源・環境政治。

主な著作，論文に「インドネシアの天然資源と政治」（『月刊インドネシア』6月号，2013），「サラワクの森林開発をめぐる利権構造」（昭和堂『ボルネオの〈里〉の環境学』，2013），「2009年国会議員にみるインドネシアの政党政治家と政党の変化」（アジア経済研究所『2009年インドネシアの総選挙』，2010），Prosperous in the Provinces (Inside Indonesia 104, 2011)，Contesting Power in Indonesia's Resource-Rich Regions in the Era of Decentralization: New Strategy for the Central Control over the Regions (Indonesia 86, 2008) など。

天然資源をめぐる政治と暴力──現代インドネシアの地方政治
（地域研究叢書 29）　　　　　　　　　　　　　　　Akiko Morisita © 2015

平成27（2015）年3月31日　初版第一刷発行

編　者	森　下　明　子	
発行人	檜　山　爲次郎	

発行所　京都大学学術出版会
京都市左京区吉田近衛町69番地
京都大学吉田南構内（〒606-8315）
電　話（075）761-6182
FAX（075）761-6190
Home page http://www.kyoto-up.or.jp
振　替　01000-8-64677

ISBN978-4-87698-715-3　　　印刷・製本　亜細亜印刷株式会社
Printed in Japan　　　　　　定価はカバーに表示してあります

本書のコピー，スキャン，デジタル化等の無断複製は著作権法上での例外を除き禁じられています。本書を代行業者等の第三者に依頼してスキャンやデジタル化することは，たとえ個人や家庭内での利用でも著作権法違反です。